浙江省普通本科高校“十四五”重点立项建设教材

高等学校新文科教材

数字经济系列

数字经济学

主编 / 唐要家

DIGITAL ECONOMICS

中国人民大学出版社
· 北京 ·

前言

目前，数字经济已经成为人类经济社会发展的基本趋势，快速的数字技术创新正在不断重构生产秩序、生活秩序和社会秩序。相比数字经济的快速发展，数字经济学理论的研究和发展则相对滞后。如何创新并发展数字经济学理论，更好地解释数字经济的发展规律，并更好地指导实践，成为重大的挑战。

教材建设不仅要满足人才培养的需要，而且要直面数字经济发展现实，满足政策设计的需要。一本好的数字经济学教材既要具有完整的知识体系和明确的理论基础，也要具有联系现实的应用逻辑，还要具有流畅的叙述和生动的表达。为了让本教材达到这一要求，我们在编写时既注重总结和介绍数字经济学的重要理论创新，也直面数字经济发展的重大现实政策需求，并注重构建知识体系完整、叙述流畅、表达生动的内容体系。本教材的主要特色有：

第一，构建了相对完整的数字经济学知识体系。本教材包括数字经济基础、数字经济微观、数字经济宏观、数字经济监管四部分内容，从而构建了相对完整的数字经济学知识体系。

第二，注重对数字经济学的重大问题的经济学理论基础的介绍。经济学理论基础是我们观察和解释经济现象的根本依据和思想方法。本教材借助不同主题明确了数字经济学的重大问题的相关经济学理论基础，以真正反映数字经济的发展规律，而不是仅仅描述数字经济现象。

第三，突出对数字经济学新理论的总结。数字经济独特的发展规律要求我们创新经济学理论。近年来，关于数字经济学已经有了一些有价值的理论创新，这些理论创新对于理解数字经济现象和设计数字经济政策具有重要的指导意义。本教材系统地总结了数据产权、通用目的技术、搜寻成本、双边市场、算法定价、算法推荐、数字产业发展、数字贸易、数字经济就业、数字经济监管等最新的理论发展成果。

第四，强调理论基础与政策应用的结合。数字经济学需要直面重大现实政策需求。本教材强调用理论来解释数字经济发展面临的重大政策问题，具有明显的政策应用导向。为此，每章采用“问题导入—理论基础介绍—现实问题分析—政策应用”的递进式展开逻辑，并穿插大量的现实案例素材，以增强学生将理论应用于实际的能力。

第五，具有明显的中国化导向。构建中国自主知识体系，是新时代高校教材编写的新要求。本教材全面概括了中国数字经济发展的重大理论和政策创新，重点总结了中国数字经济发展的实践经验，试图构建内洽的中国数字经济学理论体系，形成能够更为科学地解释中国数字经济发展的理论逻辑。

本教材是团队合作的成果：唐要家负责设计本教材的整体框架结构，第一章、第二章由唐要家独立完成，第三章由匡韩彬、唐要家共同完成，第四章由俞玲独立完成，第五章由林凯独立完成，第六章由汪晓辉独立完成，第七章由唐要家、汪晓辉共同完成，第八章由唐要家独立完成，第九章由汪小愉独立完成，第十章由邓晓军独立完成，第十一章由唐要家、金铭共同完成，第十二章由冯阔独立完成，第十三章由唐要家独立完成，第十四章由丁松独立完成，第十五章由唐要家独立完成。在初稿完成后，唐要家负责对全书的内容体系、理论基础、文字表达和整体风格进行了多轮修改。

在本教材的写作过程中，王泽荣讲师和潘登讲师为人工智能对就业的影响相关章节提供了重要的写作建议，博士研究生王钰、谢新悦，硕士研究生张哲、李毓新、于金钰、陈燕、单若彤、魏思淼、何冰清、王蜡、解新辉参与了部分章节的资料整理和文稿校对工作。在初稿完成后，我们为浙江财经大学 2021 级数字经济专业本科生开设了数字经济学课程。在教学过程中，40 名同学的有益反馈也为本教材的完善提供了重要的参考。

在本教材的内容设计和初稿修改过程中，天津财经大学于立教授、东北财经大学于左教授、山东大学曲创教授、腾讯研究院首席经济学家吴绪亮、天津财经大学刘玉斌教授、辽宁大学和军教授、浙江工商大学王海教授、浙江财经大学王正新教授和王岭教授等都提出了诸多有益的意见。

在此，对为本教材的出版提供了重要帮助的各位表达最诚挚的谢意！

唐要家

目 录

第一篇 数字经济基础

第二篇 数字经济微观

第三篇 数字经济宏观

第一篇

数字经济基础

第一章

导　论

章前导语

人类社会在经历了农业经济时代、工业经济时代之后，目前已进入数字经济时代。数字经济正在深刻影响和改变人类经济社会的发展模式。数字经济发展速度之快、辐射范围之广、影响程度之深前所未有，正推动人类社会生产方式、生活方式和治理方式深刻变革，也成为重组全球要素资源、重塑全球经济结构、改变全球竞争格局的关键力量。如何适应全球经济数字化转型发展的趋势，促进经济高质量发展，并促进数字经济发展成果的普惠共享，成为重要的课题。由于数字经济具有独特的发展特征和运行规律，一些传统的经济理论不完全适用，因此需要创新数字经济理论，以更好地解释数字经济发展规律，构建更为科学的数字经济学理论体系，进而制定更为科学的数字经济发展政策，让数字经济发展更好地促进社会福利的提高。

学习目标

理解数字经济的概念及体系构成；

掌握数字经济的基本特征；

掌握中国数字经济发展的政策、成就、优势及短板；

理解数字经济学理论体系。

1.1 数字经济的概念及体系构成

1.1.1 数字经济的概念

（1）数字经济概念的界定。

数字经济的概念最初是由美国学者唐·塔普斯科特（Don Tapscott）在1995年出版的《数字经济：网络智能时代的希望和危险》一书中提出的。他指出，数字经济是以信息数字化和知识为基础的一系列经济活动。[①] 最初的数字经济概念更多是强调基于互联网的经济活动或电子商务活动。1998年，美国商务部发布了《新兴的数字经济》报告，首次指出以互联网和电子商务为核心的数字经济在美国经济中扮演着日益重要的角色，特别是信息通信技术（Information and Communications Technology，ICT）对促进美国生产率提升和经济增长发挥着重要的作用。

奥弗比（Øverby）和奥德斯塔德（Audestad）在2018年出版的《数字经济学导论》中指出，数字经济是以ICT为基础的经济。[②] 这一概念强调数字经济的基础是ICT，如互联网、智能手机、移动和无线网络、物联网、云存储和云计算、应用程序等，并认为数字经济发展主要是由数字化数据、数字化ICT基础设施、数据处理和存储三个领域核心技术的突破式创新所推动的。随着数字技术的快速发展，其商业形态也在不断变化，因此数字经济也被称为互联网经济、网络经济、新经济或智能经济。

由于数字技术具有广泛的经济社会影响，因此数字经济的发展伴随着整个国民经济实现数字化的过程，同时伴随着整个社会日益数字化的过程。据此，经济合作与发展组织（Organisation for Economic Co-operation and Development，OECD）于2020年将数字经济界定为所有生产者、消费者、政府使用数字技术、数字基础设施、数字服务和数据等来从事更高层次经济和社会活动的经济。

2016年二十国集团（G20）杭州峰会发布的《G20数字经济发展和合作倡议》指出："数字经济是指以使用数字化的知识和信息作为关键生产要素、以现代信息网络作为重要载体、以信息通信技术的有效使用作为效率提升和经济结构优化的重要推动力的一系列经济活动。"

2021年国务院印发的《"十四五"数字经济发展规划》对数字经济概念进行了较为全面的界定：数字经济是继农业经济、工业经济之后的主要经济形态，是以数据资源为关键要素，以现代信息网络为主要载体，以信息通信技术融合应用、全要素数字化转型为重要推动力，促进公平与效率更加统一的新经济形态。

2021年国家统计局发布的《数字经济及其核心产业统计分类》将数字经济界定为"以数据资源作为关键生产要素、以现代信息网络作为重要载体、以信息通信技术的有效使用作为效率提升和经济结构优化的重要推动力的一系列经济活动"。

---

① TAPSCOTT D. *The Digital Economy: Promise and Peril in the Age of Networked Intelligence*. New York: McGraw-Hill, 1995.

② ØVERBY H, AUDESTAD J A. *Introduction to Digital Economics*. Berlin: Springer, 2018.

综上，数字经济概念的界定包含如下要素：第一，数据是数字经济的关键要素；第二，数字经济是以互联网为载体的在线经济活动；第三，以 ICT 为代表的数字技术是数字经济发展的根本驱动力；第四，数字经济发展会促进生产效率提升和经济结构优化，是国民经济全面数字化和高质量发展的过程。

（2）数字经济概念的窄界定和宽界定。

数字经济概念的窄界定特指完全由现代 ICT 发展所催生的新兴产业，这些新兴产业主要是指数字产品制造、数字基础设施、电子商务、数字内容、大数据、人工智能等。窄的数字经济也被称为数字产业化，其包括的产业被称为数字经济核心产业，被世界各国用于衡量数字经济发展程度。数字经济概念的宽界定则是泛指所有基于互联网、ICT、数字技术的产业或经济活动，既包括新兴的数字产业化行业，也包括传统的采用互联网和新兴数字技术实现数字化转型发展的产业数字化行业。为此，宽的数字经济既包括数字产业化，也包括产业数字化。

根据美国国家经济分析局（U. S. Bureau of Economic Analysis，BEA）2023 年修订的数字经济统计指标[①]，数字经济统计主要包括四个方面：一是数字基础设施，重点是 ICT 行业的产品和服务，主要包括 ICT 行业的硬件和软件；二是电子商务，是指基于互联网的远程产品销售与服务提供，主要包括企业对消费者（Business to Customer，B2C）零售贸易和企业对企业（Business to Business，B2B）批发贸易；三是计价的数字服务，主要包括云服务、电信服务、互联网和数据服务、其他计价数据服务；四是联邦非国防数字服务，主要是四个联邦政府机构[②]的年度预算，这四个机构的服务直接支持数字经济发展。显然，美国国家经济分析局的数字经济统计采用的是数字经济概念的窄界定。

2021 年我国国家统计局发布的《数字经济及其核心产业统计分类》将数字经济产业范围确定为 01 数字产品制造业、02 数字产品服务业、03 数字技术应用业、04 数字要素驱动业、05 数字化效率提升业五个大类。其中 01～04 大类为数字经济核心产业。数字经济核心产业是指为产业数字化发展提供数字技术、产品、服务、基础设施和解决方案，以及完全依赖于数字技术、数据要素的各类经济活动。数字经济核心产业对应的是数字产业化。05 数字化效率提升业主要是指传统产业的数字化转型发展，对应的是产业数字化。

（3）数字经济概念的层级结构。

数字经济作为一种新的经济形态，其最根本的体现是基于数据要素和数字技术产业化的发展以及对经济社会的重构。据此，可以将数字经济的概念总结为包含四个具体层次的层级结构，即核心数字技术层、数字产业化层、产业数字化层和数字社会层。

1.1.2 数字经济的体系构成

（1）数字经济的基础设施体系。

数字基础设施是数字经济发展的重要基础。以 5G、工业互联网、物联网、数据中心等为代表的新型数字基础设施建设，能使消费者和商家更快速、安全地接入互联网，并实

---

① 具体参见美国国家经济分析局网站。

② 这四个机构分别为：美国联邦通信委员会（Federal Communications Commission，FCC）、美国国家电信和信息管理局（National Telecommunications and Information Administration，NTIA）、美国教育部教育技术办公室（U. S. Department of Education's Office of Educational Technology）、美国国防数字服务处（Defense Digital Service，DDS）。

现生产、交换和消费的数字化；在网络空间从事数字化的经济与社会活动，能大幅降低生产、交易、消费和公共治理的信息成本，从而使供给侧和需求侧都获得更高效率的发展。近年来，算力基础设施推动了国家以人工智能技术为核心的新一轮技术革命，成为促进数据挖掘和人工智能创新发展的重要基础设计，也成为全面发展新质生产力的重要基础。目前，各国政府都在积极推动数字经济基础设施投资建设，从而为数字经济创新发展提供强有力的支撑，最大限度释放数字经济增长潜能，促进数字经济创新发展。

（2）数字经济的要素供给体系。

数字经济的发展需要以丰富的数据资源、高密度的资本投入和密集使用的高素质人力资本为基础，并要求建立配套的激励性要素供给体制。一是数据要素。数字经济发展需要丰富的大数据资源，应通过立法等确保企业可以合法收集和使用大数据，完善数据开放接入制度和市场交易机制，以此来推动公共数据资源和商业数据资源的开放共享和流动交易。二是资本投入。数字经济发展需要高资本投入，应建立适应数字经济创新发展的投融资体制机制，进一步完善资本市场，保证政府公共资金和私人资本的持续投入。三是人力资本。数字经济发展需要高素质的数字人才供给，尤其是大数据专业技术人才和数字商务复合型人才。这要求建立更有效的数字技术人才培养体制，提升数字技术人力资本，为数字经济发展供给更多具有复合型知识结构和较强技术创新能力与商业创新能力的人才。四是高效、公平的数字经济要素配置体制。数字经济发展需要建立以市场为基础、以企业为主体的多元要素配置体制，以实现数字经济要素的最优配置。

（3）数字经济的产业体系。

数字经济的产业体系主要包括三个层次：一是数字核心技术产业群。数字核心技术产业主要是指 ICT 产业、大数据技术产业、人工智能技术产业、云计算技术产业、物联网技术产业、网络与信息安全技术产业等。这些产业既是一个国家或地区数字经济发展的引领者，也是一个国家或地区数字经济发展水平、潜力和竞争力的主要体现。二是数字产业化产业群。数字产业化产业主要是指利用数字技术将数据资源转化为商业化应用的数字产品或服务的产业，主要包括社交媒体、搜索引擎、在线零售、科技金融、智慧医疗、互联网交通、互联网餐饮、流媒体、数字内容等数字经济新业态。三是产业数字化产业群。产业数字化产业主要是指与数字技术深度融合发展的传统产业，如农业、制造业、服务业等行业的数字化转型发展。

（4）数字经济的治理体系。

数字经济的发展不仅正在重构整个经济形态，同时也正在重构整个经济社会运行规则。数字经济的发展既需要改革阻碍数字经济发展的各种传统体制，也需要创新治理制度体系，以应对数字经济发展带来的挑战，为数字经济发展提供良好的制度保障。数字经济治理体系的目标是打造便利透明的商务环境、安全信任的消费环境、竞争有效的市场环境、充分激励的创新环境、开放包容和普惠共享的社会环境。数字经济治理主要包括维护网络与数据安全、保护个人隐私、反垄断与反不正当竞争、维护金融安全、保护数字知识产权等。数字经济的治理体系主要包括：一是促进数字经济健康发展的法律体系。要逐步确立数字经济基础性制度，明确数字经济基本交易规则，重点是制定消费者隐私保护政策、国家网络与数据安全保护政策、数字市场竞争政策、数字知识产权政策等。二是市场化的自发治理体系。市场化的自发治理体系是数字经济治理的主体，市场的声誉机制、信用机制和微观主体的自我治理是数字经济治理有效的基础。三是定位科学的公共行政治理。政府行政机构在数字经济发展中的主要职责是为数字经济发展提供良好的公共服务，建设高效的数字政府和法治政府，并实施最少必要的行政监管，营造有利于数字经济创新发展的政策环境。四是利益兼容的数字社会治理体系。应合理应对数字经济发展引起的特定群体的结构性失业、收入差距扩大等问题，并平衡数字经济发展对传统社会价值和公共安全的影响，构建信任、安全、普惠的数字经济社会。五是多元参与和多种政策手段组合应用的治理体制。数字经济治理主体不止政府一个，因此需要建立政府、数字平台、行业组织、公众等多元主体协同共治体制，根据不同的场景灵活运用市场机制、标准化、透明度、声誉机制、技术性方案、行政禁止、伦理约束等多种手段。

1.2 数字经济的基本特征

1.2.1 数据是经济增长的关键要素

数据是经济和社会活动中的重要生产要素。数据作为一种基础性资源，既影响供给，也影响需求。在数字商务中，企业利用大数据开发数字化产品或服务，数字平台的商家还可以借助大数据来设计具有针对性的营销广告，以提升消费者的消费体验。分析和处理后的数据本身就是重要的数据产品或服务，具有市场价值，可以直接在数据市场交易，也可以销售给第三方供其进一步商业化开发和使用。因此，数据既是一种投入品，也是一种消费品。

数据作为一种要素投入，只有与资本、劳动等生产要素结合，才能创造价值。当资本、劳动等生产要素与更高质量的数据信息相结合的时候，其所创造的价值远高于缺乏这些数据信息时所能创造的价值。由此，数据信息结合的其他生产要素越多，对总产出增长的贡献就越大。因此，数字经济与传统产业的数字化融合发展会极大地释放增长潜能。由于数据的基础性作用是信息性的，并且其只有与其他生产要素有效结合才能促进增长，因此单纯的数据对经济增长的贡献是有限的，仍然受到规模收益递减规律的约束，而只有建立在大数据深度挖掘基础上的持续创新才是实现经济可持续增长的动力源泉。因此，数字经济增长的核心是由数据驱动的创新。

1.2.2 数字技术进步是数字经济发展的根本驱动力

数字经济的出现和快速增长本质上是技术进步的结果。数字技术进步是数字经济发展的根本驱动力。数字技术是一种通用目的技术（General Purpose Technology，GPT），而不是为特定问题提供的最终解决方案，其具有较大的技术提升潜能和广泛应用潜能，即其基本技术特性是为之后持续的技术创新提供可能，并全面重构整个社会的经济体系与运行方式。因此，以数字技术为核心的数字经济的发展能极大地释放一个国家的生产率潜能。数字技术能在数据或产品价值链的各个环节，利用大数据、人工智能技术来收集、存储、分析和共享各种数据信息，既催生了大量的新业态新模式，也为传统产业的高效率创新发展提供了技术支撑。数字技术进步催生了一大批新兴产业，这些新兴产业不断与传统产业融合发展，共同推动经济高质量发展。

数字技术进步推动的经济增长并不是线性的，而是非线性的波浪式增长或指数化增长。数字经济发展对经济增长的贡献是动态非均衡的。在数字经济初期兴起扩散阶段，其对生产率提升的贡献并不显著，生产率提升也并不快，但是当其扩散渗透到一定程度后，其对生产率的贡献就会变大，生产率也随之进入加速提升阶段。因此，以数字技术为核心的数字经济发展也被描述为“先播种，后收获”的对生产率提升的贡献过程。在数字经济发展初期，GPT 具有巨大的纵向外部性和横向外部性，会产生创新租金不充分占有的恰当性问题，而单纯依靠市场无法实现社会最优的技术创新水平和技术应用规模，这就需要有效地发挥政府的作用，促进技术研发和应用扩散，为最大化释放数字经济增长潜能创造条件。

1.2.3 数字经济供给侧和需求侧都具有显著的规模经济效应

数字商品和服务生产的一个基本特点是具有显著的规模经济效应和范围经济效应。规模经济效应是指：随着更多的数据被采集和利用，数据的采集和利用成本会逐步下降。基于大数据的数字商品或服务的生产或供应往往需要高昂的一次性固定成本投入，但是数字商品或服务一旦生产出来，就具有非常低乃至零的边际成本。零边际成本和在线虚拟经营使企业得以摆脱有形资产的限制，迅速扩大规模，同时也为其向消费者提供免费商品奠定了重要的生产成本基础，突破了非数字经济中边际成本递增所引起的消费限制。在零边际成本的情况下，由于资源不再是有限的，更多人使用并不会引起资源的过度使用问题，因此避免了“公地悲剧”的出现。范围经济效应是指：当更多的不同种类的数据被采集和开发利用时，数据的采集和利用成本会下降。特别是相同的数据被用在不同的领域时，由于数据重复再用的边际成本近乎为零，因此在不增加成本的情况下，企业的收益会大幅增加，并且数据多领域应用会产生互补性数据整合的协同效应，进一步提高大数据的质量和数据分析预测的准确性，从而产生数字要素利用的乘积效应。

数字经济需求侧的规模经济效应也被称为网络效应，是指一个新消费者额外消费一单位数字商品或服务时，会因更多的人已经消费该商品或服务而获得更高的价值。在数字平台商业模式中，网络效应分为单侧网络效应和交叉网络效应。单侧网络效应是指随着某一商品或服务的用户数量增加，额外增加一个消费者消费所带来的递增价值。微信就是一个典型例子：若有更多的用户使用微信聊天，则给一个原有用户带来的价值就更大，因为其有更多的机会与他人聊天。单侧网络效应反映的是平台同侧用户之间的正外部性。交叉网络效应是指当平台一侧用户群体的数量增加给另一侧用户带来的商品或服务的递增价值。间接网络效应反映的是平台一侧用户决策对另一侧用户价值的影响。

1.2.4 数字平台是数字经济发展的主导商业组织形式

随着互联网的普及，由数字平台企业群体构成的平台经济已经成为中国数字经济发展的主要力量，在国民经济中占据日益重要的地位。数字平台在数字经济发展中扮演主导者角色，平台商务模式成为数字经济生产、交易、消费、创新的中心。数字平台企业的迅速发展壮大，不断推动新业态新模式出现，在促进经济发展、推动技术进步、带动就业、提升国际竞争力等方面发挥了重要的作用。

数字平台作为数字经济主导的商业组织运营模式，极大地促进了经济高质量发展。一方面，以谷歌、亚马逊、阿里巴巴（简称“阿里”）、优步、滴滴出行（以下简称滴滴）、美团等为代表的企业都是典型的数字平台企业。数字平台是多个不同主体间实现高效相互作用的中介。数字平台也被称为多边平台或双边平台，其基础的经济功能是促进多个不同群体实现高效的交易匹配。在一个多边平台中，两个或更多不同的用户群体相互作用并协同创造价值，并且数字平台的不同用户群体间具有强交叉网络效应，平台两端用户之间具有自强化机制，这使数字平台可以在为不同用户群体创造价值的同时获得快速发展。因此，数字平台成为数字产业化的重要力量，驱动了数字经济新业态新模式的迅速成长。另一方面，随着数字经济与实体经济的深度融合，传统产业在数字化转型过程中也逐步由以传统企业为核心的生产单位形式向以平台为核心的产业平台组织形式转变，产业领导企业通过构建产业平台来整合产业链上下游企业，构建新型的产供销关系，快速对市场需求做出反应，并更好地服务消费者需求。产业平台的发展不仅全面提升了产业运行效率，也极大地促进了创新。

1.2.5 数字经济发展具有价值普惠性

数字经济发展具有典型的价值普惠性，可以让更多的社会主体分享数字经济的发展成果。数字经济发展主要通过如下渠道实现发展成果普惠共享：第一，数字经济发展创造了大量就业岗位，持续吸纳新增社会劳动力。数字产业属于高附加值产业，相较于传统产业，收入水平普遍较高。不仅如此，数字技术也催生了大量的数字经济创业新模式，衍生出众多就业新形态，提供了更多就业和创业机会以及大量非传统就业方式。数字技术在各个产业间的渗透也丰富了传统就业的内涵，为农业、第三产业等产业的劳动者增收提供了巨大的空间。第二，数字经济发展缩小了不同群体间的收入差距。数字化赋能乡村振兴，带动更多低收入农民跨入中等收入行列。其中，数字经济赋能乡村全面振兴是农业农村领域扩大中等收入群体、提高低收入群体收入水平的重要路径。数字经济促进乡村振兴是通过培育现代农业以及壮大乡村旅游、农村电商等富民产业来实现的。同时，数字经济发展通过向低收入群体提供信息、普惠金融、技能提升机会和商业机会，提升了低收入群体收入水平。第三，数字治理促进公共服务均等化，推动全民共享数字经济发展红利。伴随数字经济的快速发展，政府的数字治理能力也得到了巨大提升，在教育、医疗、社保等公共服务领域，数字化使更多的人也能够享受到高质量的公共服务。因此，数字经济发展将有助于实现共同富裕。

1.3 中国数字经济发展

1.3.1 中国数字经济发展的政策

(1)《中华人民共和国国民经济和社会发展第十四个五年规划和 2035 年远景目标纲要》中有关数字经济发展的政策。

《中华人民共和国国民经济和社会发展第十四个五年规划和 2035 年远景目标纲要》第五篇提出，加快数字化发展、建设数字中国。为此，应重点从打造数字经济新优势、加快数字社会建设步伐、提升数字政府建设水平、营造良好数字生态四个方面发力：第一，打造数字经济新优势。加强关键数字技术创新应用，加快推动数字产业化，推动产业数字化转型。第二，加快数字社会建设步伐。提供智慧便捷的公共服务，建设智慧城市和数字乡村，构筑美好数字生活新图景。第三，提高数字政府建设水平。加强公共数据开放共享，推动政务信息化共建共用，提高数字化政务服务效能。第四，营造良好数字生态。建立健全数据要素市场规则，营造规范有序的政策环境，加强网络安全保护，推动构建网络空间命运共同体。

(2)《"十四五"数字经济发展规划》中有关数字经济发展的政策。

2022 年 1 月，国务院印发了《"十四五"数字经济发展规划》，其确定的我国数字经济的发展目标是：到 2025 年，数字经济迈向全面扩展期，数字经济核心产业增加值占 GDP 比重达到 10%，数字化创新引领发展能力大幅提升，智能化水平明显增强，数字技术与实体经济融合取得显著成效，数字经济治理体系更加完善，我国数字经济竞争力和影响力稳步提升。具体包括：数字要素市场体系初步建立，产业数字化转型迈上新台阶，数字产业化水平显著提升，数字化公共服务更加普惠均等，数字经济治理体系更加完善。

为实现这些发展目标，《"十四五"数字经济发展规划》提出了优化升级数字基础设施、充分发挥数字要素作用、大力推进产业数字化转型、加快推动数字产业化、持续提升公共服务数字化水平、健全完善数字经济治理体系、着力强化数字经济安全体系和有效拓展数字经济国际合作八个方面的具体任务。

(3)《数字中国建设整体布局规划》中有关数字经济发展的政策。

2023 年 2 月，中共中央、国务院印发的《数字中国建设整体布局规划》提出，到 2025 年，基本形成横向打通、纵向贯通、协调有力的一体化推进格局，数字中国建设取得重要进展。到 2035 年，数字化发展水平进入世界前列，数字中国建设取得重大成就。数字中国建设体系化布局更加科学完备，经济、政治、文化、社会、生态文明建设各领域数字化发展更加协调充分，有力支撑全面建设社会主义现代化国家。为此，《数字中国建设整体布局规划》提出了数字中国建设"2522"的整体框架（见图 1-1），具体来说，即夯实数字基础设施和数据资源体系"两大基础"；推进数字技术与经济、政治、文化、社

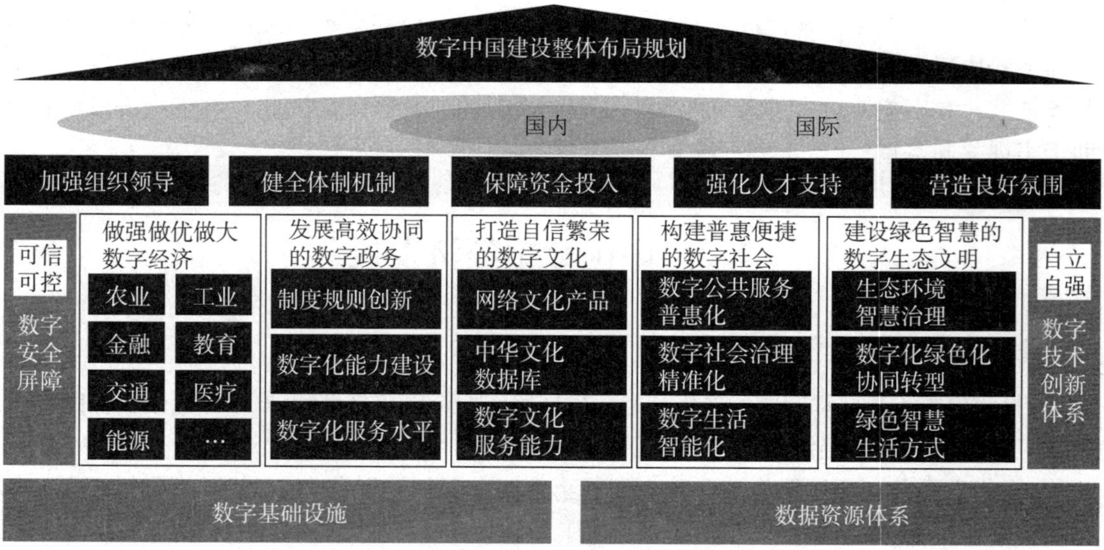

图 1-1 数字中国建设"2522"的整体框架

会、生态文明建设“五位一体”深度融合；强化数字技术创新体系和数字安全屏障“两大能力”；优化数字化发展国内国际“两个环境”。

1.3.2 中国数字经济发展的成就

党的十八大以来，以习近平同志为核心的党中央高度重视数字经济发展，实施网络强国战略和建设数字中国战略，积极推进数字产业化和产业数字化，中国数字经济发展成就显著。

(1) 数字经济规模持续高速增长。

近年来，中国数字经济规模一直保持高速增长，尽管增速出现先增后减的趋势，但仍然处在较高水平，总体保持在10%～20%。数字经济规模由2017年的27.2万亿元增长至2022年的50.2万亿元（见图1-2）。数字经济占GDP比重逐步提升，由2017年的32.9%提升至2022年的41.5%，数字经济已成为引领国民经济增长的重要力量，经济增长引擎作用持续增强。根据中国信息通信研究院的统计，2020年，发达国家数字经济规模达到24.4万亿美元，占全球总量的74.7%。其中，美国位居第一，数字经济规模约为13.6万亿美元，约占全球总量的41.7%；中国以5.4万亿美元位居第二，约占全球总量的16.6%。①

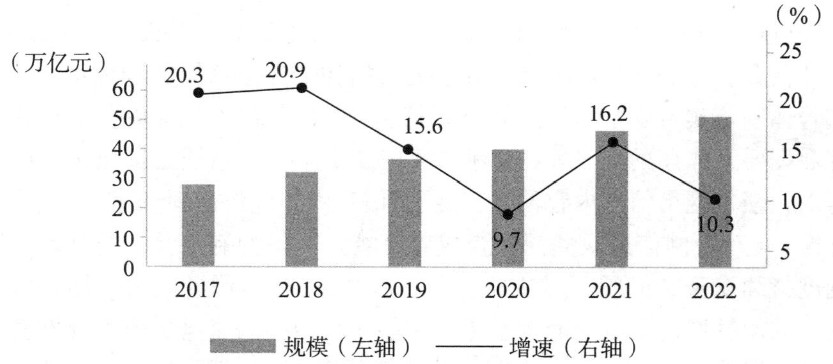

图1-2 2017—2022年中国数字经济规模与增速

(2) 拥有具有市场竞争力的平台企业群体。

数字经济产业竞争力的最重要体现是大型数字平台。数字经济增长活力的最重要体现是拥有一批快速成长的独角兽企业。在中国数字经济发展过程中，百度、阿里、腾讯（三者合称BAT）等企业在短期内快速成长为规模巨大的平台企业，这些平台企业的用户数量、平台市值和平台交易额都位居世界前列。2019年，全球市场价值超100亿美元的数字平台企业达74家，价值总额达8.98万亿美元，美国和中国分别以35家和30家的数量位居世界第一和第二。截至2019年底，中国市场价值超10亿美元的数字平台企业达193家，市场价值总额达2.35万亿美元。与此同时，中国还有一大批快速成长型独角兽企业。根据CB Insights公司于2019年3月发布的最新世界独角兽企业数据，全球共有326家价值在10亿美元以上的私人企业上榜。其中中国共有92家独角兽企业（约占全球独角兽企

---

① 中国信息通信研究院. 全球数字经济白皮书：疫情冲击下的复苏新曙光，2021.

业总数的 27.9%)，资产总值约为 3 230 亿美元（约占全球独角兽企业资产总值的 29.7%)，这两项指标仅次于美国，美国共有 156 家独角兽企业，资产总值约为 5 640 亿美元。我国位居全球第二并与排第三位的国家拉开较大的距离。

(3) 拥有世界领先的数字基础设施。

数字基础设施是推动数字经济发展的重要基础。数字基础设施是以数据创新为驱动、以通信网络为基础、以数据算力设施为核心的基础设施体系。多年来，我国一直将数字基础设施建设作为促进数字经济发展的重要政策基点，建成了世界领先的数字基础设施。国家网信办发布的《数字中国发展报告（2021 年）》指出，目前中国已经建成全球规模最大、技术领先的数字基础设施。截至 2021 年底，我国已建成 142.5 万个 5G 基站，总量占全球的 60%以上，5G 用户数达到 3.55 亿户；全国超 300 个城市启动千兆光纤宽带网络建设，千兆用户规模达 3 456 万户，行政村、脱贫村通宽带率达 100%；截至 2021 年底，IPv6 地址资源总量位居世界第一，IPv6 活跃用户数达 6.08 亿；算力规模全球排名第二，近 5 年算力年均增速超过 30%。强大的数字基础设施建设极大地促进了我国数字经济的发展。

(4) 数字经济治理体系不断完善。

首先，我国数字安全保障体系不断完善，网络与数据安全法律法规和标准体系逐步健全。国家出台了《网络安全法》《数据安全法》《个人信息保护法》《网络安全审查办法》《关键信息基础设施安全保护条例》《信息安全技术 关键信息基础设施安全保护要求》《数据出境安全评估办法》等文件，推动提升重要数据和个人信息保护合规水平，完善网络与数据安全监管体制，实行安全与发展并重。其次，《中共中央 国务院关于构建数据基础制度更好发挥数据要素作用的意见》（简称“数据二十条”）系统地提出了中国数据基础制度框架。再次，强化网络信息内容治理。《网络信息内容生态治理规定》《互联网用户账号信息管理规定》《互联网信息服务深度合成管理规定》等的制定及实施推动了互联网信息服务管理制度持续完善。最后，不断推进数字政府建设，《国务院关于加强数字政府建设的指导意见》的印发推进了政府的数字化、智能化转型。国家电子政务外网实现地市、县级全覆盖，乡镇覆盖率达 96.1%，大批高频政务服务事项实现“一网通办”，有效解决了市场主体和群众办事难、办事慢、办事繁等问题。

1.3.3 中国数字经济发展的优势

(1) 拥有巨大的国内市场。

中国拥有世界上最庞大的互联网用户群体。根据世界电信联盟的统计数据，中国网民数量位居全球第一。根据中国互联网络信息中心发布的第 50 次《中国互联网络发展状况统计报告》，截至 2022 年 6 月，中国网民规模为 10.51 亿，互联网普及率达 74.4%。网民人均每周上网时长为 29.5 个小时，网民使用手机上网的比例达 99.6%，使用台式电脑、笔记本电脑、电视和平板电脑上网的比例分别为 33.3%、32.6%、26.7%和 27.6%。庞大的用户群体是推动中国数字经济发展的重要基础和经济优势，为迅速降低数字基础设施成本、促进数字产业在短时间内实现规模经济效应和网络经济效应提供了条件，同时也为数字经济发展提供了海量的数据。中国是数据量最大、数据类型最丰富的国家，为数字平台企业提供了充足的大数据资源，具有独特的数据资源优势。

(2) 建立了有利于数字经济创新发展的投融资体制。

新型基础设施建设具有规模大、涉及产业广、所需投资大等特点，高昂的建设成本必然需要企业和民间资本的参与和支持。我国独有的“集中力量办大事”的制度优势，有助于组织好各类资本力量参与新型基础设施建设，使中国数字基础设施建设处于世界领先地位。在投入大量资金建设数字基础设施的同时，我国也非常注重发挥资本市场的作用，鼓励各种有利于数字经济创新发展的金融创新。大量的风险资本进入数字经济领域，促进了创新性新业态、新模式的商业化和一大批创业企业的快速成长。良好的公私投资合作为具有较高风险的数字经济的创新发展提供了重要的金融支持。

(3) 实行宽松灵活的政府监管政策。

在数字经济发展初期，政府实行包容审慎的监管政策，赋予微观主体非常大的试错空间，从而极大地促进了新业态、新模式的创新发展，为数字经济的崛起和快速市场扩张提供了宽松的政策环境。2017 年 1 月国务院发布的《“十三五”市场监管规划》明确提出对数字经济要坚持审慎监管的基本原则，强调要鼓励创新、促进创业，以推动数字经济发展为目标。在数字经济发展出现寡头垄断市场结构的情况下，国家及时调整监管政策和执法力度，加强对数字经济的反垄断、公平竞争、公共安全等问题的监管，确保数字经济依法规范发展，实现数字经济发展和有效维护公共利益的平衡。为此，国家制定了《网络安全法》《数据安全法》《个人信息保护法》，修正了《反垄断法》，构建了相对完备的数字经济政府监管法律体系，并采取了积极有为的执法行动，保证了数字经济的规范、健康发展。在开展相应的平台企业整改行动后，国家又提出了以常态化监管为导向的监管政策。

1.3.4 中国数字经济发展的短板

(1) 数字经济关键技术创新能力较弱。

目前，数字经济关键技术大多依然由美国等国家所掌握，尤其是在计算机软件、计算机硬件核心技术及信息通信核心技术等领域，我国仍然与美国存在较大的差距。由于全球数字经济技术竞争主要是中美两国之间的博弈，因此在美国加强对华高技术封锁和打压的背景下，中国数字经济基础关键技术的研发必须主要靠自主创新来进行。但中国科技创新体制的一些深层次问题尚未得到根本解决，支持中国数字经济基础关键技术进行重大原始创新的体制机制尚未有效建立，迫切需要将具有国家制度优势的举国体制和具有强创新激励作用的市场机制有机结合起来，实现数字经济关键技术创新的重大突破，并获得长期的国际数据竞争优势。

(2) 数字经济高素质专业人才供给不足。

中国数字经济高素质专业人才短缺问题非常突出。数字经济发展所需要的高素质人才严重缺乏反映出我国现行的高等教育（大学）体制不适应数字经济发展。目前，中国大学教育非市场化的专业设置扭曲了人才市场的供求关系，高校人才培养脱离数字经济发展需要的问题突出，造成数字经济发展存在较大的人才供给缺口。因此，首先，需要改革高校专业设置和招生规模的计划体制，根据数字经济发展需要动态调整专业设置和招生规模。其次，需要建立政产学研合作体制，加强数字化转型相关的职业技能培训，重视劳动者在职培训工作并加强全民数字技能教育和培训。

(3) 数据要素价值没有得到充分释放。

我国数据流动交易和开放共享仍然面临障碍，数据流动交易和开放共享的机制尚未形成。首先，数据要素市场建设相对滞后、数据要素交易机制和商业数据共享机制有待创新和完善、数据市场主体不健全、数据中间商数量不足、数据治理制度不完善等问题严重限制了商业数据的市场化。其次，作为社会数据资源的重要组成部分的政府公共数据向社会的公开程度严重不足，造成大量政府公共数据资源得不到商业化开发和利用。由于企业以追求盈利为目标，因此，将一些本应免费对社会开放的公共数据授权一个企业垄断经营，就违背了公共数据的公共产品属性和数据的非竞争特性，严重影响了数字经济的创新发展。最后，由于受个人隐私保护相关法律的限制，以及面临很多制度障碍，因此个人数据目前还难以实行市场化交易，个人数据的采集和利用还面临很大的政策不确定性。

(4) 数字经济与实体经济的融合需进一步深化。

数字经济促进经济高质量发展的重要机制是推动传统产业的数字化转型，实现数字经济与实体经济的深度融合，实现整个国民经济的数字化发展。目前中国数字经济的发展主要体现在消费端，生产端的数字化转型相对较慢。数字经济发展主要发生在第三产业，第二产业和第一产业的数字化程度相对较低。制造业是立国之本、强国之基，也是数字经济与实体经济深度融合的关键所在。2020 年，中国制造业的数字化渗透率仅为 19.5%，不仅低于发达国家的平均水平（33.3%），而且与制造强国德国（45.3%）差距甚远。总体来说，目前中国数字经济与实体经济尚未实现深度融合，数字经济发展对实体经济高质量发展的全面提升作用尚未得到充分发挥。因此，要推动传统产业全方位、全角度、全链条数字化改造，为传统产业发展插上“数字翅膀”，实现数字经济与实体经济的深度融合。

(5) 数字经济治理体系有待进一步完善。

科学的数字经济治理体系是确保数字经济健康发展和促进数字经济以有利于人民的方式发展的重要保障。目前，数字经济治理体系仍有待进一步完善。首先，网络市场销售假冒伪劣商品、网络金融诈骗、网络盗版侵权等问题仍然十分突出，需要完善市场交易秩序监管，创造良好的市场交易环境。其次，数字市场中大型数字平台的市场垄断地位日益稳固，采取垄断做法的概率较高，需要建立更为科学的反垄断监管体制，促进大型数字平台合规经营。再次，数字经济发展和个人隐私信息保护之间的冲突仍较大，由于个人隐私信息保护监管政策不完善，因此侵犯个人隐私事件频发，损害了消费者的信心，同时也存在隐私保护过于严格导致数据要素的开发和利用不足的问题。最后，数字经济发展不仅为政府治理效能的提高提供了手段，同时也要求政府治理进行重大改革以更好地适应数字经济社会发展需要，从而营造健康的营商环境，并促进全民更好地分享数字经济发展成果。总体来说，如何构建与数字经济监管治理需求相一致、合理平衡规范与发展的常态化监管体制，实现数字经济政府治理现代化，依然是数字经济治理所面临的重要挑战。

1.4 数字经济学的研究对象、内容体系和研究方法

1.4.1 数字经济学的研究对象

目前，学界对数字经济学的研究对象尚未形成共识。阿维·古德法布（Avi Goldfarb）、谢恩·M. 格林斯坦（Shane M. Greestein）和凯瑟琳·E. 塔克（Catherine E. Tucker）在2015年出版的《数字经济的经济学分析》一书中指出，数字经济学是研究数字技术是否以及如何改变市场的学科，即数字经济学重点研究数字技术如何影响经济活动与消费者行为，以及企业如何制定竞争战略等，从而为企业家进行数字商业创新以及政府制定政策提供指导。本书认为，数字经济学是研究数据要素的采集、利用，数字技术发展所引起的经济数字化对经济的影响，数字市场运行与数字经济发展规律等内容，从而为企业家进行数字商业创新和政府制定政策提供指导的应用经济学学科。

1.4.2 数字经济学的内容体系

目前，数字经济学的内容体系主要有偏重于微观经济分析和微观经济与宏观经济分析相结合两种。

（1）偏重于微观经济分析的内容体系。

目前，国际上具有代表性的数字经济学图书是古德法布、格林斯坦和塔克2015年出版的《数字经济的经济学分析》与奥弗比和奥德斯塔德2018年出版的《数字经济学》。古德法布、格林斯坦和塔克在《数字经济的经济学分析》一书中强调，数字技术和数字市场是数字经济学研究的核心问题，为此该书重点关注数字市场供求机制、数字市场运行机制和数字经济治理政策这三部分。奥弗比和奥德斯塔德在《数字经济学》中指出，数字经济学是研究数字商品和服务的经济学分支。因此，该书将数字商品与服务、数字市场和数字商业模式作为核心章节。总体来说，目前国际学术界更多地将数字经济学的研究范畴界定在微观经济层次，研究的主要内容包括数字技术、数字商品与服务、数字市场消费者行为、数字市场竞争、数字市场监管政策等。

（2）微观经济与宏观经济分析相结合的内容体系。

数字经济发展具有广泛的经济社会影响，不仅需要进行经济学理论研究以揭示数字经济微观运行规律，也需要分析数字经济发展对宏观经济产生的影响，并探讨相应的经济政策。典型的如埃里克·布莱恩约弗森（Erik Brynjolfsson）和布赖恩·卡欣（Brian Kahin）2000年编写的《理解数字经济知识：数据、工具与研究》一书，该书包含数字经济对宏观经济的影响、数字经济市场结构与竞争、数字经济对就业的影响、数字经济组织变革四个主题。

目前国内出版的数字经济学教材基本都采取微观经济与宏观经济分析相结合的内容体系。其中具有代表性的包括李涛、刘航主编的《数字经济学导论》，卢福财主编的《数字经济学》，任保平等主编的《数字经济学导论》，戚聿东、肖旭主编的《数字经济概论》、孙毅主编的《数字经济学》等。这些教材不仅包括数字技术、网络效应、消费者行为、数

字平台等微观经济方面的内容，也包括数字产业发展、数字贸易、数字经济就业、经济增长等宏观经济方面的内容。

(3) 本书的内容体系。

本书的内容体系既借鉴了国际经验，同时也基于中国数字经济发展和国家数字经济政策的现实需要，采用微观经济与宏观经济分析相结合的模式来构建中国特色的数字经济学内容体系，具体包括四篇（见图 1-3）。

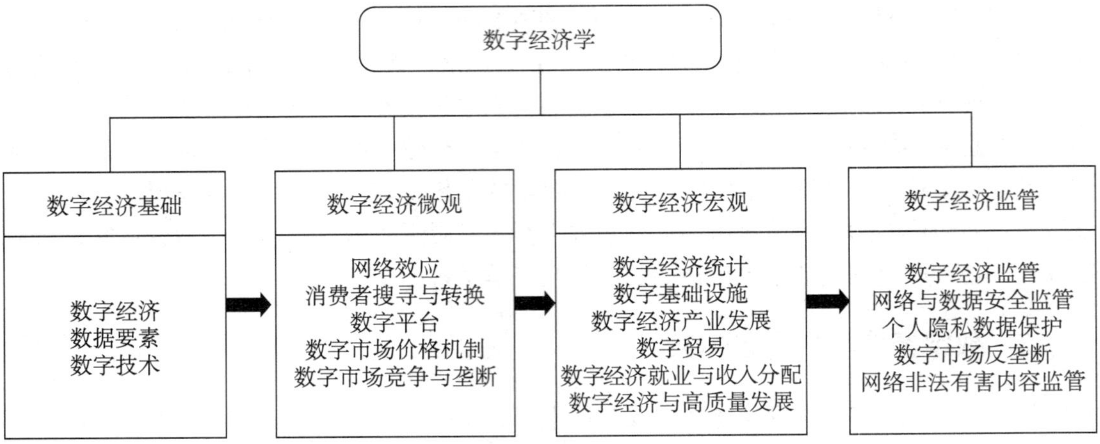

图 1-3 数字经济学的内容体系

一是数字经济基础。该篇重点介绍数字经济的基本特征和发展的主要驱动力，核心是数据要素和数字技术。本篇包括三章：第一章介绍数字经济的概念、基本特征和中国数字经济发展等；第二章介绍数据及其经济属性、数据促进经济增长的路径、数据产权与数据要素市场、数据开发利用的治理政策；第三章介绍数字技术、数字技术促进经济增长的理论、数字技术创新发展政策等。

二是数字经济微观。该篇重点介绍数字经济微观市场运行的理论基础。其中，第四章介绍数字经济中最重要的理论——网络效应；第五章介绍数字经济如何影响消费者的搜寻与转换行为；第六章介绍数字经济最重要的市场主体——数字平台；第七章介绍数字市场独特的价格机制；第八章介绍数字市场竞争与垄断问题。

三是数字经济宏观。该篇重点介绍数字经济的宏观增长理论与政策。其中，第九章介绍数字经济统计的内涵与面临的挑战、思路与方法、国际经验及中国实践等；第十章介绍数字基础设施的增长促进效应与发展政策；第十一章介绍数字产业发展的概念、绩效和政策；第十二章介绍数字贸易的概念、理论、发展实践与政策；第十三章介绍数字经济发展对就业与收入分配的影响及相关政策；第十四章介绍数字经济与高质量发展的理论及政策。

四是数字经济监管。该篇重点介绍数字经济监管理论与政策，内容包括一章，即第十五章。该章主要介绍网络与数据安全监管、个人隐私数据保护、数字市场反垄断、网络非法有害内容监管。

1.4.3 数字经济学的研究方法

数字经济学是一门新兴的应用经济学分支学科，其主要吸收了产业经济学、技术经济学、行为经济学、劳动经济学、国际经济学等相关学科的理论知识，以及数据科学、法学等跨学科知识。因此，数字经济学的研究方法具有广泛的包容性和动态发展性，以数字经济重大现实问题为导向，紧紧跟随数字技术创新和经济学理论发展，整合跨学科理论方法进行理论和政策研究。

本章小结

数字经济是将数据作为关键要素、将数字技术作为根本驱动力的国民经济全面数字化的经济形态。数字经济体系由四部分构成，包括数字经济的基础设施体系、数字经济的要素供给体系、数字经济的产业体系、数字经济的治理体系。

数字经济的基本特征包括：数据是经济增长的关键要素，数字技术是数字经济发展的根本驱动力，数字经济供给侧和需求侧都具有显著的规模经济效应，数字平台是数字经济发展的主导商业组织形式，数字经济发展具有价值普惠性。

中国政府从数字中国的战略高度系统地设计了有效的促进数字经济发展的政策体系，极大地促进了中国数字经济的高质量发展。中国数字经济发展的主要优势包括：拥有巨大的国内市场、建立了有利于数字经济创新发展的投融资体制、实行宽松灵活的政府监管政策。

主要概念

数字经济　数字产业化　产业数字化　数据要素　数字技术　数字平台　规模经济效应　网络效应　价值普惠　数字经济学

复习题

1. 数字经济体系由哪几部分构成？
2. 数字经济发展有哪些基本特征？
3. 中国数字经济发展取得了哪些成就？主要优势有哪些？未来的政策重点是什么？
4. 数字经济学的内容体系应主要包括哪些方面？

推荐阅读文献

GOLDFARB A, GREENSTEIN S M, TUCKER C E. *Economic Analysis of the Digital Economy*. Chicago: University of Chicago Press, 2015.

BAUER J M, LATZER M. *Handbook on the Economics of the Internet*. Cheltenham: Edward Elgar Publishing, 2016.

BRYNJOLFSSON E，KAHIN B. *Understanding the Digital Economy：Data，Tools，and Research*. Massachusetts：The MIT Press，2000.

PEITZ M，WALDFOGEL J. *The Oxford Handbook of the Digital Economy*. Oxford：Oxford University Press，2012.

SHAPIRO C，VARIAN H R. *Information Rules：A Strategic Guide to the Network Economy*. Massachussets：Harvard Business School Press，1998.

唐要家. 数字经济赋能高质量增长的机理与政府政策重点. 社会科学战线，2020（10）.

唐要家，唐春晖. 数据要素经济增长倍增机制及治理体系. 人文杂志，2020（11）.

于立. 互联网经济学与竞争政策. 北京：商务印书馆，2020.

第二章 数据要素

章前导语

随着数字经济的发展，经济活动日益数字化，企业的生产经营活动日益建立在数据的基础上。在数字经济时代，数据已经成为企业在组织生产、智能决策、精准营销等环节中不可缺少的要素。英国《经济学人》杂志指出，在数字经济时代，数据已取代石油成为最有价值的资源。在数字经济中，不仅消费者的在线活动会产生大量的个人数据，而且随着物联网的发展，很多企业的生产经营活动也会产生大量的非个人数据（又称机器产生的数据）。作为一种新型生产要素，数据要素具有明显不同于传统生产要素的经济属性和价值实现方式，并且数据的采集、开发和利用还涉及个人隐私、数据安全等诸多监管问题，因此如何在确保个人隐私和数据安全的基础上，构建有利于最大限度释放数据要素价值的体制机制，就成为数字经济学要研究的重要问题。

学习目标

掌握数据的概念界定及其经济属性；

掌握数据要素促进经济增长的路径；

掌握数据产权与数据要素市场；

掌握数据开发利用的治理政策。

2.1 数据及其经济属性

2.1.1 数据的概念界定

（1）数据。

数据是数字经济的关键投入要素。目前关于数据的概念界定尚不统一，具有代表性的概念界定包括以下几类：一是技术角度的界定，如计算机科学将数据定义为“对所有输入计算机并被计算机识别、存储和处理的符号的总称”。二是价值角度的界定，强调数据的信息价值，如国际数据管理协会（Data Management Association，DAMA）给出的定义为：“数据是以文字、数字、图形、图像、声音和视频等格式对事实进行的表现。”国际标准化组织（International Organization of Standardization，ISO）将数据定义为“对事实、概念或指令的一种特殊表达形式”。我们认为，数字经济中的数据是任何反映事实、行为或信息，并且能够以数字化的方式呈现或被加工处理的符号介质。

（2）大数据。

在数字经济中，成为关键要素的是大数据而非单个数据，大数据才是数字经济最重要的资源。大数据通常被理解为使用大规模计算能力和技术先进的软件进行收集、处理和分析的以大量、快速、多样和有价值为特征的数据。OECD 2016 年指出：“大数据通常被理解为使用大规模计算能力和高级技术性软件来收集、处理和分析具有大容量、高速率、多样性和价值性特征的数据。”

一般认为，大数据主要具有四个典型特征，即规模性（Volume）、多样性（Variety）、高速性（Velocity）和真实性（Veracity），简称“4V”特征。具体来说：规模性是指数据数量要足够大，只有足够数量的数据才会构成有用的数据资源；多样性是指数据反映的信息应该在多个维度上具有互补性，从而使相关人员能够依据这些数据做出更为精准的分析；高速性是指数据需要实时采集并加工处理，采集和处理的速度越快，则数据带来的价值越高；真实性是指数据质量和精确性应该是可以信赖的，这要求数据来源、数据采集和数据处理可信。

2.1.2 数据的类型

（1）依据数据形式划分。

①结构化数据。结构化数据是由二维逻辑表来表达和实现的数据，严格地遵循数据格式与长度规范，主要通过关系型数据库进行存储和管理。

②非结构化数据。非结构化数据是数据结构不规则或不完整，没有预定义的数据模型，不方便用数据库二维逻辑表来表达和实现的数据。它包括各种格式的办公文档、文本、图片、XML、HTML、各类报表、图像和音频/视频信息等。

（2）依据数据持有者划分。

①个人数据。个人数据是指任何与一个已经被识别或能够被识别的自然人有关的数据信息，即任何可以直接或间接识别一个特定人的信息，既包括单个信息，也包括收集在一

起从而能够识别特定人的汇总信息。传统上，最常见的个人信息包括个人的姓名、家庭住址、身份证号码、电话号码、定位数据、网络标识等信息。

②商业数据。商业数据是商业企业在创新过程（研发、测试）或商业经营（营销、财务、售后服务等）中产生的数据。这些数据既可能是企业内部的数据，如关于企业身份的数据、企业的生产经营数据、企业的商业秘密等，也可能是企业外部的数据，如企业为了提供服务安装到其他企业所购设备上用来监控设备使用情况所产生的数据，以及对从外部采集的数据进行加工后所得到的数据。企业数据对促进企业的创新和高效率经营具有重要的积极意义，是企业重要的资产。

③公共数据。公共数据是指政府机构在提供公共服务的过程中所采集的各种数据，如经济统计、卫生健康、社会保障、交通管理、空间规划、气象环境等相关数据，政府财政支持的公共研发或学术活动所产生的数据。公共数据对促进社会创新和知识共享具有重要的作用，同时也对促进公共健康和安全，以及提高公共治理能力具有重要的作用。

2.1.3 数据要素的经济属性

尽管数据被称为数字经济时代的“石油”，但与石油等实物资源不同，数据具有相对独特的经济属性，具体来说：

(1) 数据具有非竞争性和相对排他性。

数据的最独特之处在于其具有突出的非竞争性，即同一数据可以被多个主体同时使用，且多个主体使用同一数据不会降低其他人使用该数据的价值。非竞争性意味着，数据开放共享不仅不会引起数据使用价值的下降，反而会提高数据开发利用的总价值，创造更大的社会价值。因此，数据的非竞争性内在地决定了数据可以同时被多人重复再用。另外，数据具有相对排他性。原始数据和非个人数据往往并不具有排他性。数据作为一种资源要素，任何企业都可以进行采集和开发利用，一个企业对其进行采集和开发利用并不会排斥其他企业对该数据的采集和开发利用。但是，涉及个人隐私的个人敏感数据信息或企业分析处理后的商业数据则具有一定的排他性，此时数据的排他性往往是人为的结果。数据的相对排他性要求设计差别化的数据治理政策。

(2) 数据具有广泛存在性、零边际成本和较强的替代性。

与石油等实物资源不同，数据信息是广泛存在并且可以低成本获取的。数据是人类活动的副产品。网络空间每时每刻都在产生大量的数据信息，并且随着用户数量和使用频率的增加，数据量会持续增长。借助各种人工智能技术，这些消费者数据能够被数字商务企业以较低的成本及时收集、存储和传输，同时，再利用数字化数据的边际成本近乎为零。因此，对于广泛存在的数据资源，很多企业都可以以非常低的成本进行采集、处理和应用。同时，不同的数据处理者通过不同渠道获取的数据或对不同类型数据的采集、处理和分析可以提供相同的信息，即数据之间具有较强的替代性。

(3) 数据价值具有时间性。

数据具有生命周期，新数据和老数据往往具有不同的价值。随着时间的变化，数据往往会迅速贬值。因此，对于任何企业来说，仅仅占有大量数据而不及时对其加以开发利用，则数据会迅速贬值。因此，一个企业只有获取大量的即时数据并快速高效地对数据进行分析和利用，才能借助数据创造价值和增强竞争优势。

（4）数据的开发利用具有显著的正外部性。

对于单个消费者来说，其个人数据并不具有现实的经济价值，只有汇集了多个个人的数据且达到一定规模的数据集才有价值。同时，由于数据本质上是一种信息，而信息的最大特征是具有显著的外溢性，因此，一个企业对数据集进行分析并发现新的信息知识，会对其他企业的数据开发和信息知识获取产生正外部性。数据开发利用的正外部性意味着，数据开发利用往往会同时产生私人价值和社会公共价值，具有正外部性的数据开发利用会实现私人利益和公共利益的兼容。但数据的正外部性及"搭便车"问题的存在，也会导致数据占有人往往缺乏将数据开放共享的动力。另外，对个人数据来说，尽管其采集利用会有利于数据采集利用者，但是过度采集利用可能会侵犯消费者隐私，产生负外部性问题。

2.1.4 数据的价值实现过程：数据价值链

数据的价值实现过程可分为三个阶段，由此形成数据价值链（见图2-1）。第一阶段，数据资源阶段。原始数据是一种数据资源，在未被采集利用的情况下，原始数据仅具有潜在价值。第二阶段，数据资产形成阶段。当企业花费成本对原始数据进行采集、对数据进行结构化并汇总存储时，就形成了具有无形资产价值的数据库，并构成有价值的企业数据资产。第三阶段，数据价值创造阶段。数据持有企业可以直接在数据市场出售数据产品或服务来直接实现数据的货币化，或者基于数据挖掘获得的信息和知识来进行数据驱动的商业创新，从而间接实现数据的货币化。显然，随着对原始数据的采集、分析、决策、应用流程的深入，数据的价值也大幅提升。

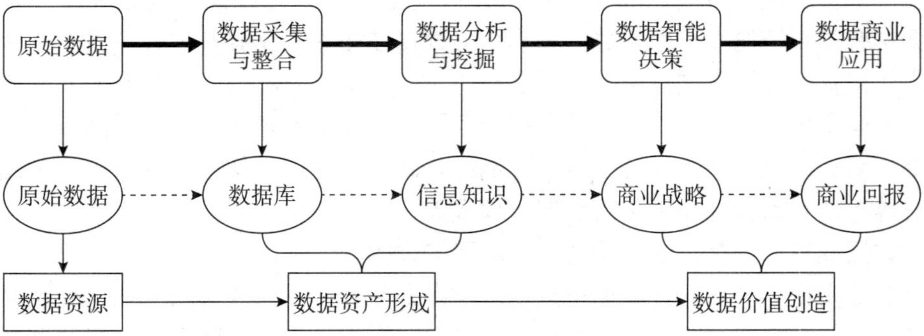

图2-1 数据价值链

通常来说，仅仅拥有大数据并不会给企业带来价值和竞争优势，只有在企业具备较强的数据分析能力，能将大数据转化为信息知识并据此制定科学的商业决策时，大数据才会产生价值，即数据只有经过分析并转化为"数字智能"才会创造商业价值。因此，大数据分析能力是实现数据商业价值和决定数据企业竞争优势的核心能力，人工智能技术开发应用能力从根本上决定了数据要素的价值挖掘程度。数据价值链是一种数据开发利用和价值提升的流程，数据商业价值的最终实现主要取决于数字产品或服务的商业模式创新。因此，基于大数据的技术创新和商业模式创新是实现数据商业价值的关键。

2.2 数据促进经济增长的路径

2.2.1 数据要素促进经济高质量发展的内生机制

古典经济学家亚当·斯密提出，劳动分工是经济增长的根本动力。大卫·李嘉图提出的比较优势理论则强调资源禀赋对经济增长的重要意义，并且他还做出了资本报酬递减会导致经济增长停滞的预测。以索洛-斯旺模型为开端的新古典增长理论将经济增长看作一种要素投入产出的生产函数关系。新古典增长理论重点分析了劳动和资本要素对经济增长的外生推动作用，其重要的理论预测是：由于生产要素规模收益递减规律的存在，因此单纯的劳动和资本要素投入数量增长并不能维持可持续的经济增长，在缺乏技术进步的情况下，经济增长最终将停滞。显然，在新古典经济增长理论中，由于土地、劳动、资本等要素的数量增长受供给侧规模收益递减规律和需求侧单个产品需求增长有限性的约束，要素投入数量增长无法实现可持续的经济增长。现代内生增长理论更强调知识、人力资本、技术创新，认为这些要素是决定长期经济增长的关键，但是它仍然没有摆脱生产要素规模收益递减规律对增长的束缚。

在数字经济中，从整个数字经济生态来看，数据要素的开发利用呈现显著的规模收益递增特性。由于数据要素具有非竞争性、零边际成本且其开发利用具有正外部性，因此包含数据要素的数字经济增长函数将呈现出规模收益递增的增长促进效应。摆脱了生产要素规模收益递减规律对增长的限制，总产出的增长幅度将明显超出要素投入的增长幅度。首先，由于数据要素的使用具有非竞争性，因此数据要素的开发利用就不受生产要素规模收益递减规律的约束，可以直接促进经济高质量发展。其次，数据要素的开发利用过程不再是自然资源、土地、资本等物质资源要素的消耗过程。数据要素的开发利用过程本质上是一个不断产生信息知识的过程，以人工智能为基础的大数据的开发利用可以更高效地生产知识、产出更高质量的知识、更广泛地扩散和分享知识，从而内生地促进经济高质量发展。最后，数据的非竞争性和大数据技术所具有的“通用目的技术”特征，可以实现数据要素与其他生产要素的深度融合，使与数据要素整合在一起的全要素实现规模收益递增，促进全要素生产率的提升。

在数字经济背景下，数据要素的开发利用具有典型的供给侧规模经济效应和需求侧规模经济效应协同的特征，供给侧规模经济效应和需求侧规模经济效应具有内生的正反馈机制，大幅地向外移动了社会生产可能性边界，实现了经济增长的倍增效应。在数字经济中，数据要素的开发利用具有显著的规模经济效应和范围经济效应，即更大数量和更多样化的数据供给成本更低。数字商务企业基于大数据深度挖掘分析进行商业创新，从而为消费者提供个性化产品和服务，同时消费者以更低的搜寻成本和交易成本进行交易，并享受更契合需求的产品、更好的服务和更具竞争力的价格。这全面提升了消费者的消费体验，从而扩大了消费需求。特别是数字经济中存在的交叉网络外部效应使供给和需求相互强化，形成正反馈机制：更低成本的供给引致更大的消费需求，更大的消费需求则引致更高效的供给。数字经济供给侧规模经济效应和需求侧规模经济效应的双向正反馈机制摆脱了传统经济增长面临的生产要素规模收益递减规律和单个产品需求增长上限的约束，实现了内生的经济增长倍增效应。

2.2.2 数据要素促进经济高质量发展的实现路径

数据要素促进经济高质量发展主要是通过促进企业更好地决策、提升市场机制的有效性、与其他要素结合产生效率整合效应、驱动高效率创新以及优化公共服务供给与社会治理等路径实现的。

(1) 促进企业更好地决策。

现实的经济活动充满了各种不确定性，并且随着市场的扩展和企业生产规模的扩大，这种不确定性会给企业带来非常高的决策成本。这也是产生规模收益递减的重要原因之一，即随着规模的扩大，企业对未来预测失误会产生更大的利润损失。不确定性是影响市场实现资源优化配置的重要因素，并且长期以来受到经济学研究的忽视。企业的生产活动不仅受到要素投入的影响，同时也受到不确定性的影响。此时，信息具有重要的经济价值，拥有信息的企业大概率会获得更高的利润。数据本质上是过去的经济活动所产生的信息，对数据要素的开发利用可以帮助企业更好地预测未来的经济活动。大数据和人工智能技术的结合可以产生更多更有用的信息，从而帮助企业做出更科学、准确的预测，降低其所面临的不确定性，提高决策的精确性，减少由不确定性造成的决策失误及因此产生的损失。在企业决策失误概率大幅度降低后，其获得的利润也将大幅提升。

(2) 提升市场机制的有效性。

信息经济学理论研究表明，信息是影响资源优化配置的重要因素。当市场运行存在信息成本时，市场将无法实现最佳的资源配置。信息不完全和信息不对称会产生较高的搜寻成本和交易成本，特别是逆向选择和道德风险会严重影响市场实现资源优化配置。解决信息不对称问题的主要途径是为信息收集和信息披露提供有效的激励，为此人类设计了各种激励机制或通过行动来促进信息披露，但是由于激励成本和信息成本的约束，市场自身无法实现完全信息的效率状态。对数据的采集利用能够降低市场交易双方之间的信息不对称程度，大幅减少市场交易中的逆向选择和道德风险，从而提高市场主体之间的信任度，大幅降低信息不对称情况下机会主义行为所产生的高交易成本，提高市场交易的有效性。另外，信息缺乏会使消费者在参与市场交易时不得不支付较高的搜寻成本，从而降低了市场运行的效率。搜寻成本就是消费者寻找信息的成本。不完全信息下的消费者搜寻成本降低了不同品牌间的有效替代程度，从而产生垄断这一非效率结果。数据要素的开发利用会大幅降低经济主体的搜寻成本，扩大信息搜索范围并提高搜索结果的准确性，同时企业基于大数据和人工智能算法实施的针对特定消费者的精准个性化信息推广，会使市场交易者的搜寻成本大幅降低，实现更好的供需匹配。因此，对数据要素的开发利用会提高市场运行的有效性，提高整个经济的效率。

(3) 与其他要素结合产生效率整合效应。

大数据与其他要素结合会产生非常大的效率整合效应。对数据要素的开发利用会对其他要素的使用产生正外部性。大数据技术的应用可以实现传统资本、劳动等有形要素的新组合。数据作为一种要素投入，其本身并不会直接产生价值，只有在与资本、劳动等生产要素结合时，其才会借助这些要素创造价值。资本、劳动等要素也只有在与更高质量的数据信息结合时，才会创造出更高的价值。数据与其他有形要素结合的过程是一个经济数字化的过程，其本质是传统生产要素实现了更高效率的新组合。因此，数据信息与其他生产要素的融合越全面、深入，其对总产出增长的贡献就越大。由于数据的基础性作用是信息性的，并且其只有与其他生产要素有效结合才能促进增长，因此，大数据只有与整个经济深度融合应用才会极大地促进经济高质量发展。

（4）驱动高效率创新。

通过人工智能的深度学习，可以不断优化算法决策，实现数据驱动的创新。首先，以机器学习为核心的人工智能不仅是一种技术发明成果，也是一种引发更多发明创新的发明方法或发明工具。它重构了知识的生产过程，加快了研究发明的速度，提高了研究发明的生产率。其次，大数据及人工智能技术本质上是一种通用目的技术，具有巨大的外部性，可以被很多行业和领域普遍应用，并引发多行业、多领域的后续创新，从而全面提升全社会的生产效率，促进整个经济社会的整体变革和经济长期的高质量增长。综上，在数字经济中，新兴的数字产业化行业的创新发展、传统产业的数字化转型发展，以及数据驱动的创新，可以极大地释放整个经济的增长潜能，优化整个社会资源配置，不断提高全要素生产率。大数据及人工智能技术的普及以及其引发的持续的交互创新是实现经济可持续增长的根本动力源泉。

（5）优化公共服务供给与社会治理。

良好的公共服务供给与社会治理是经济高质量发展的重要制度保障，也是实现社会福利最大化的基础。在数字社会中，数据成为实现良好社会治理的重要促进因素，消除了传统公共管理中由信息不完全和信息不对称所带来的公共行政成本，并大幅降低了社会治理成本。首先，大数据的应用促进了政府更好地制定和实施公共政策。大数据使政府能更好地监测各种影响或威胁社会安全和稳定的因素，识别社会运行中的潜在风险，从而提前谋划应对措施，做到防患于未然；大数据为政府提供了更多有效的政策实施工具，使政府得以保持对政策实施的实时监督，从而灵活应对公共政策实施中的各种问题。其次，大数据会提升政府行政行为的透明度。数字政府和数字治理的建设可以促进政府与公民的沟通协调，实现更有效的多元公共治理。最后，大数据可以促使政府向社会提供更好的公共服务，如提供更好的医疗服务、保护环境、维护公共安全、应对重大公共卫生事件和实施重大灾害救助等，从而保障和提高公共福利。

2.2.3　释放数据要素促进增长的潜能的基础制度

为充分释放数据要素促进经济高质量发展的潜能，目前国家正在构建有利于数据价值释放的基础制度。2020 年 4 月中共中央、国务院发布的《关于构建更加完善的要素市场化配置体制机制的建议》明确提出，通过培育数据要素市场，充分挖掘数据要素价值。2020 年 5 月发布的《关于新时代加快完善社会主义市场经济体制的意见》则进一步提出了数据权属界定，完善了数据开放共享、交易流通的标准和措施。2022 年 12 月中共中央、国务院发布的“数据二十条”对数据要素基础制度的四个模块，即数据产权制度、数据要素流通和交易制度、数据要素收益分配制度、数据要素治理制度提出了系统的政策思路（见图 2－2），以更好地促进数据要素价值的释放。

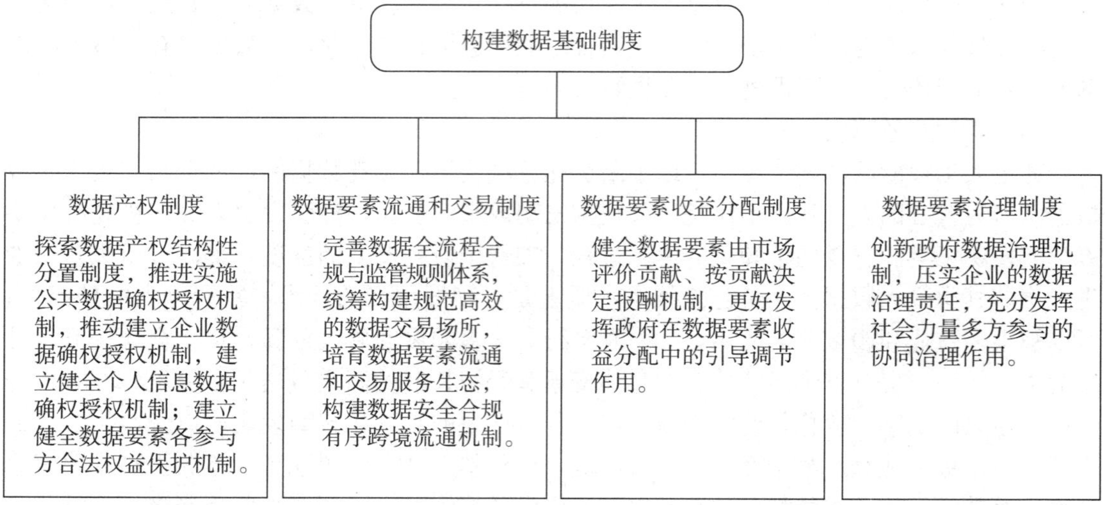

图 2－2　数据要素基础制度的四个模块

2.3　数据产权与数据要素市场

2.3.1　数据要素产权界定

（1）非竞争性数据产权配置与科斯定理的适用性。

产权也称所有权，是包含多种权利的权利束，包括占有权、使用权、处分权、收益权等，其中排他性占有权是产权的根本权利。政府授予特定主体产权的根本目的是实现经济激励，即通过产权对投资或进行创造性活动的主体给予货币激励。

罗纳德·哈里·科斯（Ronald H. Coase）1960 年的分析指出，产权界定是市场交易的前提，只有商品的产权被合理界定和受到保护，在产权可以转让和交易成本为零的情况下，一个竞争性的市场才会实现资源最优配置的结果。科斯定理实际上是将产权界定看作商品交易谈判的前提，其更强调在交易流转中实现商品价值最大化和相关利益主体的激励相容。根据科斯定理，对于竞争性商品来说，由于商品或要素的消费或使用具有竞争性，通过市场机制将其配置给对其评价最高的人来使用将会使社会总福利最大化。为了实现最优资源配置，竞争性商品的生产商应该被授予排他性产权。显然，根据科斯定理，竞争性使用的商品应该由对要素进行最大化开发利用的人使用，产权界定基础上的市场交易机制可以实现对资源的最优配置和租金的最优分配。因此，对竞争性私人产品来说，在市场机制下，明确界定的产权会实现资产的最佳使用和社会资源的最优配置，从而实现社会福利最大化。

从经济学意义上来说，任何一种有效的制度安排都应该有助于提升经济效率。产权制度设计的根本目的是实现资源的最优配置和最有效率的开发利用，违背这一目的的产权制度一定不是好的产权制度。由于数据具有非竞争性使用的特征，因此在数字经济背景下，适用于具有竞争性和排他性特征的私人产品的科斯定理不再充分有效。在资产或产品具有非竞争性时，仅仅将资产的排他性使用权赋予价值最大的那个主体并不会实现社会总福利最大化。由于数据对很多主体都具有价值，且对于非竞争性数据来说，更多主体使用同一数据并不会增加成本，而是会创造更多的价值，因此让每个通过使用数据创造价值的主体都能以相同或相近的成本来接入和使用数据，会实现社会总福利的最大化。

我们通过一个假设的数值案例来加以说明。假设存在一种经济物品 A，该物品的潜在使用者共有 10 个企业，即企业 1 至企业 10。这些企业使用该物品创造的潜在价值分别为 10，9，8，…，1。为简化分析，假设该物品开发利用的成本为 0。经济物品 A 的所有者和潜在使用者之间的交易通过市场谈判确定的竞争性出价来实现。

情况 1：经济物品 A 为竞争性私人产品。假设该物品所有者拥有对该物品的排他性产权。由于竞争性私人产品的市场交易会遵循“价高者得”的规则，因此通过市场交易，该物品一定会被潜在创造最大价值的企业 1 获得。根据标准的对等谈判双寡头博弈的纳什均衡解，在产权明晰的情况下，该物品所有者和企业 1 之间的剩余分配为（5，5）。此时，市场交易的社会总剩余为 10，等于该物品的所有者剩余加上企业 1（生产者）剩余。对于社会计划者来说，社会总福利最大化的社会总剩余也为 10。因此，这种产权制度安排及其效率结果是符合资源最优配置目标的，这是科斯定理的结果。

情况 2：经济物品 A 为非竞争性产品。这意味着，一个企业使用该物品的价值并不会因为其他企业同时使用该物品而下降。此时，如果采用科斯的产权界定逻辑，则产权明晰情况下市场交易的“价高者得”规则会使该资产的排他性使用权被企业 1 获得。此时，该物品的所有者剩余加上企业 1 剩余，即社会总剩余为 10。对于社会计划者来说，实现社会福利最大化要求充分挖掘非竞争性数据资源的潜力，让同一数据为更多企业所使用。因此，在开放共享情况下，实现社会福利最大化的总剩余为 10 个企业同时使用经济物品的总剩余，即为 55。通过对比可以发现，此时的社会总福利远远大于科斯的产权界定逻辑下的社会总福利，绝对产权逻辑会造成非竞争性产品有 45 的潜在价值无法实现，因此存在非竞争性产品利用不足的问题。

表 2-1 总结了科斯的产权界定逻辑下情况 1 和情况 2 的产权配置结果。

表 2-1 科斯的产权界定逻辑下竞争性产品（情况 1）与非竞争性产品（情况 2）的产权配置结果

产品性质	物品所有者剩余	企业剩余	市场均衡条件下的社会总福利	对于社会计划者来说的社会总福利
竞争性产品	5	5	10	10
非竞争性产品	5	5	10	55

因此，对于非竞争性产品，仅仅赋予创造价值最大的使用者排他性权利并不是最优解。非竞争性产品应该让更多所有者使用，因为额外使用所带来的边际收益远高于零边际成本，更多所有者使用和消费会创造更大的社会总价值。赋予非竞争性数据要素的所有者排他性产权，会使数据要素仅被创造价值最大的那个所有者使用，这排除了更多所有者重复再用同一数据要素的可能性，因而不利于数据要素实现最大价值。因此，不应该原封不动地将传统的产权理论运用到数据产权界定中，这是因为数据要素具有很多与传统要素明显不同的特征，如非竞争性。因此，我们不能将适用于竞争性私人产品的产权界定逻辑应用于作为非竞争性产品的数据要素。

(2) **大数据多元主体下排他性产权的"反公地悲剧"效应。**

根据法经济学的观点，产权制度的创立是为了促进人与人之间达成帕累托改进的谈判合作解。因此，在合作创造价值的经济活动中，产权制度的设立是为了促进不同主体之间的合作，消除私人主体之间的合作障碍，最大限度地实现资源要素的价值。从这个意义上来说，产权制度设计不应该增加私人主体之间的合作障碍，也不应该提高合作达成交易的成本，否则会阻碍实现资源要素价值最大化的合作解的达成。

科斯定理有一个重要的前提假设，即市场谈判的交易成本为零。在数字经济背景下，数据与传统劳动、资本等实物要素的一个重要的不同是：单个原始数据是没有价值的，只有很多数据集中在一起达到一定规模和维度，即构成大数据才具有商业开发的价值，因此数据之间是互补的，大数据具有整合效应。在大数据涉及主体众多的情况下，如果为了保护消费者隐私而赋予其个人数据所有权，那么数据企业要采集、利用和交易个人数据就必须与每个消费者进行谈判。而由于个人隐私数据的交易价格受到个人对隐私价值偏好的差异、使用者的数据使用范围、双方掌握信息的多寡和市场结构等因素的影响，所以个人隐私信息交易较难达成统一的市场均衡价格，而更多是个人化定价，由此也会产生非常高的谈判交易成本。由于任何一个数据主体的决策都会对其他主体产生外部性，因此每个数据主体的利益最大化决策都会产生数据要素利用的"反公地悲剧"问题，即很多人对资源拥有排他性产权，但任何人都不具有使用资源的优先权，从而导致资源利用不足的问题。

为了进一步解释，我们假设此时市场当中有 n 个消费者，即有 n 个原始数据所有者，有 m 个数据企业，它们为获得原始数据需要与每个消费者进行一对一谈判，则市场当中总的谈判次数为 mn。假设交易谈判的单位交易费用为 t。在原始数据市场交易谈判中，假设最终的成交单价为 P。这一价格实际包含了数据企业使用消费者数据给单个消费者所带来的负外部性 α，成交后的消费者净剩余即为 $P-\alpha$。在单位交易费用 t 为 0 的情况下，涉及 n 个原始数据所有者的大数据接入谈判并不会扭曲资源最优配置，反而会实现隐私保护和数据利用的平衡。当单位交易费用 $t>0$ 时，单个企业的交易净收益为 $R-nP-nt$（其中 R 为企业利用这些数据所获得的收益）。显然，在交易谈判中，如果单个消费者的要价 P 太高或总交易成本 nt 太高，则会导致 $R-nP-nt<0$，此时单个企业就会选择退出市场（见表 2-2）。

表 2-2 消费者拥有产权情况下的数据要素配置结果

交易费用	单个消费者的收益	单个企业的交易净收益	要素配置结果
$t=0$	$P-\alpha$	$R-nP$	利用充分
$t>0$	$P-\alpha$	$R-nP-nt$	利用不足

由于大数据的基本特征之一就是数量巨大，因此大数据会涉及数量巨大的数据所有者，这会导致数据企业在数据交易谈判中的总交易费用 nt 大幅提高；在企业数量为 m 的情况下，社会总交易费用为 mnt，数据所有者数量和企业数量的增长会导致社会总交易费用指数化增长，高交易费用反过来又会导致非竞争性的数据要素无法实现最大化利用。因此，在单个数据之间具有互补性和涉及众多数据主体的情况下，赋予众多原始数据主体对个人数据的排他性所有权会导致产权碎片化，产生资源利用不足的"反公地悲剧"问

题。在数据交易的一对一谈判过程中，大数据涉及的众多单个消费者的要价会大幅增加整个社会的要素利用成本，降低数据企业开发利用数据的回报，从而阻碍数字经济的创新发展。

上述分析结果说明，对于具有非竞争性特征的数据来说，赋予其所有者排他性产权不是保护个人数据的最佳方式，因为这会背离促进数据要素最大化利用的效率目标。

(3) 中国数据产权制度创新实践。

2022 年 12 月，我国发布的“数据二十条”提出：探索建立数据产权制度，推动数据产权结构性分置和有序流通，结合数据要素特性强化高质量数据要素供给；在国家数据分类分级保护制度下，推进数据分类分级确权授权使用和市场化流通交易，健全数据要素权益保护制度，逐步形成具有中国特色的数据产权制度体系。“数据二十条”还提出，建立公共数据、企业数据、个人数据的分类分级确权授权制度，探索数据产权结构性分置制度。根据数据来源和数据生成特征，分别界定数据生产、流通、使用过程中各参与方享有的合法权利，建立数据资源持有权、数据加工使用权、数据产品经营权等分置的产权运行机制。建立保障权益、合规使用的数据产权制度。首先，推进实施公共数据确权授权机制。鼓励公共数据在保护个人隐私和确保公共安全的前提下，按照“原始数据不出域、数据可用不可见”的要求，以模型、核验等产品和服务等形式向社会提供，对不承载个人信息和不影响公共安全的公共数据，推动按用途加大供给使用范围。推动用于公共治理、公益事业的公共数据有条件无偿使用，探索用于产业发展、行业发展的公共数据有条件有偿使用。其次，推动建立企业数据确权授权机制。对各类市场主体在生产经营活动中采集加工的不涉及个人信息和公共利益的数据，市场主体享有依法依规持有、使用、获取收益的权益，保障其投入的劳动和其他要素贡献获得合理回报，加强数据要素供给激励。最后，建立健全信息数据确权授权机制。对承载个人信息的数据，推动数据处理者按照个人授权范围依法依规采集、持有、托管和使用数据，规范对个人信息的处理活动，不得采取“一揽子授权”、强制同意等方式过度收集个人信息，促进个人信息合理利用。探索由受托者代表个人利益，监督市场主体对个人信息数据进行采集、加工、使用的机制。

2.3.2 数据要素市场

数据要素的市场化配置是释放数据要素价值和促进经济高质量发展的重要基础。国家工业信息安全发展研究中心将中国数据要素市场划分为数据采集、数据存储、数据加工、数据流通、数据分析、数据应用、生态保障七大模块，覆盖数据要素从产生到发生要素作用的全过程。[①] 当前，中国数据要素市场处于高速发展阶段。根据国家工业信息安全发展研究中心测算的数据，“十三五”期间，以数据采集、数据存储、数据加工、数据流通等环节为核心的数据要素市场增长尤为迅速。2020 年，中国数据要素市场规模达到 545 亿元；“十三五”期间，市场规模复合增速超过 30%；“十四五”期间，这一数值将突破 1 749 亿元，整体进入高速发展阶段（见图 2-3）。

总体来说，一个完备的数据要素市场体系包括以下几个重要的组成部分：

---

① 国家工业信息安全发展研究中心. 中国数据要素市场发展报告（2020—2021），2021.

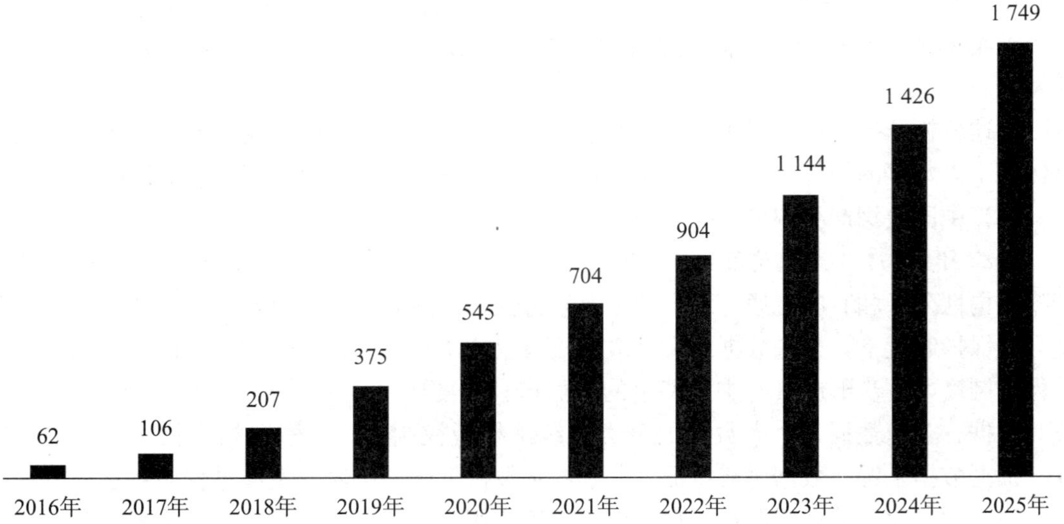

图 2-3　2016—2025 年中国数据要素市场规模（单位：亿元）

资料来源：国家工业信息安全发展研究中心.

(1) 分级分类的数据标的。

数据流通作为数据要素市场的核心环节，需要针对不同类型数据提出不同的解决方案。国家工业信息安全发展研究中心认为，需要针对不同类型数据分级分类进行数据要素市场化配置，并提出了数据流通金字塔模型。该模型将数据分为公开数据、低度敏感数据、中度敏感数据、高度机密数据四种，并针对不同数据类型，提出了不同的数据流通方式（见图 2-4）。

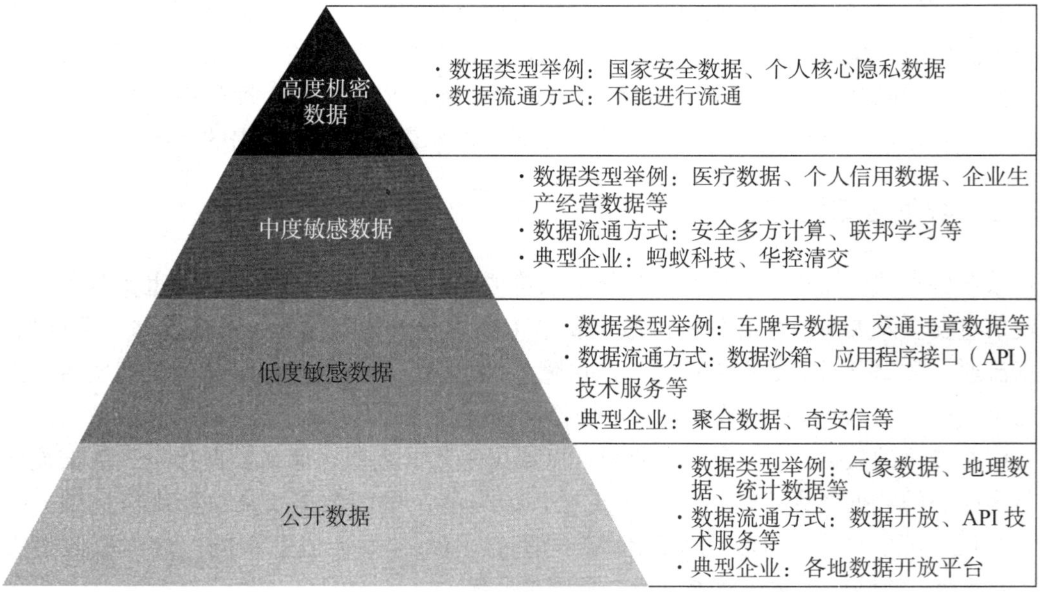

图 2-4　数据流通金字塔模型

资料来源：国家工业信息安全发展研究中心.

（2）分工合作的多元数据市场主体。

数据市场主体主要包括数据所有者、数据使用者、数据中介与第三方服务机构。数据所有者是数据的供给者，主要是数字商务企业，其采集大量关于用户的数据，并进行一定的处理，形成结构化的数据库。数据商务企业收集的大量用户数据并不局限于自己使用，有时会与第三方共享或出售给第三方，这些第三方也属于数据使用者。在数据市场运行中，数据中介发挥了重要的作用，其主要是从公共和私人渠道收集汇总各种不同的数据，协调数据供需双方的数据交易，同时也会提供一些增值服务，如对数据进行进一步加工处理以方便特定使用者使用的服务，如支付服务、信用查询服务等。数据中介在降低交易成本和克服数据市场交易障碍中发挥了重要的作用。第三方服务机构主要是为数据市场交易提供附属服务的机构，如数据价值评估机构、结算支付机构等。

（3）多层次的数据要素交易市场体系。

数据要素市场分为一级市场和二级市场。一级市场是数据资源市场，主要对应数据资源化阶段，涉及大量的原始数据。一级市场着力解决数据要素的有效入场问题，关键是明晰权责和安全标准，明确数据加工使用权和经营权，遵守基本的隐私保护和网络数据安全要求，确保数据来源、质量、安全性等可靠。二级市场主要是资产化数据市场，针对的是企业对原始数据进行汇总编辑（数据结构化）而形成的数据库或数据产品。二级市场着力解决数据要素的高效流通问题，主要涉及数据交易、流通和应用，目的是实现数据要素的价值，从而促进数据要素的充分利用和数据驱动的创新。

（4）完备的数据市场交易规则体系。

完备的数据市场交易规则体系可以降低市场交易成本，并保障各参与方的合法权益，有利于数据要素市场有序运行和健康发展。数据市场交易规则主要包括：第一，数据市场准入规则。建立数据流通准入标准规则，强化市场主体数据全流程合规治理，确保流通数据来源合法、隐私保护到位、流通和交易规范。第二，数据标准体系。制定数据标准体系，具体包括数据格式标准、数据质量标准和数据接入安全标准，以实现数据接入、交易和使用的标准化，促进数据整合、接入和互操作。第三，数据价格机制。坚持市场机制的决定性作用，支持探索多样化、符合数据要素特性的定价模式和价格形成机制，推动用于数字化发展的公共数据按政府指导定价有偿使用，企业与个人信息数据市场自主定价，从而形成有利于数据要素市场化配置的价格机制，并根据数据要素的特点来建立科学的数据资产评估机制和资产定价规则。第四，数据交易治理规则。数据市场健康运行需要有公平交易的市场环境，在这种环境下，各种违背公平交易的不正当竞争行为和垄断行为都会得到抑制，从而确保市场交易秩序；同时，数据市场健康运行还需要有一定的安全规则，要在数据安全的基础上进行交易。

2.4　数据开发利用的治理政策

2.4.1　数据采集利用中的市场失灵

（1）个人隐私泄露。

数据是数字经济时代最重要的资源。数字平台企业收集了大量多维度的关于在线用户的数据信息，并利用这些数据信息实施价格歧视、投放个性化广告或由第三方接入数据进行商业开发。数字平台企业的这些活动在降低消费者搜寻成本和提升消费者消费体验的同时，也产生了企业过度采集消费者数据、超范围使用消费者数据、对消费者的敏感数据信息保护不力等问题，使消费者面临个人隐私数据泄露的风险，引发了公众对个人隐私数据安全的担忧，从而影响了数据的采集利用效率。

（2）网络数据安全风险。

随着互联网和大数据的普及，企业的商业活动、个人的交易活动和社会活动日益网络化、数字化，但黑客攻击、数据泄密、网络诈骗等数据安全风险也日益上升。数据安全不仅事关国家经济社会发展和社会稳定，也事关国家主权和国家安全。数据安全的内涵主要包括两方面：一是数据本身的安全，主要是指运用云计算、现代密码技术等对数据信息进行主动保护，确保数据的完整性、机密性等；二是数据防护安全，主要是指运用现代大数据存储技术对数据信息进行主动防护，确保数据系统的弹性和复原力等。总而言之，数据安全的实质是主动保护或防护数据信息资源免受威胁、干扰和破坏，即保证数据信息的安全。

（3）数据市场垄断。

谷歌、亚马逊、脸书、阿里、腾讯、美团、滴滴等大型数字企业以数据开发利用为主要业务，而数据开发利用具有显著的规模经济效应和范围经济效应，因此这些企业可以利用数据的规模经济效应和范围经济效应形成自身的竞争优势，此时数据开发利用本身会形成较高的进入壁垒，从而出现基于数据的市场势力。从经济效率的角度来说，大型数字企业拥有基于数据的市场势力有利于其对数据要素的采集和开发利用，但是由于大型数字平台基于数据的市场势力具有稳固性，因此其可能会实施自我优待、捆绑搭售、个性化定价、过度采集消费者数据等数据滥用行为。特别是在数据交易过程中，在数据方面具有垄断地位的企业可能会实施封锁数据、设置不合理的数据交易条款、进行歧视性数据接入等数据垄断行为，严重影响数据要素的自由流通。

（4）数据市场化配置体制机制不完善。

数据市场是一个复杂的系统，需要长期培育才能发展起来。作为一种具有独特经济属性的新型生产要素，数据要素的市场化配置体制机制还在发育中，由于某些障碍导致市场交易机制失灵，因而市场无法实现资源最优配置。目前，中国数据市场化配置体制机制不完善主要体现在以下几个方面：一是数据市场体系不完备。比如，数字市场缺乏交易中介和第三方服务机构等市场主体，场内交易与场外交易没有实现良性互补的协同发展，全国统一的数据要素市场尚未形成，地区和行业分割问题突出。二是数据市场运行仍然面临很多交易制度障碍，如数据资产价值评估准则不明、数据交易缺乏标准化合约、数据要素的质量标准缺失等。三是数据要素交易价格机制尚未形成。由于数据要素的多形态性和数据价值在不同场景下的巨大差异性，市场较难形成统一的定价机制。为进一步完善数据要素的市场化配置，需要发挥市场机制的决定性作用，完善相关制度，从而最大限度地释放数据要素促进经济高质量发展的潜能。

2.4.2 建立有效的数据治理体系

数据治理是指政府、企业、行业、社会、个人等多元主体为确保数据安全、有序、自由地流转交易和共享再用所采取的技术、法律、经济、行政等多种措施的系统性治理活动。国际上通行的数据治理概念主要是指企业自身为确保数据安全、数据质量等所采取的管理行动，即数据治理是微观主体的数据管理行为。在中国数字经济理论和政策中，数据治理不仅包括企业的数据管理活动，更强调政府为促进数据的安全、有序开发利用所采取的相关政策及建立的制度体系。数据治理的目标是确保数据以可信、安全、高效和公平的方式进行流转交易和共享再用，以更好地发挥市场的基础性作用，从而最大限度地发挥市场数据要素促进经济高质量发展的潜能。据此，数据治理体系应主要由四部分构成（见图 2－5）。

一是数据安全治理制度。针对数据开发利用产生的各种安全风险，数据安全治理制度的重点是保护个人隐私数据和维护国家数据安全，确保数据采集、利用和流转不侵犯个人隐私，并且有助于提升国家公共安全水平。

二是数据流转交易治理制度。针对数据是数字经济中最有价值的生产要素以及中国数据要素价值释放不充分问题，数据流转交易治理制度的重点是培育并完善数据要素市场体系和市场交易治理制度，促进数据要素依据市场规则有序流转交易，更好地发挥市场机制在促进数据要素优化配置中的决定性作用。

三是数据开放共享治理制度。针对个人数据、商业数据、公共数据在采集、开发和共享再用过程中存在的各种体制机制障碍，数据开放共享治理制度的重点是设计分类施策的数据开放共享机制，促进数据重复再用，鼓励数据驱动的创新，发挥数据要素的乘数效应，最大限度地释放数据价值。

四是数据公平竞争治理制度。针对大型平台垄断数据并实施各种严重妨碍市场竞争的数据垄断行为、不正当竞争行为和数字版权侵权行为的现实情况，数据公平竞争治理制度的重点是设计科学的数据市场秩序监管政策，维护公平竞争的市场秩序。

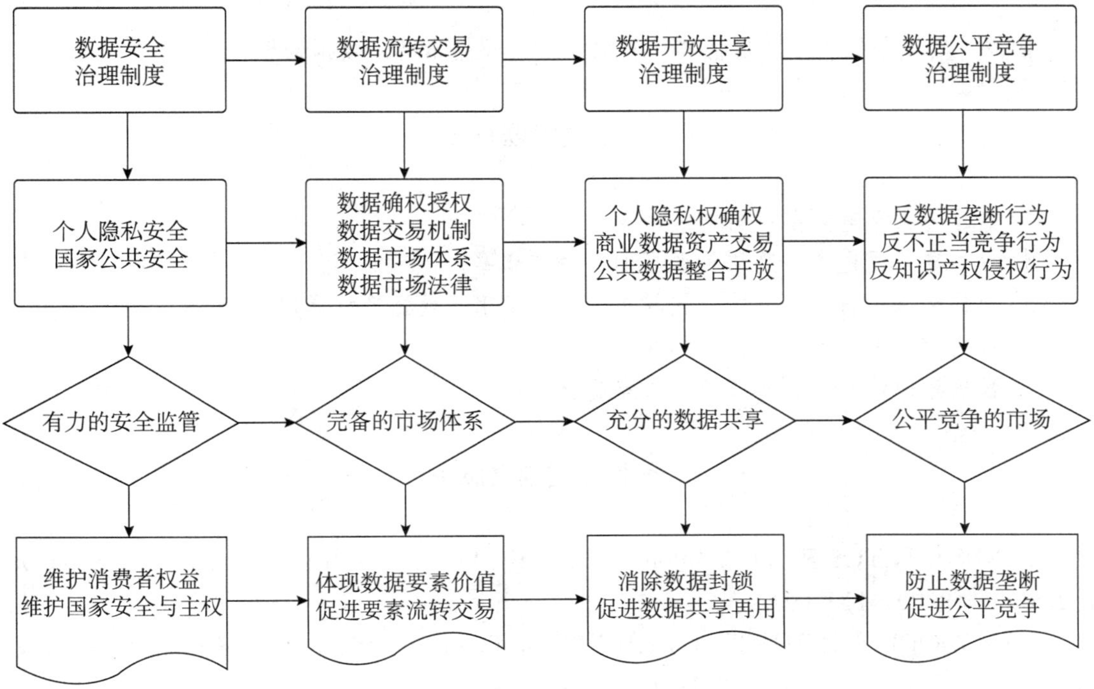

图 2－5　数据治理体系

本章小结

数据具有相对独特的经济属性。具体来说，数据具有非竞争性和相对排他性；数据具有广泛存在性和零边际成本；数据价值具有时间性；数据开发利用具有显著的正外部性。

数据要素会极大地促进经济高质量发展，主要路径包括：促进企业更好地决策；提升市场机制的有效性；与其他要素结合产生效率整合效应；驱动高效率创新；优化公共服务供给与社会治理。

由于数据要素具有非竞争性且大数据具有多元主体性，因此按照科斯定理赋予数据主体排他性产权会严重阻碍数据价值的最大化释放。数据产权制度应根据数据要素的经济属性科学设计，以最大限度地发挥数据要素的增长促进效应。

数据要素的市场化配置是释放数据要素价值和促进经济高质量发展的重要基础。一个完备的数据要素市场体系包括分级分类的数据标的、分工合作的多元数据市场主体、多层次的数据要素交易市场体系、完备的数据市场交易规则体系。

由于数据采集利用会引发个人隐私泄露、网络数据安全风险、数据市场垄断、数据市场化配置体制机制不完善等市场失灵问题，因此需要建立有效的数据治理体系。数据治理体系主要包括：数据安全治理制度、数据流转交易治理制度、数据开放共享治理制度、数据公平竞争治理制度。

主要概念

数据　非竞争性　数据价值链　数据产权　数据市场　数据治理

复习题

1. 数据要素具有哪些独特的经济属性？
2. 数据要素促进经济高质量发展的路径有哪些？
3. 为什么基于科斯定理的产权界定逻辑不适用于数据产权界定？
4. 数据市场体系由哪些部分构成？
5. 数据治理体系的目标与政策重点是什么？

推荐阅读文献

JONES C I，TONETTI C. "Nonrivalry in the Economics of Data." *American Economic Review*，2020，110（9）.

FARBOODI M，MIHET R，PHILIPPON T，et al. "Big Data and Firm Dynamics." *American Economic Review*，2019（109）.

唐要家，唐春晖. "数据垄断"的反垄断监管政策. 经济纵横，2022（5）.

唐要家，唐春晖. 数据价值释放的理论逻辑、实现路径与治理体系. 长白学刊，2022（1）.

唐要家. 数据产权的经济分析，社会科学辑刊，2021（1）.

唐要家，唐春晖. 数据要素经济增长倍增机制及治理体系. 人文杂志，2020（11）.

第三章

数字技术

章前导语

数字经济的出现和快速发展本质上是技术进步的结果，数字技术创新是数字经济发展的根本驱动力。以大数据、人工智能、云计算和区块链为代表的新兴数字技术成为推动数字经济持续深化发展的主要力量。数字技术的不断迭代创新推动新业态新模式的不断涌现，并与实体经济深度融合，促进数字经济快速创新发展。因此，数字技术不仅催生了一大批新兴产业，也为传统产业的高效率增长提供了重要的支撑，是推动结构升级和经济高质量发展的重要力量。由此带来的问题包括如何认识数字技术的主要特征、如何理解数字技术驱动经济高质量发展的理论机制，以及如何构建促进数字技术创新的政策体系，从而最大限度地促进数字技术创新和释放数字技术促进增长的潜能。这些问题成为数字经济学要研究的基础性问题。

学习目标

掌握数字技术的概念及其发展历程；

掌握主要新兴数字技术及其应用；

掌握数字技术促进数字经济增长的理论；

掌握促进数字技术创新发展的政策。

3.1　数字技术及其发展历程

3.1.1　数字技术的概念

数字技术是数字经济发展的根本驱动力。我们将数字技术定义为：数字技术是指利用现代信息通信技术、大数据技术、人工智能技术等前沿技术，对人类经济社会活动中产生的大量数据进行采集、存储、分析和传输，并为各领域的提质增效和创新发展提供重要技术支撑的电子工具、设备、系统等相关技术的总称。

相对来说，数字技术具有以下五个主要特征：

一是软件化。以往的技术更多地体现为实物产品或物理性资产，而以大数据、人工智能为核心的数字技术则更多地体现为软件或代码。数字技术软件化表明其具有显著的规模经济效应和范围经济效应，并且具有高固定成本和低边际成本等经济属性。

二是迭代升级性。数字技术更多地体现出累积性创新的特点，即数字技术从出现后一直不断地进行迭代升级。典型的如移动通信技术就经历了 1G—2G—3G—4G—5G 的升级发展过程，互联网经历了从 Web 1.0 的 PC 互联网到 Web 2.0 的移动互联网再到 Web 3.0 的元宇宙与虚拟现实的升级发展过程。在技术迭代过程中，新一代技术往往是在旧一代技术基础上的持续跃升。

三是通用性。数字技术是一种通用目的技术，能够被广泛地应用于国民经济各个领域，其不仅催生了新兴产业和新业态新模式，而且推动了传统产业的数字化转型，实现了传统产业的效率提升和结构升级。

四是创新驱动性。数字技术本身的创新频率非常高，且创新周期比较短，快速的创新不断推动技术发展，同时技术发展也推动了后续的创新。这是因为数字技术通常是基础性技术，它为后续的创新提供了技术底座，从而推动了后续的创新。

知识链接

摩尔定律

五是影响广泛性。数字技术的创新发展产生了比以往任何技术的创新发展都更广泛和深刻的经济社会影响，极大地改变了生产、消费、生活和社会运行，是一种革命性的技术进步。由于数字技术具有广泛的影响，因此数字技术应用也引发了个人隐私保护、网络与数据安全、社会伦理价值、国家政治安全等多方面的风险。数字技术治理成为影响数字技术发展的重要因素。

3.1.2　数字技术的发展历程

数字技术的发展主要经历了计算机、信息互联和新一代信息技术三个阶段（见图 3－1）。

第一阶段：计算机阶段。该阶段开始的标志是 1946 年世界上第一台通用电子计算机 ENIAC 在宾夕法尼亚大学诞生。该阶段是数字技术的基础阶段，主要是将各种信息和资源转化为数字格式，实现信息的存储、传输、处理和展示。计算机发展经历了电子管计算

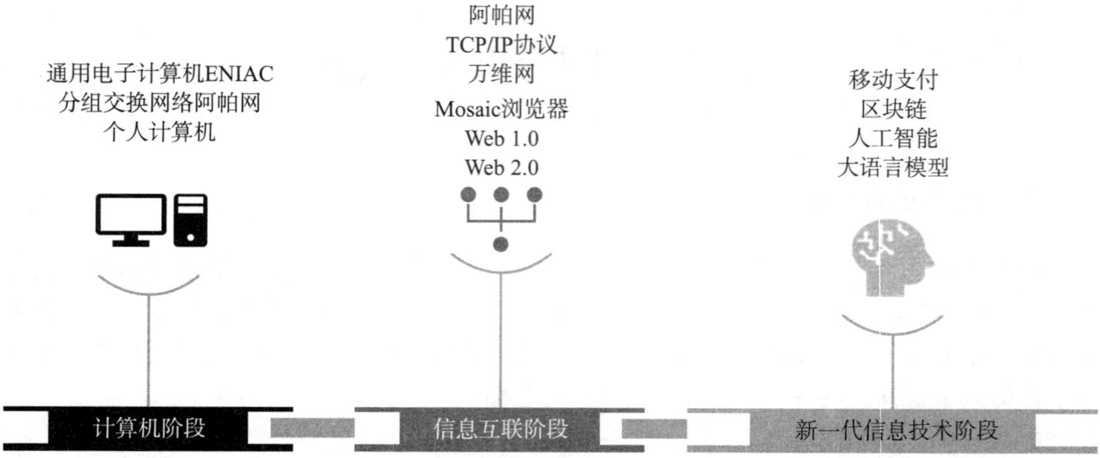

图 3－1　数字技术的发展历程

机—晶体管计算机—集成电路计算机—大规模集成电路计算机的过程。

第二阶段：信息互联阶段。该阶段主要是利用网络技术将各种数字设备和数字信息连接起来，实现信息和资源的互联互通，打破时间和空间的限制，提高信息的可获取性和可利用性。这一阶段开始于 1969 年，标志性事件是美国国防部高级研究计划署建立了世界上第一个分组交换网络阿帕网（ARPANET）。阿帕网奠定了互联网的基础，它的建立标志着数字技术进入以互联网为主的发展阶段。1974 年，罗伯特·卡恩（Robert E. Kahn）和温特·瑟夫（Vinton Cerf）正式提出传输控制协议/网际协议（Transmission Control Protocol/Internet Protocol，TCP/IP），实现了计算机网络之间的互联；1989 年，英国科学家蒂姆·伯纳斯·李（Tim Berners-Lee）等人提出了万维网（WWW）的概念，互联网进入万维网时代；1993 年，美国国家超级计算机应用中心发布了 Mosaic 浏览器，第一个主流图形网络浏览器诞生；1995 年，美国国家科学基金会将自己的网络（NSFNET）经营权转交给美国三家最大的私营电信公司，互联网进入了商业运营时代；20 世纪 90 年代至 20 世纪末，搜索引擎、电子商务、网络硬件和软件相关技术出现突破性创新，互联网得到快速发展，数字技术发展进入 Web 1.0 时代；21 世纪初，社交网络、O2O 服务（Online to Offline，线上到线下服务）、手机游戏、短视频、网络直播、信息流服务、应用分发等移动互联网服务技术成为主流，数字技术发展进入 Web 2.0 时代。

第三阶段：新一代信息技术阶段。该阶段是数字技术的创新和应用阶段，主要是利用人工智能、大数据、云计算等技术，实现信息和资源的分析、挖掘、优化和决策，提高信息的价值和效率。通过将数字技术与各行各业、各领域、各层次深度融合，可以实现产业升级、社会进步，并为数字技术的进一步发展提供场景基础和需求支撑。这一阶段的关键节点事件有：2008 年，中本聪（Satoshi Nakamoto）发布《比特币：一种点对点的电子现金系统》白皮书，标志着区块链技术的诞生。2012 年，全球移动互联网用户首次超过桌面互联网用户。2016 年，深度思维公司（DeepMind）开发的人工智能程序 AlphaGo 在围棋对决中战胜了人类顶尖棋手李世石和柯洁，展示了人工智能在复杂决策领域的能力。2018 年，OpenAI 团队发布大型预训练大语言模型，标志着大语言模型诞生。2022 年，人工智能对话聊天机器人 ChatGPT 推出，截至 2023 年 1 月末，ChatGPT 的月度活跃用户数已达 1 亿。大语言模型的发展将使人工智能领域出现颠覆性变革。

3.2　主要新兴数字技术

自 21 世纪初开始，由移动互联网、5G、云计算、大数据、物联网、人工智能、区块链等技术所构成的智能技术群，推动了世界范围内的信息革命。数字技术日益融入经济社会的各领域，深刻改变着人们的生产和生活方式，以及社会运行秩序。

3.2.1　网络通信技术

网络通信技术是数字经济出现和发展的基础与主导力量。网络通信技术的出现使不同设备和系统得以互相连接、共享信息和通信。具体来说，网络技术将多个计算机、设备和系统连接在一起，以便它们相互通信和共享信息；通信技术则使数据、语音和视频等信息得以安全、高效地传输。目前，移动互联网是网络通信技术的主导，它以移动网络作为接入网络，包括移动终端、移动网络和应用服务三个要素。通过移动终端，如智能手机、平板电脑等，人们可以随时随地访问互联网，以获取信息及进行社交媒体互动等。

5G 技术是第五代移动通信技术，具有高速率、低延迟和大容量的特点，为移动互联网用户提供了更快、更稳定的连接体验。它支持多种设备接入，提供广阔的带宽，使人们可以享受到更高质量的移动网络服务。同时，5G 技术将进一步拓展应用领域，为各行各业的发展注入新动力。无论是工业互联网、车联网还是医联网等领域，5G 连接物体终端的数量都将超过连接人的数量，这将推动智慧工厂、自动驾驶、远程医疗等领域的发展。随着 5G 技术的普及，各种终端设备迎来爆发式增长，移动物联网将成为推动经济社会数字化转型的新引擎。

3.2.2　云计算技术

云计算由分布式计算、并行处理和网格计算发展而来，是一种新兴的商业计算模型。中国云计算专家刘鹏认为："云计算将计算任务分布在大量计算机构成的资源池上，使各种应用系统能够根据需要获取计算力、存储空间和各种软件服务。"云计算主要是指通过互联网，以按需服务的形式提供计算资源的技术。这样企业就无须自行采购、配置或管理资源，而只需要为实际使用的资源付费。

云计算服务主要有三种：一是基础设施服务（Infrastructure as a Service，IaaS），即将多台服务器组成的云上基础设施（计算资源和存储）提供给客户，客户按需付费。通过 IaaS，用户能够避免在物理硬件上进行大量的初始投资，且具有高度的灵活性和高度的可扩展性。二是平台服务（Platform as a Service，PaaS），即将开发环境作为一种服务，厂商为客户提供开发环境、服务器平台、硬件资源等，用户在其平台基础上定制开发自己的应用程序。PaaS 主要由构建软件或应用程序的开发人员使用，其能够为用户提供创建独特的可定制软件的平台。采用 PaaS 时，企业无须管理和维护底层基础架构，可以专注于应用开发。三是软件服务（Software as a Service，SaaS），即厂商将应用软件统一部署在自己的服务器上，用户根据需求向厂商租用应用软件服务。使用 SaaS 无须在任何计算机上安装和运行软件应用程序，所有内容都可以通过互联网获得，服务和基础架构由云服务提供商管理和维护。

3.2.3 大数据技术

大数据价值挖掘的核心是对海量数据进行存储和分析。大数据技术就是对数据进行采集、存储预处理和分析的相关技术的总称。大数据技术主要包括如下四类具体的技术：一是大数据采集技术，指通过传感器和智能设备、企业在线系统、企业离线系统、社交网络和互联网平台等方式获得结构化、半结构化及非结构化的海量数据的过程，是大数据知识服务模型的根本。大数据采集方法主要包括：数据库采集、系统日志采集、网络数据采集和感知设备数据采集。二是大数据预处理技术，指完成对已接收数据的辨析、抽取、清洗、填补、平滑、合并、规格化及检查一致性等工作的系列技术。这个处理过程可以帮助我们将那些杂乱无章的数据转化为相对单一且便于处理的构型，以达到快速处理和分析数据的目的。数据预处理包含数据清理、数据集成、数据变换以及数据规约。三是大数据存储技术，指用存储器把采集到的数据存储起来，并建立相应的数据库的技术。在大数据处理的诸多环节当中，存储是尤其关键的一环，只有实现了稳固的数据存储，才能为后续的大数据分析、数据可视化等环节提供稳定的支持。大数据存储涉及存储介质、数据结构、数据连接控制等关键技术，存储机制正由集中式向分布式、云存储等方向转变。四是大数据分析技术，指利用分析方法或工具对数据进行检查、变换和建模，并从中提取价值的技术。当前的大数据分析技术研究可以分为六个重要方向：结构化数据分析、文本数据分析、多媒体数据分析、Web 数据分析、网络数据分析和移动数据分析。

3.2.4 物联网技术

物联网技术（Internet of Things，IoT）是指通过感知设备，按照约定协议，连接物、人、系统和信息资源，对物理世界和虚拟世界的信息进行处理并做出反应的智能服务系统。具体来说，物联网技术通过各种信息传感器、射频识别技术、全球定位系统等装置与技术，实时采集需要监控、连接、互动的物体或过程信息，通过各类可能的网络接入，实现物与物、物与人的泛在连接，实现对物体或过程信息的智能化感知、识别和管理。物联网技术被广泛应用于智能家居、智慧农业、智慧城市和工业物联网领域。

物联网技术主要包括以下技术：一是感知与识别技术，其主要是利用各种传感器进行物体感知和身份识别，获取物体的状态和信息；二是数据传输与存储技术，其主要是利用无线通信技术，将感知到的数据传输到云端或中心服务器进行存储和处理；三是数据分析与决策技术，其主要是应用大数据分析、机器学习等技术，对大量的物联网数据进行分析、建模和预测，得出有价值的信息并据此做出决策；四是应用开发与集成技术，其主要是基于物联网平台，开发各种应用程序和服务，实现对物体的监控、控制和管理。

物联网已广泛应用于装备控制、工程机械、航天制造等传统行业，通过传感器、嵌入芯片的布设实现对工业生产的智能感知和决策。搭载了物联网传感器的可穿戴设备、智能家居、智慧医疗、车联网、灾害预警系统等应用已经开始广泛进入大众日常生活。物联网在各行各业的应用不断深化，将催生大量的新技术、新产品、新应用、新模式。

3.2.5 区块链技术

区块链有狭义和广义之分。从狭义来讲，区块链是一种按照时间顺序将数据区块以顺序相连的方式组合而成的一种链式数据结构，是以密码学方式保证不可篡改和不可伪造的分布式账本。从广义来讲，区块链是利用块链式数据结构来验证与存储数据、利用分布式节点共识算法来生成和更新数据、利用密码学方式保证数据传输和访问的安全性、利用自动化脚本代码组成的智能合约来编程和操作数据的一种全新的分布式基础架构和计算范式。

利用区块链技术能够建立一个去中心化的集体协作网络体系，而无须第三方平台作为信任桥梁。通过将全网参与者作为交易的监督者，交易双方无须建立信任即可完成交易，实现价值转移。总的来说，区块链主要有六个主要特征：去中心化、不可篡改性、可追溯性、自治性、开放性和匿名性。根据开放程度和应用场景的不同，区块链系统一般可分为公有链、私有链和联盟链三种类型。一般来说，区块链的去中心化程度越高，其安全性和可信度就越高，交易速度就越慢。公有链、联盟链、私有链在开放程度上是递减的：公有链的开放程度最高、最公平，但速度慢、效率低，因此更适用于对安全性和可信度要求很高但对交易速度要求不高的场景，偏向于公共建设方向的应用；联盟链、私有链的效率比较高，但弱化了去中心化属性，更侧重于区块链技术在数据维护方面的安全性，更适用于对监管和隐私保护要求很高的场景，偏向于企业或组织方向的应用。区块链在去中心化、安全和可扩展性/效率三个方面中只能同时实现两个方面，这就是区块链的“不可能三角”。综上，公有链、私有链和联盟链各有优劣，应该根据具体应用场景选择不同的区块链类型。

区块链技术被认为是互联网发明以来最具颠覆性的技术创新。区块链的去中心化构架、分布式储存机制、非对称加密算法、共识机制等技术特征能够更好地解决数字经济发展中的中心化和信任问题，为数字经济的进一步发展提供了天然的技术平台，未来其潜力将得到进一步的释放，成为支撑数字经济发展的技术体系和重要引擎，进一步规范和促进数字经济良性发展。

3.2.6 人工智能技术

人工智能（Artificial Intelligence，AI）是计算机科学的一个分支，主要研究如何制造能够执行通常只有人类才能完成的任务的智能机器。人工智能是能模拟或扩展人的智能，能感知环境、获取数据并使用数据信息进行自主识别、预测、决策、创作的技术系统。人工智能领域的关键技术包括机器学习、深度学习、知识图谱、自然语言处理和计算机视觉等。机器学习主要是通过用输入的数据建立模型，使机器具备一定的学习、分析、分类、识别等能力。根据学习方式的不同，机器学习可分为有监督学习、无监督学习、半监督学习和强化学习等。深度学习是以神经网络为主要模型，通过组合低层特征形成更加抽象的高层特征，以发现数据的分布式特征表示的技术。深度学习是机器学习的一个分支。知识图谱是一种知识表示方式，是描述真实世界中客观存在的实体、概念以及它们之间的关联关系的语义网络。其基本组成单位为“实体—关系—实体”三元组，实体间通过关系相互连接，构成网状的知识结构。知识图谱为计算机提供了一种更好地组织、管理和理解海量信息的能力。自然语言处理可以理解为以计算机为工具对人类特有的书面形式和口头形式的自然语言信息进行各种处理和加工的技术。作为人工智能领域的一个重要方向，自然语言处理的应用领域较多，主要包括机器翻译、机器阅读理解、问答系统、文本挖掘、信息抽取等。当前，以 ChatGPT 为代表的大语言模型掀起了一场颠覆性革命。计算机视觉是使用计算机模仿人类视觉系统的科学，它使计算机拥有类似人类的提取、处理、理解和分析图像及图像序列的能力，从而能自动分析、处理各种视觉信息。计算机视觉作为人工智能的一个重要分支在智能监控、人脸识别、视频识别等领域都有广泛的应用。

数据、算法、算力是 AI 技术发展的三大核心要素。首先，数据是 AI 的要素投入，数据的质量、数量、多样性和可用性直接影响了 AI 模型的性能和泛化能力。因此，数据是 AI 新经济中不可或缺的要素，也是 AI 产业链中最具价值的资产。其次，算法是 AI 的核心技术，是 AI 模型实现智能化的逻辑和方法。算法的创新和优化可以提高 AI 模型的质量。因此，算法是 AI 新经济中最具竞争力的要素，也是 AI 技术中最具创造力的环节。最后，算力是 AI 的基础设施，是 AI 模型进行计算和存储的硬件及软件。算力的水平和规模决定了 AI 模型能够处理的数据量和复杂度，以及能够支持的应用场景和规模。因此，算力是 AI 新经济中最具支撑力的要素。

3.3 数字技术与经济增长

3.3.1 数字技术的通用目的技术属性

(1) 通用目的技术的特征。

经济增长理论已经指出，技术创新是推动经济长期增长的根本动力，而人类社会经济的巨大变革往往是由少数革命性的关键基础技术所推动的，这些关键基础技术也被称为通用目的技术。经济学家蒂莫西·布雷斯纳汉（Timothy Bresnahan）和曼努埃尔·特拉伊滕贝格（Manuel Trajtenberg）于 1995 年首次指出，通用目的技术是经济增长的引擎，它能够全面提高全要素生产率。

通用目的技术是指那些能够被多个行业广泛使用，并能催生大量新技术、新产业及提升已有产业生产率，从而对整个经济社会产生重大革命性影响的基础技术。通用目的技术最主要的特征是：它是一种“赋能技术”，不是为解决特定问题提供最终的解决方案，而是为后续创新提供机会窗口，为下游部门或后续技术创新提供必要条件或技术底座，并引发大量的后续创新或互补性创新，从而全面提高全要素生产率。

通用目的技术具有三个基本特性：一是具有普遍适用性。通用目的技术是一种通用性技术或基础性技术，能被广泛应用于国民经济各个行业。二是具有内在技术提升潜能。通用目的技术的出现往往具有突然性，刚出现的时候往往并不是完美的，但其自身具有动态演化性，会随着时间的推移不断优化升级，日益成熟和先进，并且由此推动技术使用成本不断下降。三是具有创新互补性。通用目的技术的使用会提高互补性下游部门的研发效率，也会引发大量基于通用目的技术的互补性创新，催生一大批新技术、新工艺和新产品，进而促进整个经济的技术创新，全面提高全要素生产率。

(2) 通用目的技术与产业革命的演进。

从产业革命的演进来看，通用目的技术是产业革命不断演进的根本驱动力。目前，人类社会主要经历的大的通用目的技术革命主要有蒸汽机革命、电力革命、计算机革命、人工智能革命，相应地，工业革命经历了从1.0到4.0的演进。以蒸汽机为核心的通用目的技术的出现和扩散被称为工业革命1.0。蒸汽动力、燃煤动力的大规模应用为现代工业生产提供了可能。以电力为核心的通用目的技术的出现和扩散被称为工业革命2.0。电力的大规模应用促进了大规模工业生产的出现，尤其是汽车行业的大发展。以计算机为核心的通用目的技术的出现和扩散被称为工业革命3.0。它以计算机和网络技术的大规模应用及生产过程的自动化为根本特征，因此也被称为信息化革命。以人工智能为核心的通用目的技术的出现和扩散被称为工业革命4.0。目前，以人工智能为核心的工业革命4.0正对经济社会运行产生重大的影响，大数据和机器学习技术所驱动的智能化是工业革命4.0的基本特征，因此，工业革命4.0也被称为智能化革命。

(3) 人工智能技术具有显著的通用目的技术属性。

人工智能技术具有典型的通用目的技术属性，因此成为推动数字经济创新发展的根本驱动力。以互联网、人工智能为核心的数字技术是推动数字经济发展的通用目的技术。互联网出现后，在短期内迅速被国民经济各个部门使用。互联网技术的持续升级催生了电子商务、社交媒体等新业态新模式，并且互联网在传统产业中的普及会极大地提高传统产业的运行效率。

目前，人工智能技术成为最重要的通用目的技术之一，它符合通用目的技术的三个基本特征：首先，人工智能技术具有普遍适用性，能够被国民经济各个行业使用，正在改变并将继续改变人类的生产、生活和社会运行；其次，人工智能技术在很长一段时间内持续升级，获得了快速发展，尤其是目前基于深度学习的人工智能技术具有自我学习机制，可以持续提高人工智能技术水平；最后，人工智能技术在各个领域的应用引发了大量的互补性创新，将全面提升全要素生产率，促进经济高质量发展。

3.3.2　通用目的技术与“索洛悖论”

对于作为通用目的技术的数字技术的创新对生产率的影响，诺贝尔经济学奖得主罗伯特·默顿·索洛（Robert Merton Solow）在1987年提出了著名的“索洛悖论”（Solow's Paradox）：计算机技术引发的变革无处不在，但是经济统计数据并没有显示出其促进了生产率的显著增长，计算机技术的应用甚至导致宏观统计的生产率在一定时期内出现了下降。

通用目的技术实质性提高生产率需要花费较长时间才能实现，且这一实现过程呈现出“先播种，后收获”的特征。通用目的技术提高全要素生产率往往需要更长的时间才能充分实现。例如，蒸汽机在英国得到普遍使用并充分释放促进生产率提高的潜能大约用了50年的时间，电力技术在全球得到应用并全面发挥对生产率的提升效应大约用了100年的时间。埃尔赫南·赫尔普曼（Elhanan Helpman）和特拉伊滕贝格（Trajtenberg）1994年把通用目的技术对全要素生产率的影响分为播种和收获两个阶段：在播种阶段，产出和全要素生产率增长缓慢甚至下降；在收获阶段，全要素生产率才会真正开始增长。因此，通用目的技术对全要素生产率的影响呈现出典型的J曲线轨迹（见图3-2）。

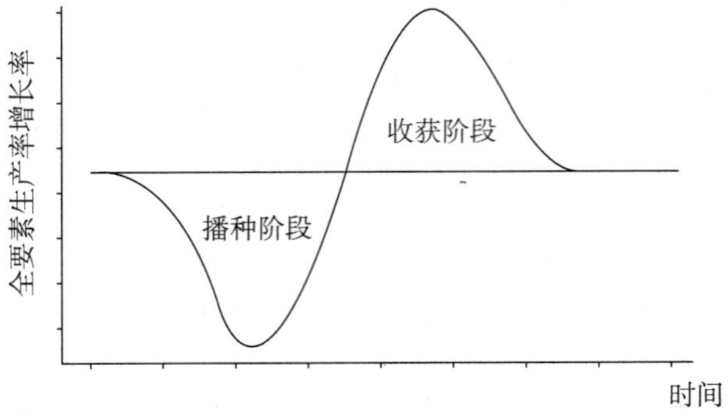

图3-2 通用目的技术对生产率影响的J曲线

费恩斯坦（Feinstein）1981年的研究发现，蒸汽机技术的出现及应用使英国全要素生产率在1800年之前年均提高了0.2%，在1800—1830年间年均提高了1.3%，随后在1830—1850年间则年均提高了0.8%。[①] 布莱恩约弗森（Brynjolfsson）等的经验研究发现，作为通用目的技术的电力和ICT对美国劳动生产率增长率的影响轨迹具有很大的相似性，都是前期平缓，后期加速，拐点分别出现在1915年和1995年（见图3-3）。

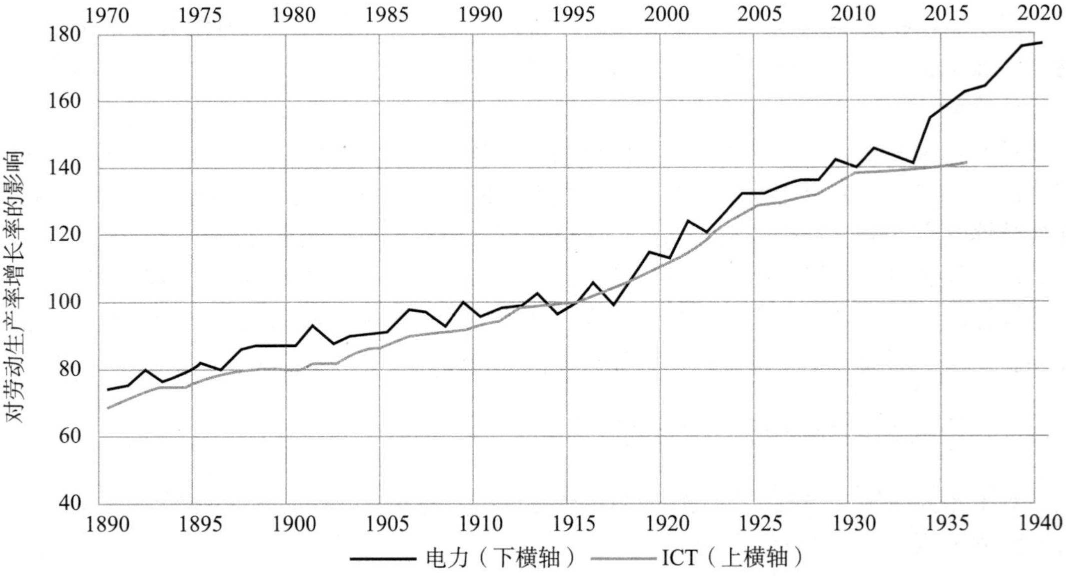

图3-3 电力和ICT对美国劳动生产率增长率的影响

资料来源：BRYNJOLFSSON E，ROCK D，SYVERSON C. “Artificial Intelligence and the Modern Productivity Paradox：A Clash of Expectations and Statistics.” NBER Working Paper，2017.

说明：电力对劳动生产率增长率的影响以1915年为100，ICT对劳动生产率增长率的影响以1995年为100。

① FEINSTEIN C H. “Capital Accumulation and the Industrial Revolution” //R. Floud，D. McCloskey，eds. *The Economic History of Britain Since 1700*，vol. 1. Cambridge：Cambridge University Press，1981，pp. 128-142.

通用目的技术对全要素生产率的促进效应具有滞后性的一个重要原因是：作为一种通用目的技术，其在国民经济各个行业的扩散应用会引发企业、行业和社会的系统性重构，需要企业建设新的基础设施、对旧技术进行替代与改造、开发互补性技术或进行后续创新、进行劳动力培训、调整价值网络和再造组织结构等，以及需要政府和社会建立与其相适应的制度规则体系，这些结构性调整需要较大的投入和较长的时间，并且这种系统性重构只有整体实现之后才会充分体现出其对宏观生产率的促进效应。这一过程也被称为“创造性破坏”。因此，通用目的技术在应用初期并不会带来明显的全要素生产率提升，甚至可能会由于系统性重构而导致全要素生产率的短期停滞或下降，但是一旦重构过程完成，通用目的技术就会带动全要素生产率大幅上升。尽管通用目的技术提升生产率效应的释放要经历“先播种，后收获”的过程，但是如果政府能够采取有效措施缩短通用目的技术所引发的经济社会系统性重构所需要的时间，加速通用目的技术的扩散，则会更好地释放通用目的技术提升全要素生产率的潜能。

作为通用目的技术之一的人工智能技术在向各个产业渗透的过程中依然呈现出通用目的技术的发展特点。人工智能技术提升全要素生产率的潜能的充分释放依然需要众多辅助型、应用型技术的支撑。人工智能技术在各产业中的应用依然需要企业不断摸索价值点与使用方法，并在业务流程、人员能力甚至商业模式上进行变革，而这是一个需要投入大量时间以及资源的过程。相对于电力等通用目的技术来说，由于人工智能技术主要是软件，因此其所需要的实物资产投入相对较低，提升全要素生产率的潜能的释放所需的时间可能会更短。由于人工智能技术提升全要素生产率的潜能的释放主要受到无形资产的影响，因此增加人工智能技术相关的无形资产投资，缩小企业间与人工智能技术相关的无形资产差距，会加速人工智能技术提升全要素生产率的潜能的释放。

3.3.3　数字技术促进经济增长的机制

数字技术对经济增长有着显著的倍增效应，数字技术促进经济高质量发展的路径主要有以下几个：提高供给和需求的匹配度、提升全要素生产率、驱动整体创新、推动产业结构升级。

(1) 提高供给与需求的匹配度。

数字技术的迅速发展和迭代升级不断地对生产、分配、交换、消费等经济活动的各环节进行重构，形成从宏观到微观各领域的智能化新需求，催生新技术、新产业及新业态新模式，随之出现的高质量产品和服务正在广泛进入大众的日常生活，更好地满足了社会需求。首先，以互联网为核心的数字技术发展实现了市场交易的虚拟化，打破了市场交易的空间限制，降低了市场交易的各种成本，极大地扩展了市场交易空间，为消费者提供了更多选择，促进了消费者需求的增长，并实现了更大范围的供需匹配。其次，数字技术驱动高端颠覆性创新产品和服务不断地对落后的产品和服务进行替代，以满足消费者不断升级的新需求、新期待，进而使消费市场更活跃、更强劲，提高了供给与需求的匹配度。最后，数字技术使企业拥有较强的数据分析能力，能够挖掘和分析各种数据并从中发现有价值的信息，从而做出更为科学、及时的商业决策，不断提升产品和服务质量，提升企业产品和服务的创新能力，更好地满足市场需求，实现更高质量的供需匹配。

（2）**提升全要素生产率。**

数字技术的迅猛发展使数字经济得以蓬勃发展，其中最为关键的原因是它提升了全要素生产率。首先，数字技术的发展及应用显著提高了企业的生产效率。长期以来，企业在生产经营过程中产生了大量数据，但是受制于技术手段，这些数据无法得到及时的采集和全面的开发利用，从而导致企业的生产经营决策面临较大的不确定性和较高的决策失误成本。数字技术的发展使企业可以及时采集和开发利用数据，更加及时、科学地决策，更好地组织生产经营活动，从而提高了企业的全要素生产率。其次，数字技术的应用显著提高了生产要素的配置效率。随着数字技术的创新发展及其在经济社会各个领域的广泛应用，数字技术不断优化市场交易环境，实现了广泛的万物互联，显著提升了产业链、供应链和价值链各个环节和各个主体之间资源要素的动态协同性，在更高程度上实现了资源的优化配置。总体来说，数字技术创新优化了生产要素的组合方式，推动了社会分工的深化和拓展，并且通过与传统产业的不断深度融合，实现了传统产业生产要素的新组合，从而提升了传统产业的全要素生产率。最后，数字技术的应用显著提高了市场对资源的配置效率。经济学家古德法布和塔克指出，数字技术的应用会降低市场机制运行的五类成本，这五类成本分别为搜寻成本、复制成本、运输成本、追溯成本和验证成本。数字技术的应用显著降低了市场的运行成本，提高了市场机制配置资源的效率，进而促进了全要素生产率的提升。

（3）**驱动整体创新。**

数字技术的快速发展和应用已经成为驱动经济社会创新发展的重要引擎。具体而言，数字技术主要通过四条路径实现创新驱动：首先，数字技术是一种“发明方法的发明”，它极大地提升了企业的创新效率。数字技术降低了企业开展研发活动的风险，缩短了研发周期，提高了发明的速度和质量，数字技术还可以高效汇聚并协同利用各类创新要素，显著降低企业的创新投入成本，促进企业创新效率的提高。其次，数字技术为创新提供了丰富的数据源、强大的计算能力、广泛的协作平台和多样化的创新模式，可以提高创新活动的开放性、协同性和生态化，从而实现更大范围的创新资源整合与更多主体的协同，大幅提高创新产出。再次，数字技术属于新一代通用目的技术，可以驱动大量后续创新的持续涌现，促进数字产业创新并赋能传统产业创新。作为通用目的技术，数字技术不仅可以促进数字相关产业的技术创新和持续迭代升级，还能打破产业边界，广泛地应用于传统产业，带动传统产业创新，催生新业态新模式，最终实现经济社会的广泛创新。最后，数字技术具有创造性破坏力量，数字技术及其引发的后续创新将引发社会整体的创新革命，从而产生持续的动态创新。数字技术推动数字经济与实体经济不断融合，引发创新生态系统整体变革，有助于实现长期动态创新。

（4）**推动产业结构升级。**

数字技术推动产业结构升级主要是通过催生一大批新兴产业和全面提升改造传统产业实现的。首先，数字技术驱动了数字产业发展。数字技术产业化催生了一大批新兴产业。随着大数据、人工智能、基因测序、量子通信、高端机器人、云服务等数字技术不断实现产业化，新业态新模式不断涌现，形成了大量新兴产业。其次，数字技术赋能传统产业数字化发展。数字技术创新促进了传统产业的数字化转型与升级，使传统产业实现了数字化发展。数字技术方

知识链接

生成式人工智能的经济影响

面的先进科技成果在传统产业转型改造和结构升级过程中可以发挥科技赋能的作用，即通过新的技术改造传统产业，实现新旧动能转换。产业转型升级本质上是科技创新，即通过渐进型创新掌握核心技术专利、先进研发设计等高附加值环节，使现有产业由低附加值环节向中高附加值环节攀升。数字技术和实体经济的结合将充分赋能实体经济，全面提升实体经济生产率。

3.4　数字技术创新发展政策

3.4.1　欧盟与美国的数字技术创新发展政策

(1) 将数字技术创新发展作为重要的国家战略。

为了全面提升在数字经济领域的竞争力，美国和欧盟将数字技术发展作为重要的国家战略。欧盟于2020年发布的《欧盟人工智能白皮书》提出致力于让欧盟人工智能技术获得国际领先地位。欧盟2021年发布的《人工智能协调计划（2021年修订版）》提出的四个政策重点是：提供有利于人工智能发展的资源基础；促进人工智能技术从实验室走向市场；确保人工智能应用有利于社会；在重要领域获得战略领导地位。美国陆续成立了国家人工智能倡议办公室、国家AI研究资源工作组等机构，各部门密集出台了系列扶持政策，将人工智能提升到“未来产业”和“未来技术”的高度，以不断提升美国在人工智能领域的全球竞争力，保持美国的全球领先地位。美国于2019年发布的行政令《保持美国在人工智能领域的领先地位》，以及于2020年发布的《2020年国家人工智能倡议法案》《美国人工智能计划：首个年度报告》《人工智能应用的监管指南》等政策文件构建了系统的人工智能创新扶持政策体系。

(2) 持续加大数字技术研发投入。

由于数字技术创新是要求高资本投入，具有高风险和强正外部性的研发活动，因此人工智能等数字技术的创新需要持续的投资，这就要求政府有效发挥其在鼓励民间投资中的积极作用。为此，美国和欧盟通过激励计划和直接投资项目等推动人工智能等数字技术研发。近年来，欧盟不断加大对人工智能等数字技术研发的资金支持力度，大力促进欧洲的数字变革。欧盟发布的《人工智能白皮书》提出，在未来10年内，欧盟每年将投入200亿欧元用于人工智能技术的研发和应用。美国2021年将人工智能非国防预算增加了约30%，总额达15亿美元。《2021年美国创新和竞争法案》将人工智能、量子计算等技术的发展列为美国2022财年研发预算优先事项，未来将对包括人工智能在内的多个领域共计投入1 000亿美元，以进行研发。除此以外，美国也提高了对科学研发事业的投资力度，主要包括将2026年的国家科学基金会预算增加到183亿美元；在未来5年内再批准100亿美元，用于建设10～15个区域技术中心，并将其打造成为“全球关键技术研究、开发和制造中心”等。

(3) 注重数字高端人才集聚和数字技能提升。

数字经济发展是以新一代数字技术为支撑的经济形态，具有显著的技术性和创新性。随着数据处理规模的不断扩大，需要快速提高数字技术水平，以保障数字经济高质量发展。而数字技术创新水平和速度取决于原始基础研究和高质量数字创新人才。因此，美国和欧盟采取了一系列有关数字人才和数字技能的政策，以确保数字技术发展具有充足的人才资源储备。具体来说，首先，吸引全球高端数字技术人才。2023 年 10 月 30 日，美国总统拜登签署的《关于安全、可靠、可信地开发与使用人工智能的行政命令》提出，完善全球人工智能高层次人才在美国工作的移民政策。英国发布的《国家人工智能战略》提出，要吸引全球高端人才，为高端人才提供诸多便利措施和宽松的移民政策。其次，加强高层次数字技术人才培养和劳动者数字技能。为吸引和培育数字人才，美国发布的《维护美国人工智能领导力的行政命令》不仅将人工智能看作联邦奖学金的优先发放领域，还通过颁发总统奖章等方式资助进行人工智能初期研发的大学教师等。美国在《国家人工智能研发战略规划（2019 年）》中提出，要支持人工智能跨学科发展、开发各级计算机科学教材、普及人工智能教育等。欧盟在《2030 数字指南针：欧洲数字十年之路》中强调，首要目标是提高居民数字技能，培养推动数字产业发展的高技能人才和适应数字化社会发展的居民。

（4）不断强化数字技术应用场景开发。

通过应用牵引和推动人工智能技术落地成为重点。美国引导人工智能技术在行业领域实现创新和融合应用。2021 年 7 月，美国国家科学基金会联合多个部门和多家知名企业，新成立 11 个国家人工智能研究机构，涵盖了人机交互、人工智能优化、动态系统、增强学习等方向，研究项目更是涵盖了建筑、医疗、生物、地质、电气、教育、能源等多个领域。英国支持人工智能产业化，启动人工智能办公室和英国研究与创新局联合计划等，确保人工智能惠及所有行业和地区，促进人工智能的广泛应用。欧盟发布的《2030 数字指南针：欧洲数字十年之路》将制造业智能化纳入数字指南针战略，其目标为：到 2030 年，有 75%及以上的欧盟制造业企业应用大数据、云计算和人工智能等数字技术。

（5）大力提升数字技术监管效能。

加强数字技术监管，促进数字技术创新以人为中心，更好地提高人类福祉。一是加强个人隐私数据保护。欧盟高度重视公民数字权益保护，主要采用预防式监管手段防范数字技术风险，进而打造值得信赖的人工智能技术。具体而言，2016 年，欧盟颁布《通用数据保护条例》，以强化个人隐私数据保护。2020 年，欧盟又发布《人工智能白皮书》，强调要建立卓越、可信和安全的人工智能体系，进一步严格保护个人数据及隐私安全。美国也在 2019 年发布的《算法问责法》中指出，对算法的影响的评估需要考虑算法对个人隐私安全的影响及歧视性后果方面的风险。二是维护市场竞争，防止市场垄断。2020 年，欧盟公布《数字服务法》和《数字市场法》，强化对大型数字平台的反垄断监管，以激励各方共享数据并缓解大型数字平台垄断数据所导致的阻碍创新和弱化竞争问题。三是强化人工智能监管。欧盟 2019 年发布的《算法责任与透明治理框架》提出了对公共部门实施算法影响评估的强制性要求，对于私人部门，则主要根据算法的影响范围建立分级监管机制。2023 年 6 月，欧洲议会通过了《人工智能法案》，该法案主要针对私人部门人工智能应用建立基于风险的人工智能监管体制。2022 年，美国政府提出的《人工智能权利法案蓝图》为人工智能系统设立了五项基本原则，这五项基本原则分别为安全有效的系统、算法歧视保护、数据隐私、通知和解释、人工替代方案与后备。

3.4.2　中国数字技术创新发展政策

(1)《中华人民共和国国民经济和社会发展第十四个五年规划和2035年远景目标纲要》中有关数字技术创新发展的政策。

2021年我国发布的《中华人民共和国国民经济和社会发展第十四个五年规划和2035年远景目标纲要》（简称“十四五”规划）指出，以人工智能为代表的新一代信息技术，是推动经济高质量发展，建设创新型国家，实现新型工业化、信息化、城镇化和农业现代化的重要技术保障和核心驱动力之一。“十四五”规划明确的数字技术重点为：一是通信网络相关基础设施，包括移动通信网络（5G）、宽带光纤、互联网、物联网、工业互联网等网络基础设施。二是云计算相关技术，包括云计算、边缘计算、算法、算力、大数据（数据采集挖掘、处理、分析）等技术。三是新型智能技术，包括人工智能、智能制造、城市大脑、脑机融合、数字孪生等智能化基础设施。四是硬软件相关技术，包括高端芯片、操作系统、通用处理器、在线学习、远程会议、网络购物、视频直播等技术。

(2)《“十四五”数字经济发展规划》中有关数字技术创新发展的政策。

2022年国务院发布的《“十四五”数字经济发展规划》在“加快推动数字产业化”一节中重点指出，增强关键技术创新能力，主要是瞄准传感器、量子信息、网络通信、集成电路、关键软件、大数据、人工智能、区块链、新材料等战略性前瞻性领域，发挥我国的社会主义制度优势、新型举国体制优势、超大规模市场优势，提高数字技术基础研发能力。以数字技术与各领域融合应用为导向，推动行业企业、平台企业和数字技术服务企业跨界创新，优化创新成果快速转化机制，加快创新技术的工程化、产业化。鼓励发展新型研发机构、企业创新联合体等新型创新主体，打造多元化参与、网络化协同、市场化运作的创新生态体系。支持具有自主核心技术的开源社区、开源平台、开源项目发展，推动创新资源共建共享，促进创新模式开放化演进。

(3)《新一代人工智能发展规划》中有关数字技术创新发展的政策。

人工智能是现阶段数字技术中的核心关键技术。国务院于2017年发布的《新一代人工智能发展规划》指出，人工智能发展分三步走：第一步，到2020年人工智能总体技术和应用与世界先进水平同步，人工智能产业成为新的重要经济增长点，人工智能技术应用成为改善民生的新途径，有力支撑我国进入创新型国家行列和实现全面建成小康社会的奋斗目标；第二步，到2025年人工智能基础理论实现重大突破，部分技术与应用达到世界领先水平，人工智能成为带动产业升级和经济转型的主要动力，智能社会建设取得积极进展；第三步，到2030年人工智能理论、技术与应用总体达到世界领先水平，成为世界主要人工智能创新中心，智能经济、智能社会取得明显成效，为跻身创新型国家前列和经济强国奠定重要基础。为此，我国提出发展人工智能的战略路径是按照“构建一个体系、把握双重属性、坚持三位一体、强化四大支撑”进行布局，即构建开放协同的人工智能科技创新体系，把握人工智能技术属性和社会属性高度融合的特征，坚持人工智能研发攻关、产品应用和产业培育“三位一体”推进，以及全面支撑科技、经济、社会发展和国家安全。

本章小结

数字技术是利用先进的信息通信技术，对产品价值链各环节的数据信息进行采集、存储、分析和共享，并为各领域的创新提供重要技术支撑的电子工具、设备、系统和资源等相关技术的总称。数字技术具有以下五个主要特征：软件化、迭代升级性、通用性、创新驱动性、影响广泛性。数字技术是由移动互联网、5G、云计算、大数据、物联网、人工智能、区块链等技术所形成的智能技术群。

数字技术是典型的通用目的技术。通用目的技术是指那些能够被多个行业广泛使用，能催生大量新技术、新产业并提升已有产业生产率，从而对整个经济社会产生重大革命性影响的基础性技术。通用目的技术对生产率的影响呈现出“先播种，后收获”的特点。数字技术促进经济高质量发展的路径为：提高供给和需求的匹配度、提升全要素生产率、驱动整体创新、推动产业结构升级。

欧盟、美国等都采取了一系列的数字技术创新政策，将数字技术创新作为国家战略，主要措施包括加大研发资金投入、提供人才保障、强化应用场景开发、提升治理效能等。近年来，中国数字技术创新发展取得了较大的成就，这与国家实施了系统的数字技术创新发展政策具有非常大的关系。

主要概念

数字技术　移动互联网　5G　云计算　大数据　物联网　人工智能　区块链
通用目的技术　索洛悖论

复习题

1. 简述数字技术的概念和经济特征。
2. 简述新兴数字技术的主要类型。
3. 阐述通用目的技术的特征及其对经济增长的影响。
4. 数字技术促进经济增长的路径有哪些？

推荐阅读文献

BRESNAHAN T，TRAJTENBERG M. “General Purpose Technologies：Engines of Growth?” *Journal of Econometrics*，1995，65 (1).

BRYNJOLFSSON E，ROCK D，SYVERSON C. “Artificial Intelligence and the Modern Productivity Paradox：A Clash of Expectations and Statistics.” NBER Working Paper，2017.

BRYNJOLFSSON E，ROCK D，SYVERSON C. “The Productivity J-Curve：How Intangibles Complement General Purpose Technologies.” *American Economic Journal*，2021，13 (1).

HELPMAN E，TRAJTENBERG M. "A Time to Sow and a Time to Reap：Growth Based on General Purpose Technologies." NBER Working Paper，1994，No. w4854.

LIPSEYR G，CARLAW K I，BEKAR C T. *Economic Transformations：General Purpose Technologies and Longterm Economic Growth*. Oxford：Oxford University Press，2005.

SOLOW R M. "We'd Better Watch Out." *The New York Times Book Review*，1987(36).

第二篇

数字经济微观

第四章

网络效应

章前导语

网络效应是数字经济的一个重要特征，也体现了数字经济最基本的运行规律。在现实生活中，对于淘宝、京东等购物平台以及微信等聊天平台而言，参与到网络中的人越多，就会吸引越多的人加入网络，从而提升网络平台的价值和每个参与者的效用。网络效应成为推动大型数字平台快速发展的最重要因素。同时，网络效应也是影响数字经济市场竞争的最重要因素。网络效应的正反馈机制会使强者越强、弱者越弱，从而产生“赢家通吃”的结果。在网络效应具有重要效率贡献但同时也会导致市场垄断的情况下，互联互通政策成为重要的平衡政策，由此也产生了应如何设计最优的互联互通政策的问题。总而言之，网络效应是数字经济的重要特征之一，学习网络效应理论有助于我们更好地理解数字经济中很多新的现象，并设计科学的互联互通政策。

学习目标

掌握网络效应的概念、本质及分类；

掌握交叉网络效应的含义与数字平台市场策略；

掌握网络效应对市场的影响；

掌握网络互联互通政策的经济分析。

4.1 网络效应概述

4.1.1 网络效应的概念及本质

(1) 网络效应的概念。

当消费者使用某商品或服务所获得的效用与使用该商品或服务的其他用户的数量具有相关性时，此商品或服务即具有网络效应。网络效应又称网络外部性。在数字经济中，网络效应通常是正的。在存在网络效应的情况下，使用同种产品和服务的消费者越多，每个使用者从产品和服务消费中得到的效用就越大。例如，消费者使用微软的 Windows 操作系统获得的效用与 Windows 操作系统的用户规模直接相关，用户规模越大，用户之间传输文件就越便利，消费者使用该系统得到的满足感就越大；同时，与 Windows 操作系统兼容的软件和应用越多，就越能提升消费者使用 Windows 操作系统的满足感。

通常来说，消费者使用网络产品得到的效用来自两个方面：一是产品本身的价值。该价值由产品的内在属性决定，是即使没有其他使用者，消费者也可以从消费产品中得到的价值。二是网络的价值。该价值与用户规模有关，是消费者从与其他使用者的交互中得到的价值。如果用 U_{ij} 表示消费者 i 使用 j 网络得到的效用，n_j^e 代表网络的预期用户规模，则该效用可以表示为以下函数形式：

$$U_{ij}=a_i+f_i(n_j^e) \tag{4.1}$$

式 (4.1) 中，a_i 表示与网络无关的独立效用，它来自使用产品或服务的价值。$f_i(n_j^e)$ 代表网络效应，随着网络期望用户规模的增大而增加。网络效应体现了新加入网络或平台的消费者给其他消费者带来的额外效用，并且其他消费者无须为此支付额外的费用。

网络效应体现了梅特卡夫定律 (Metcalfe's Law)。梅特卡夫定律是一个关于网络价值与用户数量的关系的定律，其内容是：一个网络的价值等于该网络内联网用户数量的平方。如果用 V 表示网络的总价值，n 表示该网络的用户数量，则 $V=n^2$。该定律表明，一个网络的用户数量越多，整个网络和该网络内每个用户的效用就越大。例如，对于微信等社交媒体平台来说，单独一个人加入平台是没有价值的，但随着网络中用户数量的增加，每个用户可以与更多的人进行互动，此时网络价值就会大幅增加。

(2) 网络效应的本质。

网络效应本质上是网络规模扩大过程中产生的一种需求侧规模经济效应，即随着加入网络的用户数量的增加，所有用户的总效用会相应提高。

需求侧规模经济效应与供给侧规模经济效应的差异具体体现在以下两个方面：首先，供给侧规模经济效应是指通过生产规模扩大实现单位产品平均成本的下降，主要反映的是单位产品成本下降。需求侧规模经济效应强调通过大规模用户的消费或互动来促进所有用户价值的提升，主要反映的是单个消费者价值的提升。其次，需求侧规模经济效应具有更强的“经济性”。供给侧规模经济效应往往受到要素稀缺性或其他困难（如管理大组织的困难等）的限制，随着规模的持续扩大，将出现规模收益递减的情况。需求侧规模经济效应摆脱了要素稀缺性的限制，其“经济性”具有更大的范围，其规模经济效应体现得更为明显。

需求侧规模经济效应是导致大型数字平台出现的重要因素，是数字经济时代的重要特征。它使得用户的边际收益随网络规模的扩大不断递增，市场中用户规模庞大的大型数字平台也因此具备了网络效应优势，整个市场呈现出“强者愈强”的发展态势。目前，市场上出现了苹果、微软、亚马逊、谷歌、脸书、阿里、腾讯、抖音等具有“守门人”地位的大型数字平台。

4.1.2　网络效应的分类

（1）直接网络效应和间接网络效应。

根据网络效应产生的来源，可以将网络效应分为直接网络效应和间接网络效应两类。

直接网络效应是指使用同一产品的用户数量的增加会提高其他已有使用者效用的效应。在直接网络效应下，用户使用一种产品的价值与用户数量直接相关，使用某一产品的用户越多，则每个用户的效用就越大，该产品的价值就越高。例如，单个用户使用微信毫无价值，若其身边所有的同学、朋友、亲人等都使用微信，则微信的价值就很高。随着微信用户数量的增加，用户间的交流变得更加广泛和便利，每位用户可以从中获得的效用就增加了，这就产生了直接网络效应。

间接网络效应是指随着一种产品的用户数量的增加，由该产品的互补品数量增多、价格降低或质量提升所引起的用户效用提升的效应。在某些情况下，用户使用一种产品的效用取决于与该产品互补的产品的数量、价格和质量。一种产品的互补品数量越多、价格越低、质量越高，使用该产品的用户的效用就会越大。间接网络效应主要存在于由基础产品（硬件）与辅助产品（软件）构成的硬件/软件中。例如，随着计算机用户数量的增多，会有更多的厂家生产与计算机相关的软件，于是计算机用户可得到的软件数量增加、价格降低、质量提升，从而获得额外的效用，这就产生了间接网络效应。

（2）同侧网络效应和交叉网络效应。

在数字平台双边市场中，根据网络效应的群体关系，可以将网络效应分为同侧网络效应和交叉网络效应两类。

同侧网络效应（Same-side Network Effect）是市场一侧用户对同侧用户产生的网络效应。同侧网络效应是一种直接网络效应，仅限单侧用户数量增多给同侧用户带来的效用。例如，更多的人加入社交媒体平台会给使用该平台的所有用户提供更多的交友选择或互动机会，从而提高了所有用户的效用。很多电子商务平台允许消费者之间相互交流信息，消费者的好评或交易量数据会为其他消费者提供购买参考，从而帮助消费者减少购买到不满意商品的机会，产生正外部性。

交叉网络效应（Cross-side Network Effect）是指双边市场中一侧用户对另一侧用户产生的网络效应或外部性，即市场中一侧用户数量的增加会导致另一侧用户效用的提高。交叉网络效应体现为数字平台两侧用户之间的交互影响，也称跨侧网络效应。例如，电子商务平台上的卖家众多，可以为买家提供更多样化的商品选择和更具竞争力的商品报价，而众多的买家也为卖家提供了巨大的市场需求。图 4－1 展示了同侧网络效应与交叉网络效应的关系。

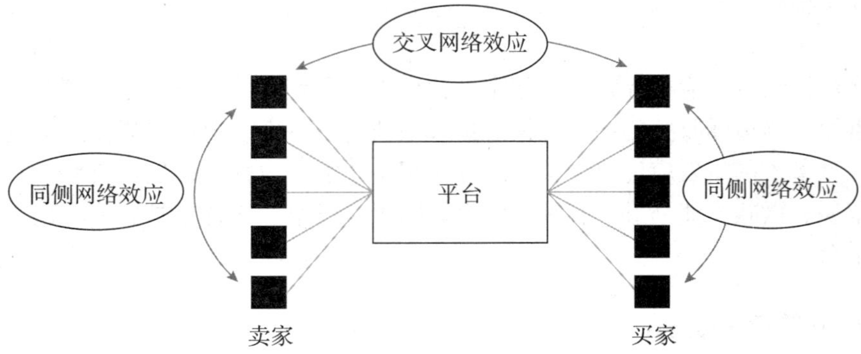

图 4-1　同侧网络效应与交叉网络效应的关系

(3) 正向网络效应与负向网络效应。

根据网络效应的作用方向，可以将网络效应分为正向网络效应和负向网络效应两种类型。

当新增一个用户会提升所有用户的效用，即加入网络或平台的用户数量越多，就会吸引越多用户加入时，产生的就是正向网络效应。正向网络效应会促使企业快速增长，出现“强者愈强”的情况。

当网络或平台的用户数量越多，每个用户所获得的效用就越低，也就是说，网络的总价值随着用户数量的增加以低于线性速率的速率增长甚至负增长时，产生的就是负向网络效应。负向网络效应会使一个网络或平台迅速流失大量用户，乃至完全退出市场，出现“弱者愈弱”的情况。

4.2　交叉网络效应

4.2.1　交叉网络效应的含义

交叉网络效应主要出现在数字平台双边市场。在数字平台双边市场，交叉网络效应来源于数字平台两侧用户之间的互补性和相互依赖性。网约车平台的商业运营充分体现了平台两侧用户之间的正反馈机制。网约车平台上集聚了更多的司机和车辆，可以让乘客享受到更便利的乘车服务和更低的乘车价格，这会吸引更多的乘客乘坐网约车；而更多的乘客乘坐网约车反过来也可以让网约车司机获得更多的收入，从而吸引更多的网约车司机加入平台来提供网约车服务，进一步增加网约车的供给数量，使车辆空驶时间更短，乘车价格下降，进而引发更多的乘车需求（见图 4-2）。

交叉网络效应是消费者决定是否加入某一平台时的重要考量因素。在存在交叉网络效应的情况下，一侧用户是否加入数字平台的决策主要取决于其对另一侧用户规模的预期。如果消费者预期另一侧用户规模较大，并且较大的另一侧用户规模会给该侧用户带来更高的效用，则该侧用户就会更愿意加入该数字平台。在数字平台两侧用户具有正向交叉网络效应的情况下，两侧用户之间相互吸引会产生正反馈机制，导致市场上出现“强者愈强”的趋势，即拥有较大用户规模的数字平台占有更大的市场份额，而用户规模较小的平台则无法获得持续的成长。

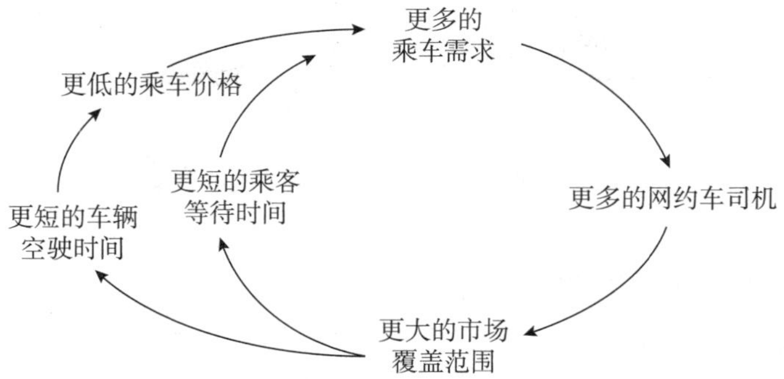

图 4-2　网约车平台的正反馈机制

交叉网络效应是推动平台发展壮大的关键因素。淘宝在初创期采用免费政策并提供个性化、本土化服务，以吸引更多卖家入驻平台创业，产品或服务数量的持续增加吸引了更多买家，而买家数量的增加又吸引了更多的潜在卖家入驻平台，产生了强大的交叉网络效应。借助其强大的交叉网络效应，淘宝实现了市场份额的快速扩张，成为中国 B2C 市场的巨头之一。淘宝平台两侧用户具有显著的双向交叉网络效应，即平台任一侧的用户数量增长都会引起另一侧用户数量增长，两侧用户相互正强化。由于交叉网络效应在很大程度上决定了数字平台的成长性和市场地位，因此交叉网络效应成为影响企业市场价值的重要因素。

知识链接

交叉网络效应与平台估值的争论

4.2.2　交叉网络效应与数字平台市场策略

在平台发展初期，如何让双方都参与进来是平台面临的关键问题。如果想说服买家加入某个平台，就必须先说服一部分卖家加入，并且使其相信一定会有买家参与市场，反之亦然。这就是所谓的“鸡蛋相生”问题。

由于数字平台两侧用户之间存在需求依存性以及交叉网络效应，因此平台可以通过灵活运用定价机制，最大限度地激发交叉网络效应，加速市场规模扩张。不平衡定价是平台企业普遍采用的价格策略，即平台根据自身的策略需求对两侧用户进行差别定价，并以从支付较高价格一方获得的收益来弥补支付较低价格一方的损失。如果一侧用户给另一侧用户带来了更大的交叉网络效应，则平台企业通过向交叉网络效应更强的一侧用户收取较低的费用，甚至补贴该侧用户的方式，使之积极参与到平台中来，这有利于吸引更多用户参与，从而做大用户量和平台交易额。

随着互联网和移动支付的普及，红包营销成为数字平台采用的重要营销方式。淘宝、美团等数字平台通过向新用户发放消费红包来吸引用户加入平台。典型的如美团发给新用户的红包，新用户下载并打开美团 App 后，会收到“注册送最高 60 元大礼包”的提示。用户完成注册后会得到随机金额的红包，红包分为新用户红包、通用红包、限时红包等类型，红包页会同时列出离用户较近的餐厅。新用户红包的形式既有首单红包（鼓励快速下单，让新用户尽快完成第一次操作），也有通用红包、时段红包（如专门用于购买下午茶、夜宵，目的是鼓励新用户在刚使用的时候多下单，养成习惯）。美团外卖的新用户红包实际肩负着两项任务：一是让新用户注册并激活账户；二是让新用户快速熟悉使用流程，尽快完成第一单，从而将新用户尽快转化成有效用户。

4.3 网络效应与市场竞争

4.3.1 正反馈机制导致市场冒尖

(1) 正反馈机制简介。

正反馈机制是布莱恩·阿瑟（Brian Arthur）于 1979 年首先提出来的。根据阿瑟的理论，报酬递增（边际收益递增）会形成正反馈机制，该机制会放大微小的经济变化，使强者更强、弱者更弱，即在巩固成功者的成果的同时，也扩大了失败者的损失。与正反馈机制相对的是负反馈机制，它指的是物体之间存在一种相互抵消的力量，这种力量会相互作用，直至原有的发展趋势终止或被扭转。负反馈机制使强者变弱、弱者变强。

在数字经济中，网络效应的存在是正反馈机制产生的主要原因。这是因为需求侧存在规模经济效应，即在其他条件不变的情况下，连接到一个较大的网络要优于连接到一个较小的网络。一旦市场上某种产品获得了较多消费者的认同，就会有更多的消费者选择这种产品，其用户规模就会迅速扩大。同时，与该产品配套的辅助产品种类也会增多，消费者预期未来与该产品配套的辅助产品的种类会更多，这就进一步吸引了更多消费者选择该产品。于是，获得较多消费者认同的产品将率先产生需求侧规模经济效应，其市场份额会不断扩大，其他产品对消费者的吸引力则会不断减弱，出现“强者更强、弱者更弱”的局面。在极端情况下，正反馈机制可以使单个公司或技术击败所有对手，形成“赢家通吃”的局面。在数字经济时代，很多行业往往同时表现出需求侧规模经济效应与供给侧规模经济效应，即需求侧用户数量的增加既减少了供给侧用户的成本，又增强了产品对其他用户的吸引力，从而进一步加速了需求增长，结果是形成极强的正反馈机制，整个产业的产生和消失都远远快于工业经济时代。

(2) 正反馈机制对市场结构的影响。

在具有网络效应特征的市场上，某种产品如果获得了消费者的广泛认同，就会吸引更多的消费者购买，该产品的销量和市场份额也会指数级增长，这又会吸引越来越多的消费者购买该产品，从而进入正反馈机制的良性循环。与之竞争的其他产品将会因此陷入负反馈机制的恶性循环：消费者减少购买导致产品销量和市场份额下降，市场份额下降又会进一步降低消费者的购买欲望。正反馈机制作用的结果是用户和资源加速向少数企业集中，市场结构趋向垄断或寡头垄断。

当两个或更多的公司争夺存在明显的正反馈机制的市场时，如果只有一个公司可以脱颖而出，那么就称这种市场结构为“冒尖”。图 4-3 展示了正反馈机制与市场结构的关系。起初，两种产品的市场份额差距不大，任何一种产品都有可能“冒尖”，为争夺市场主导地位，两种产品之间必然存在激烈的市场竞争。在竞争过程中，开始领先的产品会吸引更多的用户。由于网络效应和正反馈机制的作用，其中一种产品初始时微小的领先优势被不断强化，其市场份额不断扩大——从大约 60%扩大到接近 100%，成为市场上唯一的赢家。而初始落后的产品则很难吸引新用户加入，原有用户也开始流失，导致其市场份额逐渐丧失——开始是缓慢下降，形成正反馈机制后则是快速下降。这样，由于网络效应和正反馈机制的作用，产品在初始时微小的落后劣势被不断放大，导致其市场份额加速下跌，最终失去与其他产品争夺市场的能力，成为市场竞争的失败者。

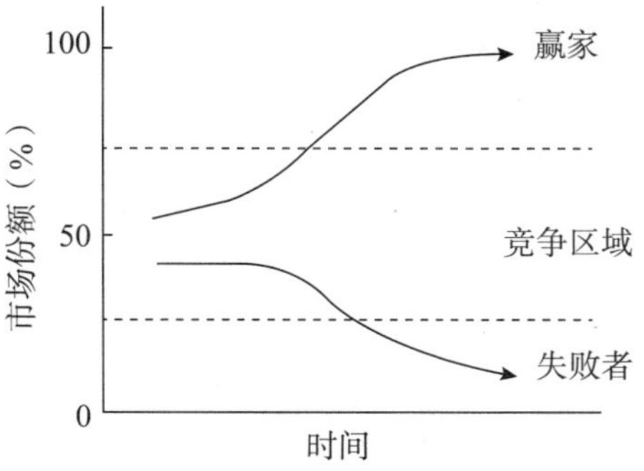

图 4-3　正反馈机制与市场结构的关系

4.3.2　用户基础成为竞争的焦点

（1）用户基础为什么重要？

网络效应的强弱取决于用户规模的大小，用户规模越大，网络效应越强，网络的价值也越大。我们将任何一个给定的时间点上某一网络或平台用户的累计数量称为用户基础。当既有的用户基础较大时，会形成较强的网络效应，网络价值随之提升，同时预期用户基础会继续扩大，因为会吸引更多新用户加入。因此，既有的用户基础不仅直接决定了网络价值，而且直接影响用户预期和用户选择，从而在很大程度上决定了网络的竞争力和市场均衡结果。

只有达到一定的用户基础，网络效应才能被激发出来。我们将用户临界规模定义为维持网络持续成长所需要的最低用户规模。用户临界规模代表市场规模和网络价值变化的反转点，即高于用户临界规模的市场将呈现自我强化态势，导致网络价值提升和市场规模扩张；而低于用户临界规模的市场将呈现自我弱化态势，导致网络价值降低，直至失去市场。这是因为：一旦某网络的用户基础达到用户临界规模，消费者就会预期其他消费者也会加入该网络，结果是所有消费者都倾向于加入该网络，正反馈机制发挥正向作用，甚至出现“赢家通吃”的局面。反之，如果用户基础未达到用户临界规模，消费者预期其他消费者不会加入该网络，那么结果就是：所有消费者都选择其他网络，正反馈机制发挥负向作用，导致该网络的用户规模缩小，价值不断降低。因此，对网络企业来说，关键的挑战在于如何让用户基础快速达到用户临界规模，一旦拥有了达到用户临界规模的用户基础，市场就会自发建立并持续增长。

对数字平台来说，用户基础的发展通常是一个非匀速的过程，一般会有一个较长的引入期，需要采取各种措施来培育和吸引足够数量的用户。达到用户临界规模后，正反馈机制会促进数字平台的快速成长。如图 4-4 所示，数字平台的发展轨迹表现为一条 S 形曲线：起初刚上市时是缓慢地平稳发展，到达用户临界规模后，正反馈机制形成，数字平台进入快速成长期，随着市场的饱和，数字平台的发展再次趋向平稳。因此，数字平台等商业模式能否取得成功在很大程度上取决于能否跨越用户临界规模。在数字经济新业态新模式发展初期，企业之间会发生激烈的用户争夺战。以滴滴和快的补贴大战为例，2014 年 1 月起，阿里和腾讯分别通过自己投资的快的和滴滴软件，对使用该软件打车的消费者进行补贴。在 77 天的补贴大战结束时，仅滴滴一方通过微信支付发放的补贴额便达 14 亿元，用户量从 7 800 万人次暴增至 1 亿人次，日均订单从 35 万个增长到 521.83 万个，成为国内最大的移动互联网日均订单交易平台。

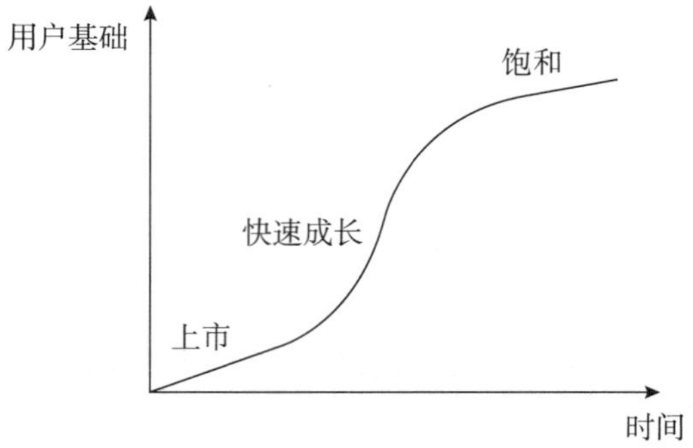

图 4－4　用户基础与数字平台的发展

（2）企业争夺用户基础的策略选择。

具有明显的网络效应的产品之间的竞争本质上是市场规模之争，集中体现为对用户基础的竞争。数字平台企业可以采取一些策略来争取尽可能多的用户，以尽快达到用户临界规模，形成正反馈机制，打败竞争对手，并获得长期可持续的利润。

第一，渗透定价策略。所谓渗透定价，是指企业为了在竞争中取得优势地位，以一个较低的价格将产品打入市场，从而在短期内扩大产品的用户规模，获得较高的销售量和市场份额。为了迅速达到用户临界规模，企业甚至会向消费者免费赠送其产品。例如，淘宝在 2003 年刚刚成立时，在资金、技术、人才、品牌等方面均全面落后于 eBay，为快速获得用户并突破用户临界规模，淘宝采取了对用户免费的定价策略，于是不到两年时间，淘宝的会员数量就突破了 600 万，仅 3 年时间就打败了当时国内最大的 C2C 电子商务网站 eBay。

第二，预期管理策略。在扩大用户基础和达到用户临界规模的过程中，预期起着重要作用且能够自我实现。如果消费者预期某种网络更有可能被使用，就会倾向于选择该网络，导致对该网络的需求增加，用户基础迅速扩大并达到用户临界规模，预期得以自我实现。因此，预期管理策略是网络企业所采取的重要竞争策略之一。一是通过产品预告进行预期管理。苹果公司通常会在新产品正式发布前进行预告，以此吸引大量消费者关注，使新产品备受消费者期待。二是通过广告影响消费者预期。如果消费者被广告说服，且相信其他人也会被说服，消费者就会预期该产品将产生较强的网络效应并因此购买它。例如，为吸引流量，拼多多将体现其用户基础变化的数据在广告中进行直观呈现，如“一亿人都在拼的购物 App”“两亿人都在拼的购物 App”“三亿人都在拼的购物 App”等，对潜在用户来说这些广告无疑具有很强的说服力。

第三，用户锁定策略。由于网络效应的存在，用户基础是平台企业之间竞争的关键争夺点，实现用户锁定会为平台企业提供稳定的用户基础，从而帮助平台企业维持有利的市场地位并获得高收入。因此，平台企业可以采取如下策略来实现对用户基础的锁定：一是吸引转换成本高或有影响力的用户；二是基于大数据和人工智能技术向用户提供精准的个人化营销服务；三是通过实施忠诚顾客计划和累计折扣等方法来提高用户的转换成本；四是吸引互补企业开发互补产品或服务。

4.3.3　网络效应成为重要的进入壁垒

在网络效应较强的市场上，在位企业可以凭借先发优势率先突破用户临界规模，产生需求侧规模经济效应，形成正反馈机制，并且这种正反馈机制会导致市场结构趋向于高度集中。这意味着潜在企业必须花费很大的代价才能建立与在位企业同样规模的用户基础，从而与在位企业竞争。在网络效应产生转换成本和锁定的情况下，一些消费者宁愿支付高价也不愿意尝试其他新产品，从而使潜在企业进入市场面临很大的障碍。在位企业还可以采用各种策略来提高消费者转换成本，最大限度地把消费者锁定在自己的网络系统中。因此，即使不存在其他导致潜在企业进入市场面临障碍的原因，网络效应也会使新企业进入市场面临重要障碍，这就赋予了在位企业市场势力。

（1）用户基础壁垒。

在网络效应较强的市场中，用户基础壁垒会增加潜在竞争者进入市场的难度。在位企业已有的用户基础越大，用户从在位企业获得的总价值就越大，新企业进入市场所面临的壁垒也就越高。首先，在存在直接网络效应的市场条件下，在位企业相对于新企业已经形成了一定的用户基础，网络效应和正反馈机制会使新企业在进入市场后很难得到消费者支持，一旦用户基础不能突破用户临界规模，新企业就只能以失败退场。在极端情况下，网络效应和正反馈机制会导致“赢家通吃”的市场结果。其次，在存在间接网络效应的市场条件下，在位企业相对于新企业拥有更完备的配套互补品，而新企业的用户基础必须达到用户临界规模，才会引起规模化的互补品开发。因此，新企业进入市场后可能因互补品种类和数量不足而难以产生需求侧规模经济效应，而在位企业则处于明显的竞争优势地位。

（2）用户转换成本壁垒。

转换成本是用户从一种技术或产品转移到另一种技术或产品必须承担的成本。当转换成本非常高时，用户因很难退出而被锁定。在存在网络效应和正反馈机制的市场上，由于大型数字平台往往具有非常大的用户基础，因而用户留在大平台可以获得更高的效用。如果用户转向一个小平台，则会由于小平台用户基础少、网络效应弱而降低自己的效用，因此用户往往不愿意离开大平台。网络效应的存在会显著提高用户的转换成本，产生用户锁定现象。网络效应的转换成本会增强在位企业的市场势力，提高新企业进入市场所面临的壁垒，起到有效阻止潜在竞争者进入的作用。此外，在位企业可以采用多种策略来提高转换成本，从而强化对用户的锁定，巩固自身的市场优势地位。

4.4　网络互联互通政策

4.4.1　网络互联互通的内涵

“互联互通”的概念最早来源于电信业领域，电信业的市场化改革要求不同通信网络之间实现物理连接，以使一个电信运营者的用户能够与另一个电信运营者的用户相互通信，或者能够使用另一个电信运营者提供的各种电信业务。例如，美国《1996 年电信法》规定，一个电信运营者必须与其他电信运营者的电信设施进行互联。《中华人民共和国电信条例》也明确规定，电信网之间应当按照技术可行、经济合理、公平公正、相互配合的原则，实现互联互通。主导的电信业务经营者不得拒绝其他电信业务经营者和专用网运营单位提出的互联互通要求。互联互通是促进电信业开放和公平竞争的基石，电信运营者之间实现网络互联互通对于提高电信网络的使用价值、增进消费者福利、构建公平有序的市场竞争格局、促进电信业良性发展等具有极为重要的意义。因此，各国政府通常都将互联互通作为电信业管制的重要内容。

数字经济中的互联互通主要是指平台经济领域的互操作。互操作（Interoperability）主要是指提供不同数字服务的系统能够一起工作的能力。从操作层次看，互操作主要涉及网络、设备、软件、数据等不同层次，其中，数据互操作是不同服务或功能实现相互作用的关键因素，也是平台经济互操作的重点。从操作程度来说，互操作包括完全互操作与部分互操作。从操作方向看，互操作包括横向互操作和纵向互操作。横向互操作指的是竞争性产品、服务或平台之间的互操作。纵向互操作指的是互补产品能够在不同平台上共享的互操作，以及同一平台的互补产品能够从竞争平台上访问的互操作。平台经济互操作是数字经济中实现网络互联互通的集中体现。

由于数字经济具有规模经济效应、范围经济效应、网络效应等，因此数字经济发展出现了明显的集中化趋势。特别是在数字平台市场，少数数字平台占据非常大的市场份额。为维护自身的市场支配地位，具有支配地位的数字平台会通过实施激励策略来增强自身的市场势力。在数字平台市场，用户资源和数据要素成为关键要素，各个平台对二者的争夺导致平台间相互屏蔽和封禁的现象频发，出现了“围墙花园”现象。典型的如 2008 年阿里屏蔽百度数据接入、2011 年美团屏蔽其应用程序的支付宝支付功能、2018 年腾讯微信与 QQ 屏蔽抖音链接以及 2021 年 2 月北京字节跳动科技有限公司起诉腾讯实施封禁行为等。为应对平台的封禁行为，互操作政策成为数字平台反垄断监管的重要应对政策。

知识链接

平台封禁：
抖音与腾讯之争

4.4.2 互操作的收益与潜在风险

（1）互操作的收益。

在数字平台市场，用户资源和数据要素成为平台经济发展的关键要素，各个平台对二者的争夺导致相互屏蔽和封禁现象频发，引发了“围墙花园”现象。推动互操作有助于促进市场竞争、保障市场公平交易、提升经济效率、促进创新，对促进数字经济高质量发展具有重要作用。

第一，促进市场竞争。从供给侧来说，数字平台的规模经济效应和范围经济效应使企业获得了基于大数据的竞争优势和生态垄断势力。从需求侧来说，数字平台可以采集用户数据并据此实施精准的个性化营销，从而提高消费者转换成本，实现对消费者的锁定，避免消费者加入多个平台。上述两方面因素的结合导致潜在进入企业面临较高的进入壁垒，使数字平台具有持续稳固的市场势力，从而严重限制了市场可竞争性。互操作主要通过以下两条途径来强化市场竞争：一是使潜在进入者能够接入在位者的数据，从而降低或消除潜在进入者面临的大数据壁垒，实现规模经济效应和范围经济效应；二是降低消费者转换成本，促进消费者实现平台多属，降低或消除潜在进入者面临的用户基础壁垒，从而有效激发网络效应。

第二，保障市场公平交易。在缺乏互操作的情形下，平台用户和商家往往面临较高的转换成本，平台由此形成较强的相对市场势力，会向商家征收比较高的费用或过度采集、使用消费者数据，即做出不公平的剥削行为和滥用行为。互操作使潜在进入者能够分享并支配平台拥有的数据，迅速产生网络效应，从而促进市场竞争，并削弱支配平台的相对优势地位。该情形下的市场竞争会促使平台为了吸引商家而主动降低佣金，从而有助于改善平台生态租金不合理分配的状况。

第三，提升经济效率。由于数据互操作可以实现同一数据同时被多人使用，因此，它能够充分实现数据的非竞争性属性所要求的数据泛用性，从而促进数据价值的最大化释放。数据互操作将会消除不同规模企业之间的数据规模差异，从而实现全社会范围内的数据规模经济效应。此外，在企业实现互联互通后，互补性数据的整合将会产生更为明显的范围经济效应。数据互操作能够促进不同平台的不同产品和服务实现最大程度的交融和衔接，使更多的平台企业迅速产生网络效应，从而更好地发挥网络效应中的效率促进效应。

第四，促进创新。数据互操作会促进数据要素在更大范围内的整合和共享利用，尤其是能扫除初创企业进行创新面临的数据障碍，并且能够快速优化算法，促进数据驱动的创新。数据互操作会促使企业间的竞争由以更多地占有数据或实现对用户锁定为主转向以增强对平台用户的吸引力为主，由通过向商家收取高额费用来获取收入向通过创新来获取利润转变，从而促使市场竞争模式转变为以创新竞争为主导的新模式。数据互操作能够通过开放标准和开放平台形成开放创新的平台经济发展新生态，新生态中的平台企业可以在更大范围内共享互补性资源，强化彼此间的相互学习和合作创新，从而促进互补性产品或服务的创新发展。

（2）互操作的潜在风险。

第一，互操作可能会扭曲市场竞争。不恰当的互操作政策可能会强化支配平台的优势地位。从供给侧来说，由于支配平台具有规模经济效应和范围经济效应方面的优势，因此互操作可能会使支配平台更多地占有数据互操作带来的效率收益，这会扩大不同规模平台之间的差距，从而降低小规模平台投资于数据采集和通过数据开发利用获取竞争优势的积极性。从需求侧来说，互操作使大平台可以更好地整合利用数据要素并向消费者提供个性化服务，加之大平台具有大数据优势并且可以给消费者带来更好的消费体验，消费者会更愿意向大平台提供数据，这就强化了大平台的市场势力。

第二，互操作可能会阻碍创新。这主要体现在以下两个方面：一是互操作的标准化可能会限制以追求产品差别化为目的的创新。互操作以标准化为基础，互操作的标准化会要求所有企业采用相同的标准和界面，这会限制单个企业开发个性化的产品或服务，从而不利于创新。同时，在创新迅速的平台经济中，刚性的标准往往会阻碍突破标准框架限制的重大突破性创新。二是互操作会削弱创新租金的独占性，从而阻碍创新。当互操作的数据是平台企业进行较大投资后形成的数据集或包含创造性治理活动的成果时，如果强制性接入，而没有合理的接入费补偿，那么其将成为一种对支配平台数据资产与创新租金进行强制分配或行政剥夺的方式，对创新激励造成严重损害，不利于平台经济的创新发展。

第三，互操作可能会带来隐私和系统安全风险。首先，从技术层面来说，在线数据信息传输都是采用端对端加密系统进行的，目的是确保每个用户都有一个加密会话，并用只有接收方才能破译的信息密钥对信息内容进行加密。互操作使端对端加密难以实现，削弱了数据安全保障能力，增大了技术性安全风险。其次，互操作会放大安全风险。在一个企业单独占有并处理数据的情况下，由于权责明晰和安全保障系统统一治理，该企业维护网络和数据安全较为容易。在多主体接入和共享数据的情况下，主体责任较难明确，难以有效监督，而且由于不同主体的安全保障能力和面临的业务风险存在较大的差异，单个主体的局部风险有可能扩散到整个系统，从而产生系统性风险。

4.4.3 对数字平台互操作的监管政策

数字平台的互操作明显不同于传统网络产业互联互通，不能简单套用对传统网络产业互联互通的监管政策。近年来，为维护数字平台市场的可竞争性，全球主要国家和地区加速了平台经济领域竞争政策的改革和创新，加强了对平台垄断的监管。总体而言，对数字平台互操作的监管政策已成为应对大型数字平台市场垄断的重要政策工具。

（1）中国对数字平台互操作的监管政策。

针对数字平台的封禁行为，我国行业主管部门采取强制性的行政干预手段，要求平台企业在规定期限内向竞争对手平台开放接入，典型的如工信部要求平台解除外链屏蔽、央行推动支付扫码互认等。工信部在 2021 年 9 月召开“屏蔽网址链接问题行政指导会”，提出了有关即时通信软件的合规标准，要求阿里、腾讯、字节跳动等平台自同年 9 月 17 日起按标准解除屏蔽。在 2019 年 8 月发布的《金融科技（FinTech）发展规划（2019—2021 年）》中，央行明确提到破除条码支付服务壁垒，实现不同 App 和商户条码标识互认互扫。在央行的强力推动下，支付宝支付与微信支付基本实现扫码互认，云闪付实现了微信支付与支付宝支付的互认，京东场景也支持云闪付、微信支付等。

（2）欧美国家对数字平台互操作的监管政策。

欧美国家已经或正在通过立法推动更高层次的互操作，针对具有跨领域、跨行业重要性的平台，提出了更高层面、更广泛的互操作义务。2020 年 12 月，欧盟委员会发布酝酿已久的专门针对数字平台监管的《数字市场法案》。《数字市场法案》是为了对那些具有持殊市场地位的超大型数字平台可能实施的不公平竞争行为进行严格限制而提出的一套新监管工具，旨在解决现有反垄断工具失灵的问题。《数字市场法案》共对“守门人”平台提出了 18 条具体义务，要求其确保不实施限制竞争或造成不公平竞争的行为，如强制“守门人”平台开放共享数据、限制“守门人”平台实施排他性行为等。美国 2021 年通过的《通过实现服务切换来增强兼容与竞争的 2021 年法案》赋予监管机构对具有支配地位的平台实施强制性互操作政策的权力，以维护和促进市场竞争。

本章小结

如果某产品对于每个用户的效用是该产品或与其兼容的产品的用户数量的递增函数，则该产品具有网络效应。梅特卡夫定律可以说明网络价值与用户规模之间的关系。网络效应分为直接网络效应和间接网络效应，用户预期对网络效应具有关键作用。网络效应本质上是需求侧规模经济效应，即需求侧个体的效用随着需求侧用户数量的增多而增大。

交叉网络效应是指双边市场中一侧用户数量的增加会导致另一侧用户效用的提高。交叉网络效应促进了平台经济的发展，也是数字平台采取不平衡价格策略的重要依据。

网络效应会导致正反馈机制，使强者更强、弱者更弱，具有行业集中和独家垄断的趋势。网络效应还会形成阻止新企业进入市场的各种障碍，赋予在位企业相对于潜在进入者的竞争优势。

数字经济中的互联互通主要是指互操作。互操作有利于促进市场竞争、保障市场公平交易、提升经济效率、促进创新，对促进平台经济乃至数字经济高质量发展具有重要作用。

主要概念

网络效应　梅特卡夫定律　直接网络效应　间接网络效应　交叉网络效应
正反馈机制　用户基础　互操作

复习题

1. 需求侧规模经济效应与供给侧规模经济效应有何不同?
2. 如何区分直接网络效应和间接网络效应?
3. 网络效应会对进入市场的新企业造成哪些进入壁垒?
4. 互操作有哪些收益与风险?

推荐阅读文献

KATZ M L，SHAPIRO C. “Network Externalities，Competition，and Compatibility.” *American Economic Review*，1985，75 (3).

阿瑟. 技术的本质. 曹乐溟，王健，译. 杭州：浙江人民出版社，2014.

夏皮罗，范里安. 信息规则：网络经济的策略指导. 孟昭莉，牛露晴，译. 北京：中国人民大学出版社，2017.

唐要家. 平台互操作政策的应用场景与实施机制. 理论学刊，2023 (2).

唐要家，张哲，王钰. 数字平台互操作的经济激励及其福利效应. 经济与管理研究，2023，44 (3).

第五章

消费者搜寻与转换

章前导语

在日常的市场交易中，消费者往往无法掌握市场中所有商品的详细信息，包括商品的价格、质量等。为了找到最符合自己需求的商品，消费者往往会主动搜集商品信息以帮助自己进行决策。但是消费者并不能免费获得关于所要购买的商品的信息，而是需要支付一定的搜寻成本。因此，搜寻成本成为影响消费者决策的重要因素。消费者在搜寻到合意的商品后，如果能够在不同生产者或商家之间自由转换，则说明消费者福利和市场竞争水平较高。但是在现实当中，由于各种转换成本的存在，消费者并不能自由转换，那么消费者转换成本的存在会对消费者福利和市场竞争水平产生什么影响呢？在数字经济背景下，以大数据、人工智能为核心的数字技术大幅降低了消费者的搜寻成本，这会提高消费者福利和社会总福利吗？大数据和人工智能技术的应用使消费者往往面临更高的转换成本，那么消费者转换成本的提高又会对消费者福利和市场竞争产生何种影响？

学习目标

掌握消费者搜寻成本及最优搜寻策略；

掌握消费者搜寻顺序决策；

掌握消费者转换。

5.1　消费者搜寻

5.1.1　搜寻成本

在现实的市场交易当中，消费者往往面临信息不完全的问题，即消费者往往并不能充分掌握关于商品的所有信息。但是，消费者并不是被动地接受信息不完全的交易状况，为了找到对自己来说效用最大的合意商品，消费者会主动搜寻相关商品的信息。但消费者往往需要付出一定的成本才能搜集足够的相关信息以做出最优的购买决策，这种信息搜寻成本简称搜寻成本。信息经济学创始人之一乔治·斯蒂格勒（George Stigler）在 1961 年首次提出了消费者搜寻成本的概念。他认为消费者搜寻商品质量和价格等信息都需要支付一定的成本。消费者因搜寻商品信息而发生的成本即搜寻成本。①

在传统的线下购物模式下，消费者不知道各个销售商提供的商品的价格和质量信息，为了获得这些信息，他们往往需要“货比三家”，即直接到实体店观察商品的价格和质量，这需要支付一定的时间成本。如果实体店的距离很远，那么消费者还需要支付交通方面的金钱成本。无论搜寻信息的过程中产生的是时间成本还是金钱成本，都是消费者搜寻信息所需要付出的代价。由此可以看出，搜寻成本就是消费者为了获得更多的信息需要支付的成本，包括时间成本和金钱成本。

类似地，在线上购物模式下，消费者仍然需要在淘宝、京东等线上购物平台上寻找他们需要的商品。对于消费者而言，在关注线上购物平台的相关店铺或安装电商平台 App 之前，这些店铺或电商平台提供的商品也是未知的。消费者需要打开电商平台的网站或 App，并耗费一定的时间来获取相关信息。花费的这些时间成本就是消费者为了获取信息所支付的搜寻成本。但与传统的线下交易相比，在线上购物模式下消费者的搜寻相对更为便捷，即线上购物模式下消费者的搜寻成本相对更低。

5.1.2　商品匹配度

在付出搜寻成本之后，消费者可以观察到商品的价格和质量信息，这有助于消费者做出最优的购买决策。我们往往使用匹配度来表示商品的质量信息。匹配度是指消费者对于商品质量的满意程度，即在给定的价格下，商品能够满足消费者需求的程度。消费者对于商品的质量越满意，匹配度就越高。

对于匹配度的分布，消费者搜寻模型中有两种不同的假设：第一种是假设商品的匹配度存在垂直差异，即不同商品的质量存在差异。在这种假设下，商品的质量越高，商品的匹配度就越高；商品的质量越低，商品的匹配度也就越低。第二种是假设商品的匹配度存在水平差异，即商品的质量没有差异，但是消费者有自己独特的偏好。比如，可口可乐和百事可乐之间的质量差异几乎可以忽略不计，但是消费者有自己独特的偏好，一部分消费

---

① STIGLER G. “The Economics of Information.” *Journal of Political Economy*, 1961 (69).

者会更偏好可口可乐，而另一部分消费者会更偏好百事可乐。在水平差异的假设下，在观察商品之前，同一个商品对于所有消费者的匹配度分布都是相同的，而不同的商品对于同一个消费者的匹配度分布也是相同的。

上述两种对于匹配度的假设往往用于不同的情况。例如，在电商平台上，销售商一般通过设定商品名称来设置能够关联到自己商品的关键词。如果关注销售商提供的商品质量和他们设置的关键词的关系，就需要采用第一种假设。如果抛开质量的影响，仅关注搜寻成本对消费者的搜寻行为和企业价格的影响，则需要采用第二种假设。此外，在某些复杂的经济环境下，第一种假设和第二种假设可能会被综合使用。

匹配度可以简单地理解为消费者无偿使用某商品所获得的满足程度。在微观经济学中，消费者效用表示消费者购买特定商品并进行消费所获得的满足程度，这意味着效用往往用商品和消费者的匹配度与商品价格的差值来表示。

消费者对于一个商品的质量越满意，那就意味着其与这个商品的匹配度越高，这个交易就越有可能发生。同样，一个商品的价格越低，那就意味着消费者购买这个商品需要支付的成本也越低，这个交易也就越有可能发生。因此，我们一般用效用高低来判断一个交易满足消费者预期的程度。效用越高，消费者预期被满足的程度就越大，交易也就越有可能发生。所以，对于消费者而言，他们更希望达成效用更高的交易。为了达到这个目标，消费者就需要搜集信息。消费者拥有的商品信息越多，就越有可能达成能给其带来高效用的交易。

需要注意的是，当一个商品能够给消费者带来很高的匹配度时，消费者购买此商品所获得的效用就会很高。同理，当一个商品的价格很低时，消费者购买此商品所获得的效用也会很高。无论是更高的匹配度，还是更低的价格，都会使消费者获得更高的净效用，这也意味着“消费当前商品”这一选择变得更好，消费者购买这个商品的倾向也会更强。例如，在表 5-1 中，商品 A 的匹配度与商品 C 相同，但价格更低，消费者选择商品 A 所获得的效用更高。因此，相对于商品 C，消费者会更倾向于消费商品 A。类似地，商品 B 的价格与商品 C 相同，但匹配度更高，所以消费者选择商品 B 所获得的效用更高。因此，相对于商品 C，消费者会更倾向于消费商品 B。

表 5-1　不同匹配度和不同价格的商品的效用

商品	匹配度	价格	效用
A	10	2	8
B	13	5	8
C	10	5	5

5.1.3　戴蒙德悖论

在传统的关于完全竞争市场的经济学理论中，消费者购买商品不需要支出搜寻成本，此时在商品同质的情况下，市场均衡价格将是商品的边际成本，且市场中的商品定价遵循一价定律，即所有企业销售同质商品的价格将趋于一致。但是大量的经验研究显示，在现实生活中，同一商品的价格呈现出明显的离散特征，因而价格离散是一种普遍现象而非例外情况。这里的价格离散是指，在一个给定的市场中，不同卖家对同一商品要价不同的现象。搜寻理论主要是试图解释，在消费者理性选择的情况下，为什么均衡市场价格会体现为价格离散而非一价定律所称的统一价格，即为什么价格离散是一种均衡现象。

经济学家彼得·戴蒙德（Peter Diamond）在1971年的论文中分析了在消费者搜寻成本为正的情况下的寡头市场竞争均衡，结果发现，在消费者支出正的搜寻成本的情况下，单个寡头企业缺乏通过降价来抢占市场的动力，因为正的搜寻成本导致单个寡头企业降价并不会吸引额外的消费者。由此，寡头市场竞争均衡为：所有企业都实行垄断定价。由于认识到了这一点，因此消费者也不会进行任何搜寻，这一结果就是著名的“戴蒙德悖论”(Diamond Paradox)。[①] 这一悖论提出了两个令人困惑的问题：一是即使搜寻成本很低或者市场中企业数量众多，寡头市场竞争均衡的结果也会体现为垄断定价；二是在竞争均衡中消费者不进行任何搜寻。

很多经济学家通过分析发现，由于搜寻成本的存在，市场均衡价格不再遵循价格趋同的一价定律，而是呈现出明显的离散特征，即在不同地区或不同时段购买相同商品的消费者所支付的价格存在明显的差异。因此，当消费者搜寻商品信息需要支付正的搜寻成本时，一价定律将不再成立，商品价格将呈现出离散特征。当搜寻成本为正时，消费者搜寻下一个企业的商品信息需要支付一定的额外成本，因此只要企业的提价小于搜寻成本，消费者就不会继续搜寻，而是接受企业提高后的价格。

5.2 消费者的最优搜寻策略

5.2.1 消费者的搜寻决策

消费者做搜寻决策实际上是在搜寻一个商品的额外效用与搜寻它所带来的额外成本之间进行权衡。已有商品的效用本质上是消费者对于“消费当前商品”的满足程度，它从反面描述了“消费当前商品”能够给消费者带来的额外收益。当一个商品的效用很大的时候，消费者通过搜寻有可能会发现一个更好的商品，这意味着此时消费者的搜寻行为给自身带来的额外收益很高，所以消费者的搜寻意愿会较强。当一个商品的效用很大的时候，消费者通过搜寻找到一个更好的商品的可能性就相对较低，这意味着此时消费者的搜寻行为给自身带来的额外收益很低，所以消费者的搜寻意愿会较弱。

然而，消费者为了寻找更多商品的信息所花费的搜寻成本往往与已经观察过的商品效用无关。获取额外信息所付出的金钱、时间往往只与消费者所在的地理位置和搜寻工作的强度相关。当搜寻成本较高时，消费者继续搜寻的成本就较大，消费者继续搜寻的意愿也会较弱，此时交易较有可能发生。而当搜寻成本较低时，消费者继续搜寻的成本较小，他们会更加倾向于搜寻更多的商品信息，此时交易发生的可能性就很小。

可以看到，搜寻行为在给消费者带来一定收益（有一定可能性发现一个效用更高的商品）的同时，也会产生一定的搜寻成本。消费者在做出是否继续搜寻的决定时，是在搜寻

---

① DIAMOND P A. “A Model of Price Adjustment.” *Journal of Economic Theory*, 1971, 3(2).

的收益和成本之间进行权衡。因此，搜寻带来的收益越高（当前商品的效用越低），搜寻的成本越小，消费者越倾向于继续搜寻；搜寻带来的收益越低（当前商品的效用越高），搜寻的成本越高，消费者越倾向于此时达成交易。

在需要支出正的搜寻成本的情况下，理性消费者的搜寻决策仍要遵循“成本—收益”的决策原则。简单来说，由于搜寻既会给消费者带来一定的收益，也会产生一定的成本，因此只有在搜寻带来的收益比产生的成本更高的时候，消费者才会选择继续搜寻。反之，当搜寻产生的成本比带来的收益更高的时候，消费者会选择停止搜寻。这也正是我们研究消费者的最优搜寻决策的方法和逻辑。

我们用一个具体的例子来理解消费者的最优搜寻策略。假设一个消费者在写材料的过程中发现圆珠笔损坏了，其需要一支新的圆珠笔来继续自己的工作，而杂货店 A 和 B 都可以为该消费者提供圆珠笔这种商品。当消费者到达杂货店 A 并观察到杂货店 A 提供的圆珠笔时，他面临一个选择问题：是直接购买杂货店 A 的圆珠笔，还是再去杂货店 B 看看？如果他选择再去看看杂货店 B 的圆珠笔，那么在那之后他可以在回家的路上顺路买下更好的那支。

由于消费者此时还没有观察到杂货店 B 的圆珠笔，因此他对于杂货店 B 提供的圆珠笔的大小、颜色等信息并不清楚。但是，他可以做一个大概的估计，这个估计来源于他对于圆珠笔的各种特征的经验。他会认为，杂货店 B 的圆珠笔有比较大的可能性是几种常见的型号，而他对于这几种常见的型号有自己的偏好。因此，他对于杂货店 B 提供的圆珠笔的匹配度有一个预期的分布。同时，杂货店 B 提供的圆珠笔的价格对于消费者也是一个未知信息，但是消费者同样会根据自己的经验对这个价格形成一个预期的分布。预期的匹配度和预期的价格之间的差值就构成了消费者对于圆珠笔 B 的效用的预期分布。

假设消费者认为杂货店 B 的圆珠笔给他带来的效用服从均匀分布 $U(16, 24)$。同时，杂货店 A 和杂货店 B 之间还存在一定的距离，为了到杂货店 B 去获取新商品的信息，消费者需要支付一定的时间成本和金钱成本。假设从杂货店 A 到杂货店 B 所需要付出的时间成本为 $c=1$，而消费者如果选择直接购买杂货店 A 的圆珠笔，那么他可以获得 22 的效用。

此时，消费者可以采取两种策略：一是停止搜寻并直接购买杂货店 A 的圆珠笔；二是继续搜寻杂货店 B 的圆珠笔，然后在回家的路上顺便买下更好的那支。如果消费者选择直接购买杂货店 A 的圆珠笔，那么他可以直接获得 22 的效用。而当消费者选择继续进行搜寻时，他需要付出一定的成本并能获得一定的收益。搜寻的成本即消费者到杂货店 B 所花费的时间成本（$c=1$）。而搜寻行为给消费者带来的收益则是：他可能会发现一支更好的圆珠笔。当杂货店 B 提供的圆珠笔的效用大于 22 时，消费者可以购买更好的圆珠笔。此时，如果从杂货店 B 购买圆珠笔给消费者带来的效用是 v_b，那么继续搜寻给他带来的额外收益是 v_b-22。而如果消费者发现杂货店 B 提供的圆珠笔给他带来的效用小于 22，那么他可以在回家的路上顺便买下杂货店 A 的圆珠笔，此时预期收益更高。

因此，当消费者观察到杂货店 A 的圆珠笔的效用 $v_a=22$ 时，他继续搜寻杂货店 B 带来的额外收益为 $\int_{22}^{24}\frac{1}{8}(x-22)\mathrm{d}x=\frac{1}{4}$。由于此时继续搜寻的预期收益小于搜寻成本，因此消费者会选择直接购买杂货店 A 的圆珠笔。[①]

根据上述分析，在给定产品效用的情况下，当搜寻成本降低时，搜寻的净收益就会增加，从而消费者会有意愿继续搜寻。当已选择的产品的效用降低时，继续搜寻有可能找到效用更高的商品，消费者继续搜寻的净收益会增加，消费者也会有意愿继续搜寻。

表 5－2 描述了在圆珠笔 A 的不同效用下消费者选择继续搜寻的收益，以及在不同的搜寻成本下消费者会做出的搜寻决策。比较表 5－2 的第一行和第二行可知，在效用及搜寻收益相同的情况下，当搜寻成本较低时，消费者进行搜寻的意愿就会很强烈。如果消费者并不急着使用这支圆珠笔，同时杂货店 B 离杂货店 A 的位置也不远，此时消费者去杂货店 B 搜寻的时间成本和金钱成本就会比较低。此时，即使继续搜寻的收益很低，消费者也愿意继续去杂货店 B 看一看。

同样，比较表 5－2 的第一行和第三行可知，当已有的选择的效用较低时，消费者进行搜寻的意愿就会很强烈。如果消费者发现圆珠笔 A 不符合其需求，那么去杂货店 B 看一看就更有可能发现一支更符合其需求的圆珠笔。此时，即使继续搜寻的成本很高，消费者也愿意去杂货店 B 看一看。

此外，在表 5－2 的最后一行中，我们可以看到，存在一个效用值，使得消费者的搜寻成本和搜寻收益相等，从而消费者对于继续搜寻和停止搜寻两种策略的选择是无差异的。当杂货店 A 的圆珠笔能够给消费者提供 20 的效用时，继续搜寻给消费者带来的收益是 1，产生的成本也是 1。此时，消费者对于直接购买圆珠笔 A 和继续搜寻杂货店 B 表现出无差异的偏好，即对消费者而言，直接购买和继续搜寻都是最优策略。在消费者的搜寻决策中，使消费者对于继续搜寻和直接购买无差异的效用值被称为保留值（Reservation Value）。

在搜寻过程中，消费者实际上是在进行搜寻收益和搜寻成本的权衡。当已有的选择匹配度变高，即收益变大时，消费者的搜寻收益会随之降低，这会使消费者的搜寻意愿减弱。因此，随着现有选择的效用逐渐变大，消费者会从愿意搜寻转变为不愿意搜寻，而这个临界值就是我们所说的保留值。这意味着当现有商品的效用高于保留值时，消费者通过搜寻获得的收益会小于搜寻成本，此时消费者就不愿意继续搜寻。而当现有商品的效用小于保留值时，消费者通过搜寻获得的收益会大于搜寻成本，此时消费者就会愿意继续搜寻。

表 5－2　不同搜寻收益和成本组合下消费者的最优搜寻决策

圆珠笔 A 的效用	搜寻收益	搜寻成本	收益和成本比较	最优决策
22	0.25	1	收益小于成本	停止搜寻
22	0.25	0.1	收益大于成本	继续搜寻
18	2.25	1	收益大于成本	继续搜寻
20	1	1	收益等于成本	继续搜寻和停止搜寻无差异

① 由于杂货店 A 的圆珠笔的效用为 22，因此消费者只有在下一个商品的效用高于 22 时才能从搜寻中额外获益。已知商品的效用服从均匀分布 $U(16，24)$，那么下一个商品的效用为 x 的概率为 1/8。当 $x>22$ 时，消费者会从搜寻中获得额外收益。而当 $x\leqslant 22$ 时，消费者可以继续消费当前的商品，因此不会获得额外收益。由此，我们可以得到消费者继续进行一次搜寻的额外收益为 $\int_{22}^{24}\frac{1}{8}(x-22)\mathrm{d}x$。

5.2.2 消费者的最优搜寻次数

让我们再次回到消费者购买圆珠笔的具体案例来深入讨论消费者的搜寻次数。在上一小节中，我们对消费者的搜寻次数做了限制。由于只存在杂货店 A 和杂货店 B 两个选择，因此消费者最多也只能观察两家杂货店所提供的商品。如果不限制搜寻次数，只考虑每次搜寻的结果，会出现什么情况呢？回到消费者发现圆珠笔损坏的时候，假设此时除了杂货店 A 和杂货店 B 以外，还有许许多多的杂货店供消费者选择。每家杂货店的圆珠笔都只存在水平差异。假设其给消费者带来的效用服从均匀分布 $U(16，24)$。当消费者的搜寻成本为 1 时，通过计算可知，此时的保留值 $v=20$，那么消费者每次搜寻时都有 0.5 的概率找到令自己满意的商品。而当消费者的搜寻成本为 0.25 时，通过计算可得此时的保留值 $v=22$，那么此时消费者每次搜寻都有 0.25 的概率找到令自己满意的商品。

通过比较可以发现，搜寻成本越高，保留值就越小，此时消费者的搜寻意愿就会越弱，这意味着他找到一个“令自己满意的商品”的概率就越高。当搜寻成本较高时，消费者继续搜寻的意愿就会较弱，此时原本在搜寻成本较低时令消费者不满意的一些商品也会成为消费者可以接受的商品。这意味着搜寻成本越高，消费者对于“令自己满意的商品”的标准就会变得越宽松。

假设消费者每次搜寻都有 p 的概率找到令自己满意的商品。那么直到 m 次搜寻结束为止，消费者会停止搜寻的概率如表 5-3 所示。例如，假设 $p=0.5$，当消费者观察第一个商品，即搜寻次数 $m=1$ 时，他有 0.5 的概率找到令自己满意的商品，此时他会停止搜寻。当消费者没有找到令自己满意的商品时，他会继续搜寻。而观察第二个商品，即搜寻次数 $m=2$ 时，他依旧有 0.5 的概率找到令自己满意的商品，这意味着消费者在前两次搜寻中有 $0.5+(1-0.5)\times 0.5=0.75$ 的概率找到令自己满意的商品。同理，当消费者没有在前两次搜寻中找到令自己满意的商品时，他会继续搜寻第三个商品，即搜寻次数 $m=3$，此时他依旧有 0.5 的概率找到令自己满意的商品，这意味着消费者在前三次搜寻中有 $0.5+(1-0.5)\times 0.5+(1-0.75)\times 0.5=0.875$ 的概率找到令自己满意的商品。所以，消费者在前 m 次搜寻中找到令自己满意的商品的概率为 $1-0.5^m$。

由表 5-3 可知，在搜寻成本由 1 下降为 0.25 后，搜寻次数明显增加，由 2 次增至 4 次。这说明，在其他因素不变的情况下，当消费者面临高搜寻成本时，其搜寻次数会减少，当搜寻成本下降后，消费者搜寻的意愿就会增强，搜寻次数会增加。

综上所述，消费者的搜寻行为本质上就是消费者对于搜寻的预期收益和预期成本的权衡。因此，当消费者搜寻的预期成本变高或者搜寻的预期收益变小时，搜寻有利可图的概率就会变小，消费者就会倾向于减少搜寻次数。反之，当消费者的搜寻成本变低或者搜寻收益变大时，搜寻有利可图的概率就会变大，消费者就会倾向于增加搜寻次数。

表 5-3 消费者停止搜寻的概率

搜寻次数	停止搜寻的概率				
	$c=1$	$p=0.5$	$c=0.25$	$p=0.25$	p
1	0.5		0.25		p

续表

搜寻次数	停止搜寻的概率				
	$c=1$	$p=0.5$	$c=0.25$	$p=0.25$	p
2	0.75		0.437 5		$1-(1-p)^2$
3	0.875		0.578 1		$1-(1-p)^3$
m	$1-0.5^m$		$1-0.75^m$		$1-(1-p)^m$
期望的搜寻次数	2		4		$\frac{1}{p}$

5.2.3 数字经济引起的搜寻成本下降与长尾效应

(1) 搜寻成本下降。

数字经济的发展大幅降低了消费者的搜寻成本。数字经济的发展引发了信息搜寻技术的创新性革命，改变了获取信息的手段并大幅降低了个人获取信息的难度。在传统的线下购物模式中，消费者往往需要直接前往杂货店或者超市观察自己想要消费的商品。消费者需要消耗大量的时间成本和金钱成本才能来到实体店并观察到商品实物。随着数字经济的发展和线上购物平台的兴起，消费者可以随时使用手头的电脑或者手机登录电子商务平台的网站或者 App，只要输入自己想要消费的商品的关键词，就能搜寻到许多备选商品。消费者只需要花费少量的时间成本来了解企业提供的商品信息和其他消费者的反馈，就能快速掌握商品信息。因此，搜寻成本的下降扩大了消费者的商品选择范围。

搜寻成本下降带来的结果就是：不同商家提供的商品之间的价格竞争变得更加激烈，在线商品价格更多地体现一价定律。在线上购物模式下，消费者通过线上购物平台更容易搜寻到商品价格信息，甚至可以通过各种第三方比价网站对同一商品在不同平台的价格进行比较。在线上市场中，由于消费者可以轻易地比较相同商品在不同商家或平台销售的价格，因此同一商品在不同平台的销售价格趋于一致，并且同类商品的价格也会趋同。因此，搜寻成本下降会降低企业的市场势力，消除价格离散。

在不同企业商品存在差异的情况下，搜寻成本下降会促进商品市场价格下降，但是并不会消除价格离散。搜寻成本下降导致价格趋同的结论主要适用于同质商品。首先，在商品存在差异的情况下，差异化的商品特征会吸引部分忠实消费者，企业可以向这些忠实消费者收取一个较高的价格。在线上市场中，商品差异不仅体现为商品硬性的物理质量差异，也体现为同一商品在不同平台或卖家销售时提供的消费体验、服务质量、声誉水平等软性的质量差异。其次，在现实当中，不同消费者的信息搜寻成本并不完全一致，当消费者的搜寻成本存在差异时，商家可以据此采取价格歧视措施，对搜寻成本低的消费者索要低价格，对搜寻成本高的消费者索要高价格，这类似于根据消费者价格弹性实行的三级价格歧视。最后，平台或商家可能会利用消费者对搜寻结果展示规则不了解这一点，即算法黑箱来操纵搜寻结果，误导消费者的选择。

较低的搜寻成本有助于提升经济效率。数字经济通过降低消费者的搜寻成本，使消费者能够以更少的时间、金钱，更加快速地获取他们想要的信息。在数字经济中，淘宝、京东等大型电商平台快速发展并对传统线下实体店产生巨大冲击的一个重要原因就是：其降低了消费者的搜寻成本，实现了更高效的商品匹配，提高了市场交易效率。

（2）长尾效应。

长期以来，线下市场中大约80%的商品销量来自20%的商品种类。销量排在前几位的畅销商品被称为主流商品，而其他种类更多但是目标客户群体更小的商品被称为利基商品。但是，随着互联网技术和电子商务的发展，少数主流商品在销售中占支配地位的现象得到了改变。由于信息技术的发展，消费者在线上商店寻找某种商品的成本大幅降低。此外，关键词搜索的出现也使消费者可以精准定位某种商品，即使这种商品是目标客户群体更小的利基商品。在线上购物模式下，大量利基商品的出现使消费者的多样化需求得到了满足。相对于线下销售，这些商品的销量大幅上升，甚至凭借种类丰富的优势超越了主流产品，这种现象被称为长尾效应。图5-1描述了音乐市场中不同热度的歌曲被消费者消费的次数。长尾效应在音乐市场中的表现是：大量在线下销售中基本没有销量的冷门歌曲在线上销售中的销量虽然较低，但是依旧存在一定的市场。

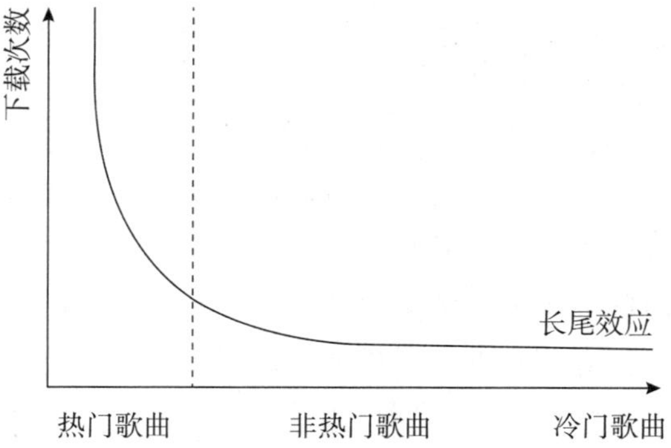

图5-1 音乐市场中的长尾效应

根据消费者搜寻理论，当搜寻成本较高时，如果消费者倾向于优先搜寻主流商品，那么绝大部分消费者会直接选择购买主流商品，这使得每种利基商品的潜在客户群体很小。在传统的线下购物模式下，如果选择潜在客户群体很小的某种利基商品，那么售出这种商品的时间成本会远高于主流商品。为了尽可能地降低售出商品和储存商品的成本，线下的商店往往倾向于优先摆放主流商品，而这又反向增加了消费者的搜寻成本。由于大多数商店并不会将利基商品作为自己的销售选择，因此如果消费者想要寻找某种利基商品，那么他们就需要付出更多的搜寻成本，这又会使他们的搜寻意愿大幅下降。这两种作用互相加强，使得市场中大量的销量来自少数种类的商品。

5.3 消费者的搜寻顺序决策

5.3.1 消费者的搜寻顺序

在消费者搜寻模型中，消费者除了需要做出是否停止搜寻的决策外，还需要做出一个很重要的决策：先观察哪一个商家提供的商品？回到购买圆珠笔的例子中，当消费者决定去杂货店购买一支圆珠笔时，他面临以下选择：先观察杂货店 A 的圆珠笔还是先观察杂货店 B 的圆珠笔。在现实中，杂货店 A 和杂货店 B 与消费者家的距离往往是存在差异的。不妨假设消费者从家步行到杂货店 A 需要 5 分钟，而步行到杂货店 B 需要 10 分钟。此时消费者会优先选择去哪家杂货店呢?

假设杂货店 A 和杂货店 B 提供的圆珠笔只存在水平差异，即在观察到实物之前，这两家杂货店提供的圆珠笔没有差异，绝大多数消费者应该都会选择先去距离更近的杂货店 A，因为去杂货店 A 需要付出的时间成本更低。这意味着现实生活中消费者的搜寻顺序往往不是随机的，而是有一个偏好。在这个例子中，消费者会更加偏向于优先搜寻杂货店 A。那么，在搜寻成本不同、商品质量不同的情况下，消费者又会如何决定搜寻顺序呢?

直觉上来说，对于两个完全相同的商品，消费者会优先观察搜寻成本更低的那个，而对于搜寻成本相同的两个商品，消费者会优先观察能给他们带来更高效用的商品。这意味着搜寻成本越低，商品的匹配度越高，消费者的搜寻意愿也越强烈，而更低的成本和更高的匹配度都会给消费者带来更高的保留值。在上一节中，我们通过保留值来判断消费者是否选择继续搜寻。实际上，保留值还反映了消费者继续搜寻意愿的强烈程度。如果消费者内生决定其搜寻顺序，其就会优先搜寻具有更高保留值的商品。对于保留值越高的商品，消费者搜寻的意愿也越强烈，搜寻它们的顺序也会越靠前。

表 5-4 给出了 3 种不同商品的匹配度分布、价格和搜寻成本信息及对应的保留值，并给出了消费者的最优搜寻顺序。当搜寻成本很高的时候，即使第二种商品与消费者的匹配度很高，但由于它对应的保留值会因为搜寻成本很高而大幅降低，因此消费者也不会将它的搜寻顺序放在靠前的位置。第三种商品的搜寻成本很低，同时它与消费者的匹配度也很低，较低的匹配度会导致较低的保留值，这使得它在搜寻顺序的竞争中也处于不利地位。只有同时满足匹配度较高、搜寻成本较低的商品才会在搜寻顺序的竞争中占据有利地位，如商品 1。商品 1 的匹配度较高，同时又具有较低的搜寻成本，其对应的保留值也较高。在表 5-4 中的三种商品中，消费者会倾向于优先搜寻商品 1。

表 5-4　消费者的搜寻顺序

商品	匹配度分布	价格	搜寻成本	保留值	搜寻顺序
1	$U(16,24)$	2	1	20	1
2	$U(20,24)$	2	4	18	3
3	$U(16,20)$	2	0.125	19	2

5.3.2　商品的消费者搜寻顺序竞争

我们继续研究搜寻顺序对企业的影响。回到这一节开始的例子，消费者先去杂货店 A 搜寻，然后再去杂货店 B 搜寻。假设两家杂货店提供只存在水平差异的圆珠笔，消费者在搜寻过程中对杂货店提供的圆珠笔表示满意并选择直接购买的概率为 0.5，那么他对杂货店 A 和杂货店 B 的圆珠笔的需求如表 5-5 所示。

在消费者率先到达杂货店 A 时，他有 0.5 的概率找到一支令自己满意的圆珠笔，并直接购买这支笔，结束搜寻。而当消费者对圆珠笔 A 不满意时，他会继续搜寻杂货店 B，他在杂货店 B 找到令自己满意的圆珠笔的概率为 0.25。这也就意味着消费者有 1－0.5－0.25＝0.25 的概率最终没有找到令自己满意的圆珠笔。此时，他会选择圆珠笔 A、B 中更好的那支。由于圆珠笔 A、B 只存在水平差异，因此两支笔被选择的概率各占一半，即 0.125。至此我们可以得到表 5－5 的结果。

表 5－5　消费者在搜寻过程中对杂货店的圆珠笔的需求

	找到令自己满意的笔并直接购买的概率	对圆珠笔 A、B 均不满意时的购买概率	总需求
圆珠笔 A	0.5	0.125	0.625
圆珠笔 B	0.25	0.125	0.375

从表 5－5 中我们可以发现，优先被搜寻的企业在市场竞争中存在一定的优势，这些企业的总需求往往要高于排名靠后的企业。由于这些企业的排名靠前，因此消费者总是优先观察这些企业的商品，消费者只要对这些商品比较满意，就会停止继续搜寻，选择直接购买商品。即使此时排名靠后的企业可能会提供一个匹配度非常高的商品，但由于消费者并不会继续搜寻，因此其也不会观察到这个商品，自然也不会购买这个排名靠后的企业的商品。这使得排名靠后的企业获得的消费者总量远远小于排名靠前的企业，也面临更小的总需求。

由于排名靠前会给企业带来更多的消费者和更高的利润，因此企业排名的竞争变得非常激烈，所有的企业都会通过降低价格、提高消费者的评价等方式来提高自身的排名，由此催生了“通过优惠吸引好评”“刷好评”，以及为了排名靠前而支付比较高的“竞位费”等现象。这体现了排名在数字市场中已成为企业竞争决策的重要变量。

5.3.3　数字经济下的搜寻顺序竞争

（1）可视化价格对搜寻顺序的影响。

数字经济的发展通过可视化价格对消费者的搜寻顺序产生重要的影响。在主流的电商平台中，往往都存在“按价格排序”的选择。当考虑只存在水平差异的商品时，如果消费者选择“按价格排序”，就如同在价格导向型搜寻模型中，企业在进行价格竞争的同时，还通过价格间接地参与了搜寻顺序竞争。由于排名靠前的企业往往更容易获得更靠前的搜寻顺序，因此企业在电子商务平台上的竞争变得非常激烈。

在传统的线下购物模式下，由于消费者在搜寻之前不了解价格、匹配度等信息，因此企业的价格决策并不会影响消费者的搜寻顺序。即使一个企业定价很低，如果消费者不知道这个信息，那么消费者也不会改变自己的搜寻决策。因此，企业在决定自己商品的价格时，不需要考虑定价对搜寻顺序的影响。

在淘宝、京东等线上电子商务平台的交易中，消费者在搜寻商品时总是很容易得到商品的价格信息。比如，消费者只要在 App 的搜索栏中输入商品名称，然后搜索引擎就会列出一系列商品搜索结果，消费者可以在每个商品的下方看到这个商品的价格，这使消费者在网络购物平台获取商品价格信息的成本大幅下降。除此之外，大部分平台的

App 都会提供“按价格排序”选项，这也使价格成为影响消费者搜寻顺序的一个很重要的因素。

在线上购物模式下，企业定价需要考虑消费者搜寻顺序的影响。企业在设定价格时，不仅需要考虑与其他企业进行传统的价格竞争，以低价吸引消费者直接购买它的商品；而且需要考虑通过降低价格使自己在消费者搜寻顺序中靠前。由于排名靠前的企业拥有更大的潜在消费者群体，因此企业往往会在排名竞争中投入很多。

（2）平台的排名拍卖。

由于企业愿意在排名竞争中投入很多，因此当平台拥有调整排名的能力时，平台就可以通过竞价拍卖的方式对搜索结果展示顺序进行销售，通过“价高者得”的竞标过程来获取更高的收入。最典型的例子就是百度广告的竞价排名。在百度广告的竞价排名中，一个企业如果想让自己的商品信息优先出现，就需要通过竞标支付较高的费用，竞标后获得优先展示的商品的点击量或流量将大幅上升，由此带动企业商品或服务的销量和利润上升。

知识链接

百度搜索结果的排名机制：竞价排名与自然排名

按照搜寻理论，平台排名拍卖可能会产生以下问题：

第一，如果企业的初始资金相同，那么生产较低质量商品的企业反而会拥有更充裕的资金进行排名拍卖，这将使市场中较差的企业反而拥有较靠前的排名，从而挤压优质企业的生存空间。最终，所有的企业都将资金用到排名拍卖上，市场中只存在大量粗制滥造的商品。因此，当我们使用百度搜索关键词时，经常会发现第一页优先展示的商品信息并不是最优的商品信息，甚至是假冒伪劣商品信息的情况。

第二，排名拍卖会影响消费者的信息获取成本。比如，消费者在百度搜索疾病相关信息时，可能只是希望了解这些疾病的基础信息，包括病症以及一般的治疗和恢复情况等。然而，当百度展现出来的是大量的广告时，消费者就不得不在大量的无用信息中寻找对他们有用的少量信息，这大大增加了消费者的信息甄别成本，反而使消费者的搜寻成本大幅上升。

第三，在一体化经营的情况下，支配平台可能会有动机实施自我优待行为。典型的如欧盟谷歌案。谷歌既在通用搜索市场经营，也在专业搜索市场经营。谷歌在展示搜索结果时，优先展示自己下属企业的商品信息，而将下游市场竞争对手的商品信息放在后面，从而提高消费者对自己下属企业商品的点击率和消费量，导致下游竞争对手的商品点击率和销量显著下降。谷歌的这种自我优待行为严重限制了市场竞争，因而受到了欧盟委员会的处罚。

5.4　消费者转换

5.4.1　转换成本

在通过搜寻获取了全部可以获取的商品信息之后，消费者还将面临商品选择的问题。对于消费者而言，由于此时不存在未知的信息，因此可以非常轻松地选择最优的商品组合来获得最大的效用。然而，当我们将时间拉得足够长时，消费者面临的经济环境就不是一成不变的了。他们选择的企业可能会因为面临成本压力而提高自己的商品价格，而这个企业的竞争对手则可能会选择给顾客让利以吸引更多的消费者。此时，消费者将面临另一个问题：当经济环境发生改变时，其消费是否需要转换到另一个企业？

然而，消费者转换并不是完全免费的，从一个产品供应商转换到另一个产品供应商时往往会产生额外的成本或费用。例如，习惯使用支付宝支付的顾客可能并没有微信支付的账户。在不接受支付宝支付而只接受微信支付的商店消费时，这些顾客就需要创建微信支付账户。创建新的账户需要关联银行卡、进行实名认证等，这些操作往往需要花费一定的时间。再如，消费者从苹果手机转向安卓系列的手机意味着放弃已经习惯的 iOS 操作系统，转而重新学习其并不熟悉的安卓系统。消费者从购买一个供应商的产品转向购买另一个供应商的产品时所产生的一次性成本被称为转换成本。

转换成本主要由以下几种成本组成：

（1）交易成本。

消费者更换供应商往往需要一定的时间。由于企业之间往往不会共享信息，因此企业和消费者之间的信息也会在消费者更换供应商的过程中损失一部分，如需要重新登记信息、重新进行用户注册等。这些都属于在转换时消费者损失的额外收益，即交易成本。

（2）签约成本。

企业往往会通过与消费者签订某项长期合同来保证自己的需求稳定，合同中往往会通过违约金的形式限制消费者转换供应商，这是消费者在供应商转换中需要支付的额外费用。此外，企业往往会提供一定的优惠来鼓励消费者继续购买其产品，如提供数量折扣或优惠券等，一旦消费者选择转换企业，就无法继续享受这部分优惠，从而遭受一定的损失。这些都属于消费者转换供应商的签约成本。

（3）学习成本。

消费者更换产品时，往往存在一个逐渐熟悉新产品的过程。例如，从苹果手机转向安卓系列手机的消费者需要付出大量的时间和精力来学习新的操作系统或者界面，学习过程中支付的时间成本和金钱成本是消费者转换供应商需要支付的额外成本，即学习成本。

（4）兼容成本。

消费者往往会很重视新产品与其已经拥有的其他产品的兼容性。例如，消费者更换软件或者游戏机可能导致自己曾经拥有的文件、游戏无法再打开，从而损失保留原有消费产品的额外收益，这相当于消费者支付的兼容成本。

（5）心理成本。

由于消费者长期从同一个供应商处购买产品，其对该供应商的信誉有充分的了解，因此比较信任，而更换供应商则需要了解新供应商的信誉，这会给消费者带来心理成本。在线上购物模式下，消费者长期在某一平台购物会留下大量的数据，平台或商家可以基于对这些数据的分析为他提供个性化服务。消费者更换供应商或平台后，由于新供应商或平台无法提供基于数据的个性化服务，消费者的消费体验会变差。

5.4.2 转换成本与市场势力

考虑一个同质商品市场。假设消费者不存在搜寻成本和转换成本，此时面对商家的不同报价，消费者可以随意转换商家。这意味着只要商家之间存在价格差异，消费者就会进行转换，所有的消费者都会去价格最低的商家购买商品。在价格竞争压力下，每个企业都有激励将自己所售商品的价格降到低于竞争对手的水平。此时，只要企业制定的价格大于其边际成本，对于企业而言就是有利可图的。因此，在市场中的企业不断地对价格进行调整之后，最终市场中所有商品的价格都将处于完全竞争市场中商品的价格水平。

当消费者存在转换成本时，市场均衡价格不再是竞争性价格，企业可能会向消费者收取高于竞争水平的价格。假设一个消费者长期在平台A购物，某天他在该平台看到了自己心仪的商品，但是通过跨平台搜寻，他发现该商品在平台A的售价高于在平台B的售价。此时，该消费者会转换平台来购买该商品吗？由于转换成本的存在，消费者转换平台需要支付一定的额外费用，因此只要价格提高的幅度足够小，消费者就不会转换，而是选择接受平台A高于竞争水平的价格。因此，当转换成本较高时，企业往往会获得一定的市场势力，制定高于竞争水平的价格。

5.4.3 企业转换成本制造策略

转换成本越高，企业获得的市场势力越大，其能够获取的利润也就越大。根据这个逻辑，如果企业能控制消费者的转换成本，那么企业一定会尽可能地主动提高消费者的转换成本，以实现对消费者的锁定，排斥竞争对手和维持市场势力。具体的策略包括：

(1) 实现商品兼容。

在日常生活中，我们使用的各种商品往往都需要更新换代，而在商品更新换代的过程中，新旧商品的兼容性是企业要非常注意的方面。比如，各种软件和系统的自动更新以及账号信息保留都是为了尽可能地使消费者在商品更新换代时保持原有的选择，以获得尽可能多的额外收益。由于消费者转换商家后，其商品往往会失去兼容性，所以消费者不愿意转换。

(2) 提供个性化服务。

企业往往利用消费者在线行为数据来分析消费者的偏好，进而提供个性化服务。例如，一个使用淘宝的消费者会经常收到淘宝的商品推送信息，这些推送信息是基于其近期经常浏览的商品界面分析出来的。如果该消费者转而使用京东App，那么由于京东App没有该消费者的在线行为数据，无法向该消费者精准推荐其可能感兴趣的商品，因此该消费者的消费体验下降。这显然提高了消费者的转换成本。

(3) 签订独占交易协议。

独占交易协议是指商家或数字平台要求消费者只能消费或使用其提供的商品或服务，不能使用其竞争对手的商品或服务。消费者如果转换商家或数字平台则要承担一定的违约成本。违约成本的存在导致消费者不会轻易转换。

(4) 提供忠诚度折扣。

一些企业对长期使用自己的商品或服务的消费者会给予基于消费量的价格折扣或优惠，从而使一个消费者转移到另一个商家或供应商时会遭受较大损失，导致已购买商品的消费者不会轻易转换，由此实现对消费者的锁定。例如，美国很多航空公司实行"飞行常客计划"，该计划主要根据乘客乘坐该航空公司的里程数实行累进的优惠折扣，即里程数越高的乘客享受的折扣优惠越多，这样的话其转换航空公司的折扣损失就越大，其转换航空公司的可能性也就越低。

本章小结

在信息不完全的情况下，消费者会主动搜寻商品信息，但是消费者搜寻信息存在搜寻成本。在消费者的搜寻成本为正的情况下，企业会向消费者收取高价格，从而产生戴蒙德悖论。

在消费者的搜寻成本为正的情况下，理性消费者的搜寻决策实际是对搜寻的预期收益与预期成本进行权衡，进而采取最优搜寻策略。消费者最优搜寻策略的均衡点位于搜寻的预期收益等于搜寻的预期成本之处。数字经济的发展使在线交易的搜寻成本大幅下降，从而促进了商品价格竞争，市场中相同商品的价格更多地体现一价定律，并产生长尾效应。在消费者搜寻成本为正的情况下，商品展示顺位成为影响消费者选择和企业价格决策的重要因素，并且数字平台的搜索结果排序规则会对市场竞争产生重要影响。

转换成本是消费者从一个商家转向另一个商家需要支付的成本。转换成本会赋予原有企业一定的市场势力，因此企业会采取实现商品兼容、提供个性化服务、签订独占交易协议、提供忠诚度折扣等策略来提高消费者的转换成本，以实现对消费者的锁定，排斥竞争对手和维持市场势力。

主要概念

消费者搜寻　搜寻成本　匹配度　价格离散　戴蒙德悖论　转换成本

复习题

1. 概述搜寻成本对消费者最优搜寻策略产生的影响。
2. 请解释长尾效应并分析其产生的原因。
3. 搜寻顺序对市场竞争会产生哪些影响？
4. 转换成本为什么会赋予企业一定的市场势力？

推荐阅读文献

CHOI M, DAI A Y, KIM K. "Consumer Search and Price Competition." *Econometrica*, 2018, 86 (4).

DIAMOND P A. "A Model of Price Adjustment." *Journal of Economic Theory*, 1971 (3).

KLEMPERER P. "Competition When Consumers Have Switching Costs: An Overview with Applications to Industrial Organization, Microeconomics and International Trade." *The Review of Economic Studies*, 1995, 62 (4).

STIGLER G J. "The Economics of Information." *Journal of Political Economy*, 1961 (69).

WEITZMAN M L. "Optimal Search for the Best Alternative." *Econometrica*, 1979, 47 (3).

第六章

数字平台

章前导语

数字平台是数字经济的主要商业模式，数字平台企业是数字市场的主导微观主体，数字经济在某种程度上可以被认定为数字平台主导的经济形态。现在大家耳熟能详的网络交易平台［如淘宝、京东和亚马逊（Amazon）等］、搜索引擎平台［如谷歌（Google）、百度和必应（Bing）等］、社交通信平台［如微信、微博、脸书（Facebook）和推特（Twitter）等］、交通出行平台（如滴滴、曹操出行等）、支付平台（如微信、支付宝和云闪付等）等已经深入社会生活的各个领域。目前，以阿里、京东、腾讯、美团等为代表的数字平台企业已经成为决定市场组织运行模式，影响一国宏观经济增长、就业、创新和国际竞争力的重要力量。数字平台具有不同于传统企业的独特的双边市场属性。平台经济学理论研究重点关注网络效应、定价机制、竞争策略、商业模式、治理体系等问题。因此，掌握平台经济学理论，能够为制定正确的数字平台商业策略，以及科学的数字平台政策提供重要的经济学依据。

学习目标

理解数字平台的定义、功能及类型；

理解数字平台的双边市场属性；

理解数字平台的商业模式、商业策略及商业模式的价值创造；

了解数字平台的经济贡献及相关政策。

6.1 数字平台的概念

6.1.1 数字平台的定义

随着数字经济的创新发展，数字平台日益成为重构经济社会活动的重要主体。数字平台不仅能链接众多经济主体，使其在平台内实现互动交流，而且还可以利用不同经济主体在平台交流互动时产生的数据信息创造新的需求和供给，成为数字经济发展的独特商业模式。但是，目前学术界和实务界都没有给出一个公认的数字平台概念。

总的来说，目前关于数字平台的定义有多种，各定义差异较大且侧重点不同。一是从经济角度出发，将数字平台看作多边市场，强调其交易中介作用；二是从技术角度出发，将数字平台看作模块化技术集成系统；三是从制度角度出发，将数字平台看作促进不同用户群体相互作用的治理系统；四是从价值角度出发，将数字平台看作一种价值共创的生态，强调其价值创造和价值分配作用。

欧盟委员会于 2016 年将数字平台界定为“一个基于互联网技术来促进多个不同的独立用户群体相互作用并至少为一方带来价值的双边或多边市场运营者”。我国 2021 年 2 月印发的《国务院反垄断委员会关于平台经济领域的反垄断指南》将数字平台界定为“通过网络信息技术，使相互依赖的双边或者多边主体在特定载体提供的规则下交互，以此共同创造价值的商业组织形态”。

本书将数字平台定义为：数字平台是指基于数据与数字技术构建的一种能促进多个不同群体相互作用的中介，它可以促成更高效的商品交换和信息交换，并通过实现不同群体间交叉网络效应的内部化和实施有效的治理规则来实现价值创造。

6.1.2 数字平台的功能

数字平台的核心经济功能是促成供需匹配的交易，同时数字平台还兼具数据信息采集和分发的技术性功能、促进高效市场交易的经济性功能和平台生态治理的制度性功能。

(1) 技术性功能。

就技术性功能来说，数字平台是一个采集、处理和分发数据信息的数据系统，同时其也是一个能让多种技术相互作用并实现多种功能的技术系统。首先，数字平台大多采用数据驱动的商业模式，主要利用大数据和数字技术来促进不同主体之间的相互作用，并且这主要是在在线空间中实现的。数字平台的技术性功能的实现不仅取决于现代信息通信技术的硬件和软件，而且取决于对大数据的采集、存储和开发应用。因此，数字平台本身就是一个大数据采集、汇总、开发应用的系统。大数据和数据处理技术成为数字平台高效运行的重要技术基础。其次，数字平台的技术性功能还体现为它提供了一个标准化的或互操作的基础性功能以实现或促进各种技术功能的相互作用。数字平台本质上是一个基于模块化架构的分工合作的技术系统，目的是促进不同技术功能模块的互操作和互补性技术的协同开发或运行。因此，确保具有互补性功能的模块之间通过标准化接口来实现互操作成为对数字平台的重要要求。通过数据挖掘、处理和互补性技术协同，数字平台能显著降低消费者的搜寻成本，最大限度地释放数据价值，并促进数据驱动的创新。

（2）经济性功能。

就经济性功能来说，数字平台是一个利用大数据和数字技术来促进高效市场交易或相互作用的中介。数字平台与传统企业不同，其不从事商品的生产，对平台交易的商品也没有所有权，其基本功能是撮合不同用户群体相互作用，并确保这种相互作用是安全和高效的。在传统的市场交易中，买方和卖方通常采取“一手交钱、一手交货”的直接交易方式。在数字平台商业模式下，买方和卖方往往通过平台来实现交易，数字平台是买方和卖方达成交易的中介，其主要发挥撮合和促进两侧用户交易的作用，而这种作用在传统单边市场中是无法实现的。数字平台这种作为交易中介的经济性功能主要是通过提供能让不同用户群体相互作用的基础服务、吸引足够的用户和实现高效的供需匹配来实现的。

（3）制度性功能。

就制度性功能来说，数字平台是重要的私人治理主体。数字平台需要建立有效的治理体系，以保证各种功能得以实现、更好地促进多边主体的相互作用、降低交易成本并实现利益相关者的激励相容。数字平台需要建立规则、激励机制并优化支付结构等，合理平衡各方利益，实现激励相容，同时设定相应的交易规则和冲突解决机制，打造可信任的交易环境，从而促进在线交易的达成。因此，数字平台不仅是实现多种技术或商业功能的中介，更是一种促进各方实现多种商业功能并为其创造更大价值的治理制度设计者。数字平台的制度性功能使它能够打造一个安全、可信任的交易环境，显著降低交易成本，并且能够更好地平衡多方主体的利益。

综上，数字平台是介于市场和企业之间的第三种经济形态，或者是市场与企业相结合的混合经济形态。一方面，数字平台主要发挥交易中介的作用，并不从事平台所交易的商品的生产活动，也不拥有平台在线交易商品或交易商品所需资产的所有权，而是通过构建分权化的平台商业生态体系，发挥市场交易机制和私人合约机制的作用，最终撮合和促进买卖双方的交易；另一方面，为了降低交易成本，打造安全、可信任的交易环境，数字平台也发挥了重要的私人规制者角色，通过集权化的平台治理规则来维持可信任的交易环境。因此，数字平台提供了一种分权与集权相结合的资源配置方式。

6.1.3 数字平台的类型

从不同的角度可以对数字平台进行不同的分类。

（1）基于平台作用的分类。

基于平台作用，可将数字平台分为市场创造型平台、需求协调型平台和受众创造型平台（见表 6-1）。

市场创造型平台的主要功能是撮合和便利市场买卖双方的交易。淘宝、京东、拼多多等电子商务平台都属于典型的市场创造型平台。平台两侧的商户和消费者通过平台的中介匹配功能，分别实现和更多的消费者或商户对接。

需求协调型平台的主要功能是促进平台两侧用户更好地满足彼此需求。部分软件系统、支付宝、财付通等都是典型的需求协调型平台，其主要功能是为供需双方完成交易提供便利。

受众创造型平台的主要功能是创造用户群体，为平台商家提供更大的受众。抖音、小红书等数字内容平台是典型的受众创造型平台。平台靠优质内容或不平衡的价格结构来吸引用户，扩大用户基础，然后通过向广告商收费获取收益。

表 6-1 基于平台作用的数字平台分类

	市场创造型平台	需求协调型平台	受众制造型平台
具体例子	淘宝、京东、拼多多、美团、滴滴、百度	视窗操作系统、安卓操作系统、IE 浏览器、视频游戏、支付宝、财付通	电视、广播、报纸、门户网站、抖音、小红书

资料来源：作者整理。

(2) 基于平台运行目标的分类。

基于平台运行目标，可将数字平台分为交换平台和制造平台（见表 6-2）。

交换平台主要促进消费者和生产者之间的直接交易，通过实现更高的交易匹配度和降低交易成本来创造价值。淘宝、京东、支付宝等平台是典型的交换平台，其主要功能是促进消费者和商家实现更高效的交易匹配。

制造平台则主要提供基础设施来赋能其他用户创造产品或服务，使其他生产者能够生产或研发出互补产品，或者为内容产品创造受众并分发内容，通过促进互补产品商或服务生产商的成功来创造价值。安卓操作系统、苹果 iOS 系统、视窗操作系统、Linux 系统等都是典型的制造平台，主要为其他应用软件的开发和运行提供基础性技术支持；优酷、Youtube、小红书、抖音等内容平台主要为内容生产者上传的内容创造受众，促进内容传播。

表 6-2 基于平台运行目标的数字平台分类

	核心交易价值	产品类型	典型实例
交换平台	服务市场	某项服务	爱彼迎、携程
	线上市场	实物产品	淘宝、京东、亚马逊
	支付平台	货币支付	Paypal、支付宝、财付通
	投资平台	投资产品	P2P、Lendingclub
	社交网络平台	社交互动	微信、脸书、微博
	视频游戏平台	社交游戏产品	腾讯游戏、网易游戏
制造平台	内容平台	数字内容	优酷、Youtube
	控制开发平台	软件项目	操作系统、Linux 系统

资料来源：MOAZED A，Johnson N L. *Modern Monopolies：What It Takes to Dominate the 21st Century Economy*. New York：St. Martin's Press，2016.

(3) 基于数字平台交易双方关系的分类。

基于数字平台交易双方关系，可将数字平台分为交易型平台和非交易型平台。

交易型平台是指平台两侧用户可以直接交易商品或货币的平台，如淘宝、京东等购物平台。其主要功能是作为一个交易中介，促使商家和消费者达成交易，在完成交易后通过收取佣金获利。交易型平台的最主要特点是平台两侧用户之间具有非常强的双向交叉网络效应，两侧用户都对另一侧用户产生正外部性。

非交易型平台指不直接促进两侧用户进行交易，两侧用户之间不存在直接的商品或服务交易行为的平台。数字内容平台、搜索引擎平台、社交媒体平台是典型的非交易型平台。这些平台通过对消费者免费来汇集消费者注意力等资源，然后向广告商出售广告来收取广告费以获利。非交易型平台最主要的特点是：平台两侧用户之间具有单向交叉网络效应，广告商非常在乎消费者数量，更多的消费者意味着广告商的价值更高，但是消费者并不在乎广告商数量，过多的广告推送对消费者来说其实是一种负效用。

(4) 基于数字平台主营业务在产业链中的位置分布的分类。

基于数字平台主营业务在产业链中的位置分布，数字平台可分为消费类平台和生产类平台。

消费类平台主要是指为满足最终消费者衣食住行所需而提供各类服务的数字平台。消费类平台主要处在产业链的需求端或下游，典型的如以淘宝、京东为代表的电子商务平台和以滴滴为代表的交通出行平台，以及以美团、饿了么为代表的外卖平台，以抖音、小红书为代表的视频内容平台，以携程为代表的旅游预订平台，以微信为代表的即时通信平台等。目前，中国数字平台主要以消费类平台为主。

生产类平台主要是指以实现生产要素最佳匹配、供应链和价值链有效整合，并促进互补性要素整合和协同创新为主要功能的数字平台。生产类平台主要处在产业链的供给端或上游。生产类平台又可以具体划分为以下四类：一是计算平台，主要包括基础性计算机系统、算力中心等；二是生产类平台，主要包括从事通用设计、生产、组装等环节并最终形成一个产品或产品系列的平台；三是产业平台，主要包括提供基础性商品、服务或技术，以此作为技术底座以促进互补性商品或技术的开发的平台；四是产业基础服务平台，典型的如云服务平台。未来，生产类平台将成为中国数字平台发展新的重要方向。

6.2 数字平台的双边市场属性

6.2.1 双边市场的定义

数字平台最重要的经济属性是双边市场（Two-sided Market）属性或多边市场（Multi-sided Market）属性，因此也被称为双边平台或多边平台。由于双边市场的复杂性和涉及产业的多样性，目前尚没有统一的双边市场定义。关于双边市场的定义主要有两类：一类强调双边市场可以促进多个不同群体相互作用，发挥交叉网络效应。比如，大卫·埃文斯（David S. Evans，2003）提出，双边市场是指存在两组不同的用户，这两组不同的用户通过同一个平台进行交互并获得收益或效用的市场，该市场需要满足市场中存在两个不同的用户群体且用户群体之间的交互活动存在交叉网络效应的条件。另一类强调双边市场的根本特征是不平衡的价格结构。罗歇和梯若尔（Rochet and Tirole，2003）提出，在平台的价格总水平保持不变的情况下，平台所实现的交易总量随着两侧用户价格结构的变化而变化的市场可以被称为双边市场。马克·阿姆斯特朗（Mark Armstrong，2006）将双边市场定义为：如果市场中某交易平台通过不平衡的价格结构向交易双方提供商品或服务，并且一侧用户所获得的效用取决于另一侧用户的数量，则这样的市场就是双边市场。

总体来说，双边市场具有以下三个基本特征：一是平台是连接不同用户群体的中介；二是平台两侧用户具有交叉网络效应；三是平台通过不平衡的价格结构可以实现两侧用户外部性内部化，即价格结构非中性。

据此，本书对双边市场给出如下定义：双边市场是指作为交易中介的平台基于交叉网络效应，通过对不同用户群体实行不平衡的价格结构来实现扩大平台交易量的市场，即数字平台所实现的交易总量与双边用户的价格结构有关，而与总价格无关。

在现实生活中，很多平台扮演不同群体相互交易的中介的角色，如传统的商品交易市场也可以被称为平台，但是很多平台并不是真正意义上的双边或多边市场，本质上是单边市场。只有具有上述三个基本特征的平台才是双边市场。例如，传统百货商场是典型的单边市场，因为它仅仅是一个交易场所，其从批发商处购入大量商品并在商场向消费者直接销售，主要通过购销差价来实现盈利。此时百货商场与消费者直接交易，商品价格是消费者是否购买的根本性决定因素（见图 6-1），而淘宝、京东等电子商务平台就具有典型的双边市场的三个基本特征（见图 6-2）。

图 6-1　传统百货商场的单边市场属性

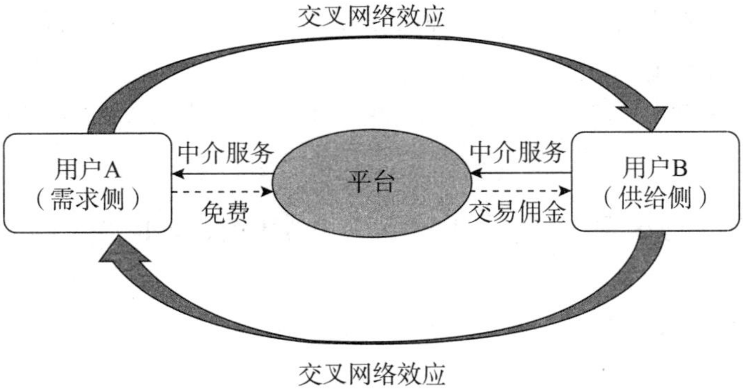

图 6-2　电子商务平台的双边市场属性

6.2.2　双边市场理论

双边市场理论主要关注两个核心问题：一是解释多边市场平台独特的网络效应。双边市场具有单边网络效应和交叉网络效应，双边市场理论则重点基于交叉网络效应来解释平台的效率来源及其独特的价格结构。二是研究双边市场不平衡的价格结构。双边市场中的平台定价需要合理平衡平台两侧用户的利益，以最大限度地实现交叉网络效应，因此平台定价的重点不是价格水平，而是价格结构。

(1) 双边市场的交叉网络效应。

交叉网络效应是双边或多边市场的最主要特征，也是双边或多边市场区别于单边市场的重要特征。交叉网络效应强调不同侧用户群体之间价值的相互依赖或相互强化：一侧用户参与平台交易会增加另一侧用户参与平台交易的价值；一侧用户的数量越多，则给另一侧用户带来的价值越大，即两侧用户之间具有相互吸引和相互强化的正反馈机制。例如，在淘宝平台中，选择在淘宝平台购物的人越多，到淘宝开店以获得高销量的卖家就越多，而在淘宝开店的卖家越多，则为消费者提供的消费选择就会越多，从而到淘宝购物的买家越多，因此出现"更多人买导致更多人卖，更多人卖导致更多人买"的正反馈机制（见图6-3）。双边市场平台的重要功能是实现外部性交叉网络的内部化，而单边市场则不存在这种交叉网络效应。

图6-3 淘宝平台的正反馈机制

(2) 双边市场不平衡的价格结构。

数字平台为吸引两侧用户并实现交叉网络外部性的内部化的最主要机制是不平衡的价格结构，即数字平台针对平台两侧用户制定不同的价格来吸引用户并促进平台交易量增长。也就是说，平台通过不平衡的价格结构来实现和放大交叉网络效应，影响两侧用户之间的相互作用以实现交易量最大化。在很多情况下，平台对单侧用户的收费标准并不是基于服务提供成本制定的，基于服务提供成本的定价规则不适用于对单侧用户的定价。数字平台往往对对价格更敏感和对交叉网络效应贡献更大的一侧用户实行低于服务提供成本的收费标准，而对另一侧用户实行明显高于服务提供成本的收费标准，即平台两侧用户之间存在交叉补贴。

通过不平衡的价格结构，数字平台可以更大限度地吸引平台用户，并利用交叉网络效应来实现平台的规模扩张。在传统的单边市场，由于两侧用户没有交叉网络效应，因此平台都是采取基于成本的定价规则，市场交易量则主要受价格水平影响。在双边市场，数字平台两侧用户之间的交易量主要受价格结构的影响而非仅受平台的总价格水平的影响。平台可以通过设计价格结构来影响平台两侧用户的交易数量并决定自己的利润，即双边市场的重要特征是价格结构的非中立性。因此，在总价格水平给定的情况下，如果平台上达成的交易量与市场两侧用户的价格结构或相对价格有关，则这样的市场就是双边市场；反之，如果平台上实现的交易量只与买方和买方支付的总价格有关而与相对价格无关，则这样的市场就是单边市场。因此，不平衡的价格结构是区分单边市场和双边市场的主要依据。

在线交友平台的收费模式可以很好地说明不平衡的价格结构。在线交友网站作为一个双边市场平台，为各类人群的约会需求提供了匹配服务，男性和女性是平台的两侧用户。很显然，如果在线交友平台只有少量女性客户，那么这种俱乐部无法吸引到大量男性客户。同样，几乎没有男性客户的在线交友平台对女性客户也缺乏吸引力。也就是说，一侧用户的效用取决于另一侧用户的数量，即存在交叉网络效应。对于男性客户和女性客户来说，在线交友平台可以设定不平衡的价格结构来吸引足够数量的男性客户和女性客户。如果女性客户供不应求，俱乐部可能就会为女性客户提供优惠。显然，如果男性客户供不应求，那么同样可以针对男性客户采取类似的定价策略。由于男性客户和女性客户的比例不协调，女性客户往往相比男性客户有更大的交叉网络效应，因此平台往往对女性客户实行低收费标准，并通过对男性客户实行高收费标准获得利润。

6.2.3 双边市场平台的收费盈利模式

在现实中，双边市场平台既可能是对供给侧的商家收费，也可能是对需求侧的消费者收费。双边市场平台对用户的收费形式主要是交易佣金、会员费或注册费、广告费、增值服务费等，具体来说：一是向商家收取交易佣金。这是最普遍的平台收费模式，如淘宝、美团、支付宝等都采用收取交易佣金的方式。平台根据单笔交易额来收取一定百分比的交易佣金。二是向消费者收取固定的会员费或注册费。典型的如QQ音乐、爱奇艺等向消费者收取会员费。三是向广告商收取广告费。平台通过发布在线广告并向广告商收费来赚取利润，典型的如社交媒体平台脸书、百度搜索、谷歌搜索等，其收入主要来自广告业务。四是增值服务收费。增值服务收费是通过对核心产品免费来吸引用户并通过对增值项目收费来盈利。

在现实中，平台多采用差别定价的收费模式，差别定价的主要形式是拍卖定价和价格歧视定价。目前，很多平台都采用拍卖定价的方式，这不仅可以有效激励买方参与平台交易，同时还可以最大化平台的利润回报。在信息不对称且存在一个卖家和多个买家的市场中，拍卖定价是确保实现利润最大化的最有效的定价机制。在搜索引擎等广告支持的平台，平台往往对广告实行竞价拍卖，竞标结果决定了广告商在搜索结果页出现的顺序。另外，平台对同一用户往往实行更为复杂的二级或三级价格歧视定价，如eBay对不同类型商品收取不同的佣金，美团针对不同规模的商家收取不同的佣金，QQ音乐针对不同类型的客户收取不同的会员费等。大数据算法使平台可以实行动态价格歧视，如爱彼迎采用基于房源情况和入住日期的算法自动调整定价，滴滴等网约车平台利用算法在高峰时段提高价格，在低谷时段降低价格，从而根据供给和需求变化灵活地分时定价。

6.3 数字平台的商业模式

6.3.1 典型数字平台的商业模式

(1) 淘宝：线上市场的商业模式。

淘宝是典型的线上市场交易中介，它通过构建在线交易市场空间，以及便利消费者和商家交易的在线交易环境，来促使消费者和商家之间达成交易。淘宝平台两侧用户分别为消费者和商家，两侧用户之间具有非常强的交叉网络效应。一方面，淘宝平台消费者数量的增加可以增加商家的销量，提高商家的销售收入，从而吸引更多的商家入驻平台；另一方面，平台商家数量的增加可以为消费者提供更多样化的商品选择。同时，淘宝平台基于采集的消费者数据和人工智能算法向消费者推送精准的个性化信息，从而提升消费者的消费体验，吸引更多的消费者到平台购物。因此，在达到用户临界规模后，淘宝平台呈现出非常强的两侧用户相互吸引的正反馈机制。最新数据显示，2023 年 6 月淘宝日活跃用户数达到 4.02 亿。在 2023 年“6·18”期间，淘宝平台参与人数达 9.15 亿人，商家和主播总数超过 1 000 万个，稳居电商平台第一位。

由于消费者对实现交叉网络效应的贡献更大，因此吸引消费者成为淘宝平台发展的战略重点。在淘宝发展初期，为了吸引用户以迅速达到用户临界规模，淘宝针对消费者开展了发红包等一系列促销活动，吸引了大量消费者。同时，淘宝向商家收取较低的交易佣金以吸引商家加入，从而迅速实现了用户规模扩张。为了吸引和留住消费者，构建可信的在线交易环境，淘宝还开发了与之互补的支付宝业务，同时投资物流业务，以提高配送效率，从而进一步增强了用户黏性。由此，淘宝平台形成了包含消费者、商家、平台、第三方服务提供商在内的多元主体价值共创和收益共享的平台生态（见图 6－4）。

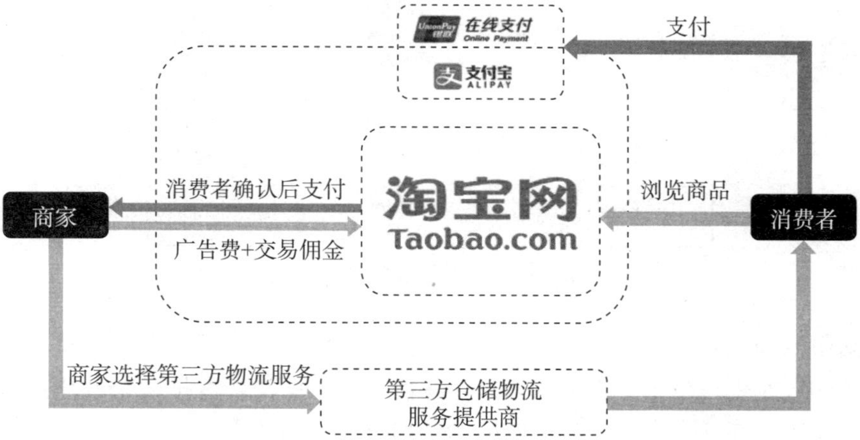

图 6－4　淘宝电商平台的商业模式

在不平衡的价格结构下，平台并不向消费者收费，而是通过向商家收取交易佣金和广告费来获利。淘宝平台的收入来源主要有以下几个：一是广告收入。淘宝平台向商家提供广告位，商家可以在淘宝平台上投放广告，以增加曝光和销售机会。淘宝平台根据广告展示量和点击量收取广告费用，这是淘宝平台的主要收入来源之一。二是交易佣金收入。淘宝平台提供了一个电子商务平台，让商家和消费者得以在线上进行交易。当商家在淘宝平台上销售商品时，淘宝平台会收取一定比例的佣金作为交易服务费。交易佣金收入是淘宝平台的重要收入来源之一。三是平台服务费收入。淘宝平台还提供一系列服务，如店铺装修、店铺推广、数据分析等。淘宝平台通过提供营销服务及与卖家利润分成形成了可持续的盈利模式。2018—2023 年间，阿里的收入中 70%以上来自广告收入、交易佣金收入和平台服务费收入。

(2) **搜索引擎：广告支持的商业模式。**

搜索引擎是一个平台中介，搜索引擎的商业模式涉及三边主体：内容提供商（需要用户）、用户/搜寻者（需要内容）、广告商（需要接入用户）（见图 6－5）。内容是搜索平台的重要投入品，由于历史原因，搜索平台可以免费接入和使用大量已经存在的网络信息，但一些新的内容或专业内容则由内容提供商持有。与其他平台不同，搜索引擎并不具有很强的直接网络外部性，因此一个用户通常并不会直接从其他用户使用同一个搜索引擎中获益。搜索引擎具有较强的交叉网络效应，并且搜索引擎的交叉网络效应更多地体现为单向交叉网络效应。用户并不关心广告商和广告的数量，甚至更偏好有较少广告商的平台，因为过多的广告对用户来说是一种负效用。广告商则很关注另一侧消费者的数量，搜索引擎吸引的消费者数量越多，其广告投放的价值就越大，广告的收益就越高。因此，平台会通过不平衡的价格结构，即为消费者提供免费的搜索服务并为内容提供商提供补贴，来吸引消费者，然后基于交叉网络效应吸引广告商，并通过向广告商收费实现盈利。

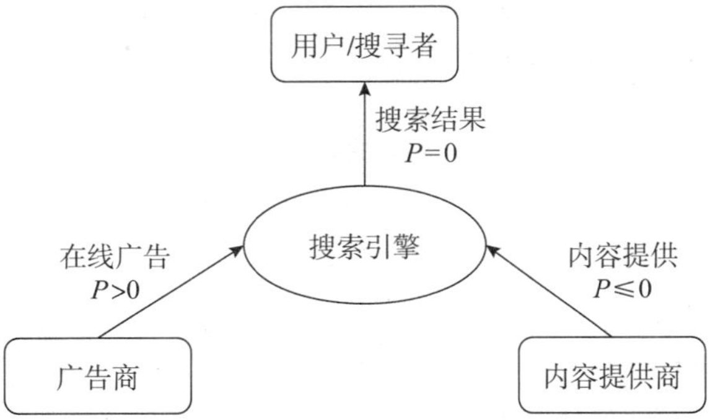

图 6－5 搜索引擎的商业模式

在搜索引擎的运营中，平台通过提供免费的搜索服务来吸引消费者，消费者在使用免费搜索服务的同时也贡献了个人数据信息，从而为平台向消费者推送个性化广告进而向广告商收费提供了可能。平台向广告商收取的费用可以分为两种：一种是点击付费，即平台根据用户对广告的点击次数和广告商由此获得的广告收入收费；另一种是印象付费，即平台根据向用户展示广告的次数和广告商由此获得的广告收入收费。可以看出，平台的广告收入与用户数量正相关，因此平台有动机对用户免费并为内容提供商提供补贴，以激励内容提供商提供更高质量的内容，从而吸引更多用户。用户数量的增加使平台可以收集更多的个人数据，提高广告投放的精准性，进而提高商家广告投入的价值，增加广告商和平台的收入，由此形成“提升用户搜索体验—吸引更多用户—吸引广告商—增加平台收入”的正反馈机制。由于搜索引擎的收入主要来自广告收入，因此，搜索引擎的商业模式也被称为广告支持的商业模式。例如，谷歌 2013—2022 年的收入中，80%以上来自在线广告市场向广告商收取的广告费（见图 6－6）。

(3) **小红书：受众制造的商业模式。**

小红书属于数字内容产业，是一个受众制造的多边市场平台。小红书的商业模式涉及多方主体：内容生产方（主要包括内容社区、电商平台）、内容利用方（主要为品牌商、广告商等）、电商平台和内容接受方（主要为平台用户）（见图 6－7）。首先，内容生产方

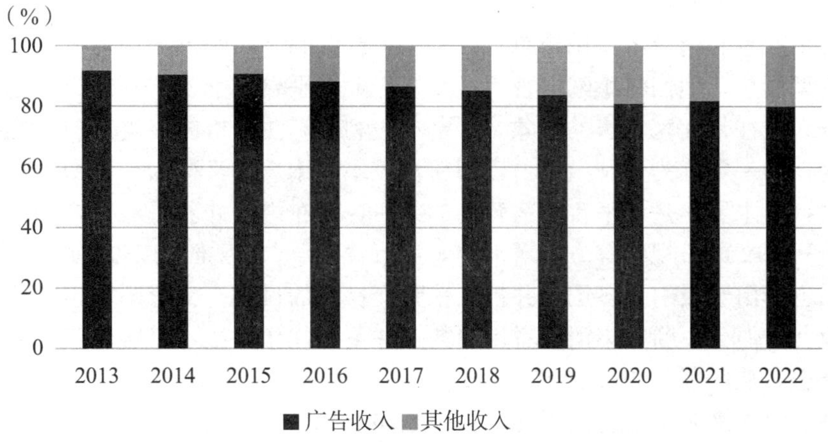

图 6-6 2013—2022 年谷歌的收入来源结构

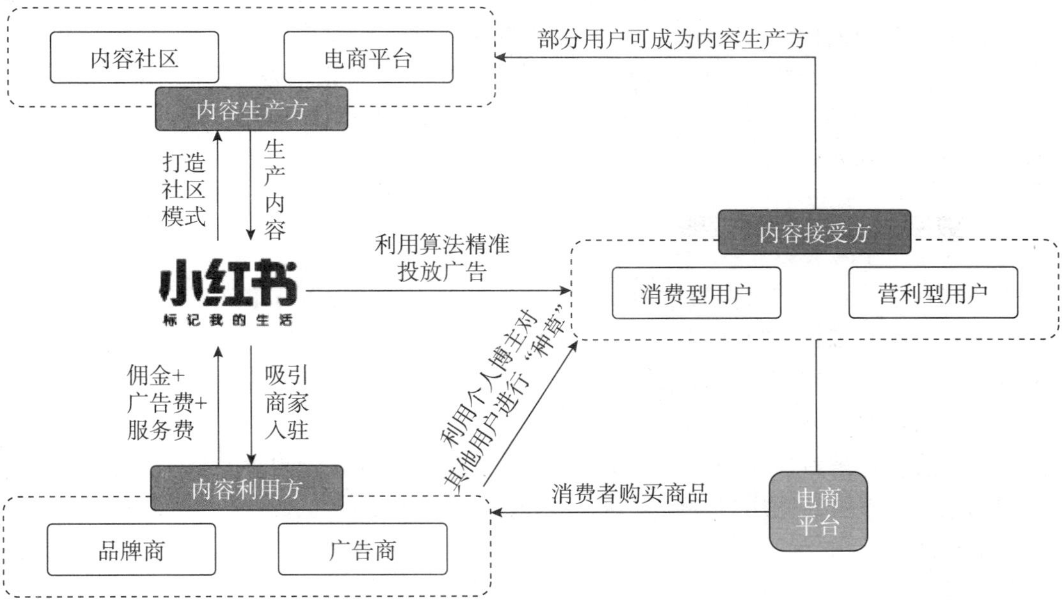

图 6-7 小红书的商业模式

在平台上发布大量内容，如内容社区中的用户发布笔记、电商平台中的商家发布商品，以吸引更多用户进入平台。其次，随着用户不断增加，消费需求增多，平台会利用交叉网络效应吸引更多商家，包括品牌商、广告商入驻。品牌商和广告商也被称为内容利用方，它们会与平台中的个人博主合作，通过在博主发布的内容中穿插广告的方式推广商品，并在小红书的电商平台中销售商品。再次，小红书作为一个平台中介，一方面通过对用户免费并深挖自身的内容优势，不断推出新的标语以吸引更多感兴趣的用户，从而打造一个社区；另一方面借助社区的生态环境，提高用户购买欲望并利用算法精准将广告投放给用户以引导其购物。最后，平台中的消费者即内容接受方根据自己的需求购物。

作为一个典型的多边平台，小红书的独特之处是：作为内容接受方的最终用户可以同时作为内容生产者和消费者，用户也可以利用平台营利。小红书的用户可以分为两类：一类称为消费型用户。他们将小红书视为社交媒介，在平台上交友、娱乐、购物、分享日常等。这部分人往往是商家销售的对象，平台一般利用算法分析向该类用户精准投放广告以引导其购物；另一类称为营利型用户，即粉丝较多的用户，又称为个人博主。他们也会利用平台购物，但主要还是将平台视为营利的渠道，发布内容并获得流量，随后与广告商进行合作，使用图文或短视频等方式对消费者进行“种草”，以推广广告商的产品。

小红书也会出于吸引更多用户并扩大平台交易量的目的，实行不平衡的价格结构。平台向用户免费，但会不断收集消费者用户数据并不断优化算法，以实现广告精准投放和商品个性化推送，从而吸引更多消费者和商家，通过向电商平台商家、广告商等收费来获利。小红书的收入来源主要有以下几个：一是向电商平台商家收取佣金。当电商平台与消费者达成交易，实现销售收入时，小红书会通过收取佣金获利。二是向广告商收取广告费。小红书向广告商收取入驻平台的费用并为广告商提供广告投放服务，包括品牌推广、内容创意、社群运营等，从中获得收入。三是向品牌商和广告商收取服务费。当品牌商、广告商将从小红书上获得的收益提现时，需要向平台交一定比例的服务费。总的来说，小红书的利润主要是广告费。例如，2021 年，小红书的广告费收入为 120 亿元，电商佣金和服务费收入为 20 多亿元。从收入结构看，广告收入占总收入的 80%左右，电商佣金和服务费收入占总收入的 20%左右。

6.3.2 数字平台的商业策略

要建立一个具有双边市场属性的数字平台，首先需要解决“先有鸡还是先有蛋”的难题，随后需要不断维持用户基础，强化竞争优势。为此，数字平台在培育阶段和成熟阶段会采取独特的定价方式和商业策略行为。

（1）平台培育阶段。

在培育阶段，平台需要解决“先有鸡还是先有蛋”的问题，也就是解决平台两侧用户的协调问题，将平台两侧用户群聚集到一起并让其相互作用，从而产生平台两侧用户相互强化的催化效应。由于平台具有交叉网络效应，因此只有两侧用户的数量达到用户临界规模才会触发催化效应，使平台实现自我强化的持续增长。在图 6－8 中，$OC'C''$三角展示了平台达到用户临界规模的均衡增长路径。当初创平台的两侧用户规模达到 $C'C''$的用户临界规模后，就会形成交叉网络效应的正反馈机制，从而产生催化效应，最终走向长期均衡。相反，在平台发展过程中，任何一方参与者的数量过多或过少都会导致平台规模迅速收缩，从而形成负反馈机制。

为解决“先有鸡还是先有蛋”的问题，平台通常可以采用以下几种商业策略：

一是单大用户或双大用户策略。单大用户策略就是只要求平台的任意一侧存在一个有较大影响力的用户，通过它来吸引到足够多的另一侧用户的策略。双大用户策略就是在平台两侧各找一个有影响力的用户，从而实现双侧吸引的策略。

二是两步走策略。两步走策略就是先招募平台一侧用户，再招募另一侧用户。这种策略对于以广告收益为利润支撑的媒体平台或搜索平台来说比较可行，如搜索平台可以首先提高用户浏览量，然后吸引广告商，进而实现交叉网络效应的正反馈机制。

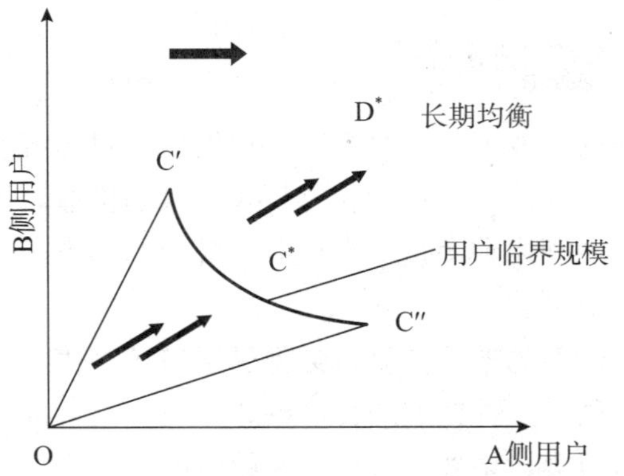

图 6－8　平台用户临界规模的实现路径和催化效应

三是自主供给下的曲折向前策略。自主供给下的曲折向前策略是指在平台初创阶段，由平台充当平台一侧经济主体的策略。比如，Youtube、优酷等视频平台在上线之初会将自己制作或购买的视听资料放在平台上供浏览者观赏，待浏览者数量达到一定规模时，平台再引入广告商，并开放第三方视频内容的上传权限。

四是不对称收费。淘宝平台在发展初期主要通过向消费者发放红包来吸引大量的消费者加入平台。滴滴刚刚兴起时，平台先后向司机和乘客发放了大量补贴，以达到用户临界规模。

（2）平台成熟阶段。

解决了平台两侧用户的协调问题，实现了两侧用户数量的积累，并不意味着平台就可以一劳永逸，一直处于竞争优势地位。因此，平台需要采取科学的竞争策略来维持优势地位。

一是产品差异化策略。面对市场竞争压力，平台可以采取产品差异化策略，强化产品和服务的独特性，提高用户转换成本，以此强化竞争优势。

二是个性化营销策略。为了留住用户，平台需要提高用户的忠诚度，为此平台采用的主要手段是基于大数据和人工智能技术实行精准的个性化营销，通过提升消费者用户的消费体验来实现用户锁定。

三是捆绑让利与搭售策略。捆绑让利就是在售卖一种产品或服务的同时强制消费者购买另外一种产品或服务，从而使消费者获得一定优惠的方式。搭售则是指消费者在购买一种产品或服务时，卖家同时搭配另外一种产品或服务进行售卖，消费者可以选择搭售的商品组合，也可以不选择搭售的商品组合。捆绑让利与搭售策略会增强支配平台的竞争优势，但如果支配平台实施的捆绑让利与搭售策略造成了对竞争者的封锁，则会构成反垄断法所禁止的非法滥用。

四是独家交易协议策略。平台可能会采取独家交易协议策略，使平台用户只能与其进行交易，而不能与竞争对手进行交易。但是，支配平台实施的独家交易协议策略如果构成对竞争者的封锁，则属于反垄断法所禁止的非法滥用。

五是平台生态策略。平台通过与众多外部企业建立互补性的商业合作来实现多领域扩张，增强基于生态的竞争优势。

> **知识链接**
>
> 字节跳动的营收荣登中国第一，它是怎么做到的？

6.3.3 数字平台商业模式的价值创造

数字平台作为一种新的商业模式，要实现快速发展和对传统经济模式的强势替代，就必须具备明显的比较优势，即能为平台参与方带来更大的价值。数字平台商业模式具有重要的价值创造功能，其既能利用数字技术实现对经济资源的更高效利用，也能通过降低交易成本和市场深化实现价值创造。

（1）数字平台通过创造新的市场交易机会促进了市场深化。

数字平台的出现本身就是一种典型的交易模式创新，它形成了经济要素的新组合，并创造了大量新的商业交易机会，拓展了市场交易的深度和广度。由于数字平台在很大程度上摆脱了物质生产能力的约束，因此其能够在更大范围内快速、高效地组织产品或服务供应。同时，数字平台还是不同群体相互作用的中介。如果没有数字平台，那么这些相互作用将无法实现，或者需要支付更高的生产成本或交易成本才能实现。数字平台有效解决了市场运行中的交易协调问题，提供了个性化的营销、实时的沟通、可信和快捷的支付、物流等附属服务，建立了声誉反馈机制等，从而使数字平台的交易双方以更低的成本实现了有效的协调。在上述意义上，数字平台是市场的制造者和交易的匹配者。因此，平台商业模式的出现和发展深化了市场交易，并为微观主体和整个社会创造了新的价值。

（2）数字平台利用数据信息实现了更高效的供需匹配。

在数字经济中，市场具有高度异质性。不仅卖方提供的产品或服务高度差异化，而且买方的需求也具有非常强的个性和特殊性。因此，实现买卖双方之间在产品或服务、价格、消费时间等方面的最佳匹配必须解决信息不匹配和不完善问题。对社会来说，搜寻成本是一种无谓损失，在搜寻成本较高的情况下，供应商和消费者的状况都会恶化。降低搜寻成本可以提升社会总福利，并使生产者和消费者的福利都得到提升。数字平台的基本角色是信息集中者和任务分配者。数字平台不仅提供在线虚拟交易场所，还收集关于生产者产品供应和消费者偏好的数据，并基于这些数据实现更有效率的供需匹配。这会明显降低搜寻成本，而搜寻成本的降低会同时提高生产者和消费者的福利。数字平台的搜寻和匹配功能的实现根本上取决于平台对大数据的掌握能力和开发利用能力，其核心技术基础是大数据技术、人工智能技术和算法算力。

（3）数字平台采用多种治理手段显著降低了市场运行的交易成本。

相对于传统的商业模式，数字平台商业模式在对大量数据进行处理、分析和利用，以实现最佳供需匹配的同时，还必须保证数字平台中的交易以更低的成本实现。数字平台充分利用大数据技术手段和平台治理制度，有效降低了交易成本，使传统上由于交易成本过高而无法实现的交易能以较低的成本实现，有效减少了经济主体的机会主义行为对市场交易的阻碍，增强了经济主体对市场交易的信任。一方面，数字平台对交易成本的降低具体体现为：它降低了交易搜寻成本、证明成本、匹配成本、声誉成本等，形成了新的市场交易规则和更好的交易秩序。另一方面，数字平台往往通过制定交易规则来构建可信的交易环境，数字平台的私人规制者角色在很大程度上也降低了传统政府行政监管的成本和对经济的负面影响，实现了更有效的交易秩序治理。从这个意义上来说，数字平台是市场交易的信任构建者和私人交易秩序的规制者。

(4) 数字平台实现了生态系统的价值共创和价值共享。

数字平台可以促进不同群体之间的相互联结，从而为不同群体提供更多的交易机会，实现价值共创和价值共享。对于商业用户来说，数字平台能够简化支付程序、降低物流成本、提高买方和卖方沟通的有效性以及开展具有针对性的广告营销活动。对于消费者来说，数字平台降低了搜寻成本，便利了消费者进行价格比较和产品比较，为消费者提供了更多样化的选择、更具竞争力的价格和更便利的服务。在多边平台市场中，平台、消费者、商家、服务商、协作者共同构成了平台生态系统。数字平台是整个生态系统的基础，为消费者、商家、物流企业、支付机构、软件开发者、信息技术硬件提供者、相关合作者等提供了协同发展和共享价值的基础。

6.4　数字平台的发展政策

6.4.1　中国数字平台发展的经济贡献

以数字平台为基础的平台经济在促进中国经济稳定增长和高质量发展方面发挥了重要作用。

(1) 数字平台极大地促进了消费增长。

目前，数字平台成为引领消费的重要引擎。数字平台不断涌现的新业态和新服务满足了消费者个性化、多样化和品质化的消费需求，推动了消费扩容提质，成为推动消费需求增长的重要力量。根据国家统计局的数据，2015—2021 年间，中国社会消费品零售总额由 30.1 万亿元上升到 44.1 万亿元，增加了 14 万亿元，其中 7.6 万亿元是由电商平台贡献的。国家信息中心发布的数据显示：2021 年，在线外卖收入占全国餐饮业收入的比重约为 21.4%，同比提高 4.5 个百分点；在交通出行领域，网约车客运量占出租车总客运量的比重约为 31.9%。国家统计局发布的数据显示：2022 年，全国网上零售额达 13.79 万亿元，同比增长 4.0%。其中，实物商品网上零售额同比增长 6.2%。

(2) 数字平台创造了大量就业机会。

数字平台在增加就业方面发挥了重要的作用，平台经济的发展不仅创造了大量新的就业岗位，也为劳动者提供了大量灵活就业的机会。平台企业用工形式灵活，具有较强的包容性，创造了更多的就业机会，增加了劳动者收入。根据国家统计局的数据，2022 年，全国外卖送餐人员数量大概为 1 300 万人。据《2023 中国数字经济前沿：平台与高质量充分就业》这一研究报告的不完全统计，以微信、抖音、快手、京东、淘宝、美团、饿了么等为代表的平台，2021 年为中国净创造就业岗位约 2.4 亿个，为当年约 27%的中国适龄劳动人口提供了就业机会。在共享经济行业，2020 年服务提供者约为 8 400 万人，平台企业员工数约为 631 万人。在网约车行业，目前全国已经累计发放网约车驾驶员证 439.2 万本、车辆运输证 176.2 万本。

(3) 数字平台促进了数字技术创新。

大型数字平台是数字技术创新的引领者。在云计算、大数据服务、人工智能等数字技术创新中，大型数字平台扮演了引领者角色。数据显示，2021 年，中国主要大型数字科技平台企业的平均研发投入占销售收入的比重达 10.0%，最高达 20.0%，成为中国数字前沿技术领域的重要创新力量。

(4) 数字平台极大地提升了我国的国际竞争力。

大型数字平台是一个国家经济实力、科技实力和商业竞争力的集中体现，以阿里、腾讯、美团、滴滴、抖音等为代表的中国大型数字平台已经成为具有全球影响力的平台企业。我国数字平台的国际竞争力目前仅次于美国，位居全球第二。

6.4.2 中国数字平台发展政策演变

中国数字平台发展的过程也是平台经济发展与政府政策互动的过程，具体可以分为三个阶段：以电子商务为中心的发展和准入监管阶段、数字平台爆发式增长和包容审慎监管阶段、市场垄断化和常态化监管阶段。

(1) 以电子商务为中心的发展和准入监管阶段（1994—2005 年）。

20 世纪 90 年代末，以搜狐、网易和新浪等为代表的门户网站开启了中国互联网的“门户时代”。2003 年，淘宝平台上线标志着中国平台电商模式的开启。在此阶段，国家发展政策的重点是促进电子商务的发展。2005 年发布的《国务院办公厅关于加快电子商务发展的若干意见》明确提出了加快电子商务发展的基本原则，强调着力营造电子商务发展的良好环境，充分发挥企业在开展电子商务应用中的主体作用，实施跨越式发展战略，并提出要加快电子商务体系中的信用、认证、标准、支付和现代物流体系建设，构建有利于电子商务发展的支撑体系。政府主要针对电子商务经营主体资格等进行准入监管，为此颁布了《全国人民代表大会常务委员会关于维护互联网安全的决定》《中华人民共和国电信条例》《互联网信息服务管理办法》《互联网上网服务营业场所管理条例》《中华人民共和国电子签名法》等有关法规。

(2) 数字平台爆发式增长和包容审慎监管阶段（2006—2020 年）。

2005 年，百度在纳斯达克上市；2014 年，阿里在港交所上市。这标志着中国数字平台发展实现了重大突破。阿里、腾讯、百度等大型数字平台企业在电子商务、社交网络和网络游戏、搜索引擎等领域形成了领先格局，其他中小型互联网平台也大量涌现，它们的商业模式涵盖购物、社交、电子支付、金融、搜索、出行、视频、游戏娱乐、医疗等各个领域。

在此阶段，政府监管政策主要遵循包容审慎监管原则。包容审慎监管原则是 2017 年时任国家总理李克强在当年两会政府工作报告中首次提出的，即为加快培育壮大新兴产业，应本着鼓励创新、包容审慎的原则，制定新兴产业监管规则。2017 年 1 月，国务院发布的《“十三五”市场监管规划》明确提出对数字经济要坚持审慎监管的基本原则，强调要以鼓励创新、促进创业、推动数字经济发展为目标。根据包容审慎监管原则，2019 年，《国务院办公厅关于促进平台经济规范健康发展的指导意见》提出，持续深化“放管服”改革，围绕激发市场更大活力，聚焦平台经济发展面临的突出问题，遵循规律、顺势而为，加大政策引导、支持和保障力度，创新监管理念和方式，落实和完善包容审慎监管要求，推动建立健全适应平台经济发展特点的新型监管机制，着力营造公平竞争的市场环境。

(3) 市场垄断化和常态化监管阶段（2021 年以来）。

数字平台企业的快速发展使市场发展呈现出明显的垄断化趋势，进而出现了一些影响市场竞争和消费者福利的垄断行为，如“二选一”和“大数据杀熟”等滥用行为及导致市场集中的企业并购等行为。对此，2020年中央经济工作会议明确将“强化反垄断和资本无序扩张”作为重点任务，强调规范和发展并重的监管新要求。2021年12月，国家发展改革委等部门联合发布了《关于推动平台经济规范健康持续发展的若干意见》，文件提出应坚持发展和规范并重，遵循市场规律，着眼长远、兼顾当前，补齐短板、强化弱项，适应平台经济发展规律，建立健全规则制度，优化平台经济发展环境。由此，我国将强化对数字平台的反垄断作为政府监管重点，掀起了针对大型数字平台的反垄断监管运动。

2021年2月发布的《国务院反垄断委员会关于平台经济领域的反垄断指南》对平台经济领域反垄断突出问题做出了立法规定。2022年6月24日，十三届全国人大常委会第三十五次会议审议通过修正后的《反垄断法》，对数字经济反垄断做出立法回应。国家反垄断执法部门重点查处了阿里“二选一”案、美团“二选一”案、知网垄断案等典型案件。同时，国家网信办对滴滴侵犯个人数据隐私和影响数据安全的行为做出了相应处罚。

2022年7月28日，中共中央政治局会议强调“要推动平台经济规范健康持续发展，完成平台经济专项整改，对平台经济实施常态化监管，集中推出一批‘绿灯’投资案例”。2023年1月13日，全国市场监管工作会议强调，要切实提高常态化监管水平，推动平台经济规范健康持续发展，支撑平台企业在引领发展、创造就业、国际竞争中大显身手。由此，实施常态化监管成为平台经济监管政策的基本走向。

本章小结

数字平台的经济性功能是促成供需匹配的交易，同时数字平台还兼具数据信息采集和分发的技术性功能和平台生态治理的制度性功能。数字平台具有典型的双边市场特性。双边市场是指平台作为中介机构，通过技术匹配两侧用户并降低交易成本使两侧用户在交流互动中获益的市场。同时，双边市场中一侧用户的效用（或收益）取决于另一侧用户的数量，平台所实现的交易总量主要与两侧用户的价格结构有关，而与平台总价格无关。

不同类型平台具有差异化的商业模式，但都重点关注如何吸引平台用户以达到用户临界规模并实现基于交叉网络效应的正反馈机制。不平衡的价格结构是实现上述目标的最主要商业策略。数字平台的商业策略在平台培育阶段和平台成熟阶段有所不同。在平台培育阶段，最重要的是确保达到用户临界规模，产生经济催化效应；在平台成熟阶段，则通常采取产品差异化策略、个性化营销策略、捆绑让利与搭售策略、独家交易策略、平台生态策略等竞争策略。

以数字平台为基础的平台经济在促进中国经济稳定增长和高质量发展方面发挥了重要作用，主要体现为促进消费增长、增加就业和提升国际竞争力。中国数字平台发展的过程也是平台经济发展与政府政策互动的过程，具体可以分为三个阶段：以电子商务为中心的发展和准入监管阶段、数字平台爆发式增长和包容审慎监管阶段、市场垄断化和常态化监管阶段。

主要概念

数字平台　双边市场　交叉网络效应　价格结构　商业模式　价值创造

复习题

1. 数字平台的经济属性是什么?
2. 双边市场的类型有哪些?
3. 数字平台是如何创造价值的?
4. 中国的数字平台发展政策是如何演变的?

推荐阅读文献

ARMSTRONG M. "Competition in Two-sided Markets." *RAND Journal of Economics*, 2006, 37 (3).

BELLEFLAMME P, PEITZ M. *Industrial Organization*. Cambridge: Cambridge University Press, 2015.

CAILLAUD B, JULLIEN B. "Chicken & Egg: Competition among Intermediation Service Providers." *RAND Journal of Economics*, 2003, 34 (2).

EVANS D. "The Antitrust Economics of Multi-Sided Platform Markets." *Yale Journal on Regulation*, 2003, 20 (2).

EVENS D S. *Platform Economics: Essays on Multi-sided Businesses*. South Carolina: Create Space Independent Publishing Platform, 2011.

ROCHET J C, TIROLE J. "Platform Competition in Two-sided Markets." *Journal of European Economic Association*, 2003, 1 (4).

唐要家. 数字平台的经济属性与监管政策体系研究. 经济纵横, 2021 (4).

第七章

数字市场价格机制

章前导语

由于数字经济具有独特的运行规律，因此数字市场的商品或服务具有明显不同的定价机制，由此也引出了一系列有待研究的问题。首先，作为双边市场的数字平台需要重点关注价格结构问题，即如何对平台两侧用户分别定价的问题。其次，数字市场中很多商品或服务往往是免费向消费者提供的，存在大量的零价格现象。为什么数字市场会大量出现零价格现象呢？再次，随着大数据和人工智能技术的发展，在数字市场中，大量数字商务企业采用定价算法自动定价。这会对市场价格机制产生何种影响？如何认识寡头算法定价的价格合谋风险呢？最后，数字商务企业普遍利用大数据和人工智能算法来实现对单个消费者的精准营销，特别是实行个人化定价。那么对消费者而言，个人化定价是有害的吗？对上述问题的回答需要深入理解数字市场的定价机制。

学习目标

掌握双边平台不平衡价格结构的影响因素及具体形式；

掌握数字商品零价格的动机和企业盈利模式；

理解算法定价的影响及寡头市场算法价格合谋及反垄断监管政策；

理解算法个人化定价的实施条件、福利影响及反垄断监管政策。

7.1 双边平台价格结构

在数字经济中，由于数字平台是典型的双边市场，因此数字平台的定价不仅需要考虑总体价格水平，更重要的是要考虑价格结构。在多边平台中，价格结构是指平台对不同侧用户的收费水平或者收费比例。价格结构的设计科学与否在很大程度上决定了数字平台能否成功立足于市场并获得快速发展。

在单边市场，价格结构是平衡的，这主要是因为一侧用户价格的上涨会转嫁给另一侧用户，因此只有价格水平才能决定交易量和市场均衡的福利结果。而在价格水平不变的情况下，价格结构调整不影响交易量和市场均衡结果。在双边市场，价格结构是影响交易量的决定性因素，平台对单侧用户的定价不仅需要考虑服务成本和需求，更多的是需要考虑该侧用户对交叉网络效应的贡献，即其对另一侧用户的吸引力的大小。在交叉网络效应下，双边平台有可能对A侧用户免费或设定低于边际成本的价格，这会吸引更多的A侧用户。同时，由于A侧用户具有较强的交叉网络效应，更多的A侧用户又会吸引更多的B侧用户参与平台交易，从而扩大平台交易量并提高平台的收入。因此，双边平台在对一侧用户设定零价格或低于边际成本的价格的同时，对另一侧用户收取显著高于边际成本的价格的不平衡的价格结构成为平台实现交易量最大化和价值创造最大化的重要机制。价格结构成为多边平台最为重要的定价决策，不平衡的价格结构则是双边平台定价的基本方式。

7.1.1 双边平台不平衡的价格结构的影响因素

为了更好地说明双边平台不平衡的价格结构，我们这里介绍阿姆斯特朗（2006）提出的双边平台制定不平衡的价格结构的经典模型。阿姆斯特朗的基础模型假设平台两侧的用户群体分别为A和B。平台对两侧用户交易收取的服务费分别为 p_A 和 p_B，两侧用户的需求分别为 $n_A(p_A,\ p_B)$ 和 $n_B(p_B,\ p_A)$，需求弹性分别为 η_A 和 η_B。假设平台向用户提供服务的单位可变成本为 c_i。

假设平台两侧单个用户参与平台交易的效用函数分别为：

$$u_A=\alpha_A n_B-p_A,\ u_B=\alpha_B n_A-p_B \tag{7-1}$$

在公式（7-1）中，α 是网络外部性参数，表示用户参与平台交易所获得的交叉网络效应的强度，$\alpha_A n_B$ 和 $\alpha_B n_A$ 分别表示一侧用户从另一侧用户数量中获得的效用。

假设平台的利润函数为：

$$\pi(u_A,u_B)=n_A(p_A-c_A)+n_B(p_B-c_B) \tag{7-2}$$

假设每侧用户的总效用为 $V(u)$，社会总福利函数为：

$$W=\pi(u_A,u_B)+V_A(u_A)+V_B(u_B) \tag{7-3}$$

根据公式（7-1）和（7-2），我们可以求得社会总福利最大化下平台对两侧用户的定价分别为：

$$p_A=c_A-\alpha_B n_B,\ p_B=c_B-\alpha_A n_A \tag{7-4}$$

公式（7-4）表明，在社会福利最大化条件下，平台对单侧用户的定价主要受两个因素的影响：一是服务边际成本。服务边际成本的增加会提高平台对单侧用户的定价。二是单侧用户对交叉网络效应的贡献（即A侧用户对B侧用户产生的交叉网络效应）。单侧用户对交叉网络效应的贡献增大会降低平台对其的定价。因此，在社会总福利最大化条件下，平台最优定价是每侧用户的服务边际成本减去其对交叉网络效应的贡献。因此，与单边市场的最优定价条件不同，双边市场的平台利润最大化定价条件不再是价格等于边际成本，而是背离了边际成本定价原则。对数字平台来说，其对用户的服务边际成本是相对较低的，因此交叉网络效应成为决定平台最优价格结构的主要因素。

根据公式（7-1）和（7-2）可得，垄断平台在利润最大化条件下对两侧用户的定价分别为：

$$\frac{p_A-(c_A-\alpha_B n_B)}{p_A}=\frac{1}{\eta_A},\ \frac{p_B-(c_B-\alpha_A n_A)}{p_B}=\frac{1}{\eta_B} \tag{7-5}$$

公式（7-5）说明，垄断平台利润最大化定价仍遵循逆弹性定价法则，即在交叉网络效应和服务边际成本给定的情况下，平台对价格弹性较大的一侧用户收取相对较低的价格，对价格弹性较小的一侧用户收取相对较高的价格。

对公式（7-5）进行整理，垄断平台在利润最大化条件下对两侧用户的定价可以重新表述为：

$$p_A=(c_A-\alpha_B n_B)+\frac{p_A}{\eta_A},\ p_B=(c_B-\alpha_A n_A)+\frac{p_B}{\eta_B} \tag{7-6}$$

假设 $\mu_i=p_i/\eta_i$，$i=A, B$，对上式进行进一步简化可得出，为实现垄断利润最大化，平台对单侧用户的定价公式为：

$$p_i=c_i-\alpha_j n_j+\mu_i \tag{7-7}$$

公式（7-7）中的 μ_i 具有与勒纳指数相同的含义，反映的是平台的市场势力的大小。公式（7-7）的结果说明，垄断平台在利润最大化条件下对单侧用户的定价取决于三个因素：平台的服务边际成本、单侧用户对交叉网络效应的贡献和平台的市场势力。

首先，在平台的服务边际成本和市场势力给定的情况下，追求利润最大化的垄断平台向单侧用户收取的价格与该侧用户对交叉网络效应的贡献负相关，即该侧用户对交叉网络效应的贡献越大，则平台向该侧用户收取的价格就越低，反之，则收取的价格就越高。这个结果可以很好地解释为什么淘宝等电商平台对消费者免费而向商家收费，搜索引擎、社交媒体等广告支持平台对消费者免费而向广告商收费，以及在线交友平台对女性免费而向男性收费。

其次，在平台的服务边际成本和单侧用户对交叉网络效应的贡献给定的情况下，平台的市场势力越大，则平台向用户收取的价格也相对越高。公式（7-7）显示，平台对单侧用户的定价仍遵循逆弹性定价法则。对公式（7-4）的社会福利最大化结果和公式（7-7）的垄断平台利润最大化结果进行比较可以发现，垄断平台利润最大化的价格结构与社会福利最大化的价格结构并不完全相同。追求垄断利润最大化的平台对单侧用户的定价除受平台的服务边际成本和该侧用户对交叉网络效应的贡献的影响外，还受到平台的市场势力的影响，即平台的市场势力会使其定价结构扭曲，平台对单侧用户的市场势力越大，则其对该侧用户收取的价格就越高。

数字平台不平衡的价格结构，使传统单边市场的一些定价理论不再适用于双边市场。传统单边市场的定价理论主要有以下几个：一是企业基于成本定价，凡是严重背离成本的定价就是非法的垄断定价或掠夺性定价；二是市场竞争一定会降低价格，使消费者成本降低；三是在企业垄断的情况下，政府干预价格或价格结构会提升消费者福利或社会总福利。因此，不能将传统单边市场的定价理论运用到多边市场，尤其不能将单侧用户支付价格的高低作为合法与否的判定依据，而要从两侧用户价格结构的角度来分析单侧用户的付费是否合理。

7.1.2 双边平台不平衡的价格结构的具体形式

在商业实践中，双边平台通过区分不同侧用户的需求价格弹性设定不平衡的价格结构，常见的不平衡的价格结构形式有：

(1) 用户免费—广告商付费。

搜索引擎平台，如百度、谷歌和必应等，其主要功能是连接用户和广告商，使其实现互动。它们采用的不平衡的价格结构形式是用户免费—广告商付费。搜索引擎平台采用竞价排名方式，通常将愿意支付更高价格的广告商的广告安排在网站首页或搜索结果的前列。网易、新浪、搜狐等门户网站平台通常也采用用户免费—广告商付费的价格结构形式。

(2) 消费者免费—商家付费。

在淘宝、京东、亚马逊、eBay 等线上购物平台上，消费者可以免费浏览商家发布的商品信息，但当消费者和商家达成交易时，平台会向商家收取一定比例的交易佣金。同时，随着平台用户数量的增加和平台拥挤程度的上升，平台也会采用竞价排名等方式。例如，天猫商城推出了“直通车”推广活动，商家如果付费加入“直通车”推广活动，其店铺的商品就会有更大的曝光量，而且更加精准的搜索匹配结果也会给商品带来精准的潜在买家。

(3) 一侧用户免费—另一侧用户收费。

在百合网和世纪佳缘等在线交友平台上，平台针对女性用户的收费标准通常要比针对男性用户的收费标准低，且女性用户能够免费查看的男性用户信息的数量要比男性用户能够免费查看的女性用户信息的数量多很多。这是因为女性会产生更为显著的交叉网络效应，因此平台通过免费或低价吸引更多的女性用户，进而吸引更多的男性用户并从对男性用户的高收费中获利。

7.1.3 不平衡的价格结构是否有害

总体来说，数字平台不平衡的价格结构是一种促进数字平台发展和提高社会总福利的定价机制。对两侧用户实行不平衡的价格结构是数字平台最主要的定价方式。其具体做法是：平台对一侧用户免费，而向另一侧用户收费，通过不平衡的价格结构吸引用户并弥补服务成本。在消费者免费或支付低价格而商家付费的不平衡的价格结构下，市场交易并不会出现“一方受益而另一方受损”的零和博弈结果，而会由于交叉网络效应的存在，吸引广告商选择该平台。不平衡的价格结构基于平台两侧用户之间的交叉网络效应的正反馈机制提高了社会福利。因此，不平衡的价格结构可以同时提高生产者剩余和消费者剩余，并且生产者剩余的提高并不是以占有消费者剩余为代价的。但在特定情况下，不平衡的价格结构也可能成为一种支配企业的剥削性滥用行为。

数字平台对不同侧用户收费不同这种不平衡的价格结构是否违反反垄断法，是数字平台反垄断方面尚未解决的政策难题。在不平衡的价格结构下，付费较多一侧的用户往往会以高收费侵害了自身的利益为由要求反垄断机关对这种不合理行为进行干预，以维护自身的利益。那么反垄断机关应如何区分合法的不平衡的价格结构和非法的不平衡的价格结构呢？

例如，2020 年疫情爆发期间，美团仍对餐饮商家征收占交易额 20%左右的交易佣金，这引发了广东餐饮协会与美团的争端。2020 年 10 月，美国国会司法委员会在针对四大数字经济高科技巨头的反垄断调查报告中指控，苹果公司利用应用商店的市场支配地位向付费下载 App 的开发者收取 30%的高佣金，亚马逊公司对平台商家实行不公平交易条款并收取超过竞争水平的佣金。这些案例引发的问题是：数字平台对一侧用户收费高、对另一侧用户收费低的不平衡的价格结构在何种情况下可能会构成一种非法的滥用行为？

我国于 2021 年发布的《国务院反垄断委员会关于平台经济领域的反垄断指南》第十二条针对不公平价格行为做出了规定，指出分析不公平价格行为可以归纳为两种方法：一是可比较的方法，即价格是否明显高于可比较平台或可比较市场中的价格；二是价格是否明显偏离正常的成本变动或价格变动。这些因素显然不适用于具有双边市场属性的数字平台，原因包括：首先，数字平台市场往往具有典型的“赢家通吃”的市场结构，很难找到合适的可比较标准。其次，正如本节所指出的，影响平台定价水平的因素包括平台的服务边际成本、单侧用户对交叉网络效应的贡献、平台的市场势力。判定不平衡的价格结构是不是一种不公平行为必须综合考虑这三个因素的影响，即判定重点是价格结构是否合理地反映了双边市场的经济合理性。对此，目前的经济学界尚没有提出一种可行的、简便的判定方法。

知识链接

美团向商户收取的佣金是不是不公平高价格？

7.2　数字商品零价格

7.2.1　数字商品市场的零价格现象

商品零价格或免费是数字商品市场的一个常见现象，典型的如消费者在使用百度、谷歌等搜索引擎，微信、微博、推特等社交媒体，谷歌地图、高德地图、百度地图等在线地图，抖音、小红书等数字内容平台，以及大众点评等应用软件的时候，都不用付费，即平台向消费者收取的价格是零。在传统的经济学教科书中，经常出现的一句话是“天下没有免费的午餐”，即市场中不会存在免费的商品。那么，数字商品市场为什么会出现零价格现象呢？在数字市场中，数字平台实行零价格主要是出于以下几个原因：

(1) **零边际成本下的定价。**

数字商品往往是以软件的形式存在的，数字商品的生产往往具有高固定成本和近乎为零的边际成本。在给定固定成本的情况下，平台企业只要能迅速增加用户数量，就可以实现近乎为零的边际成本。零边际成本为企业向消费者提供免费商品或服务奠定了基础，从而使零价格成为一种可能。显然，数字经济发展所带来的零边际成本及其基础上的零价格会显著提升消费者福利。当然，企业为了补偿固定成本，在通过零价格实现用户规模扩大后，可以通过增值服务等方式来获得利润，即实现用户基础或用户流量的变现。

(2) **质量价格歧视定价。**

对多产品企业来说，免费商品是一种质量价格歧视定价方式。垄断企业仅对高需求弹性用户免费，而对低需求弹性用户收费。典型的如 QQ 音乐对大多数用户免费，但是对想要享受更高品质歌曲的用户收费。PDF reader、Adobe、Mathtype 等软件的生产企业也都采用相似的三级价格歧视定价策略，对基础版免费，但是对功能完备的升级版收费。零价格还是一种捆绑定价的方式。由于互补品只有合在一起才能为消费者带来价值，因此企业对互补品中的一个产品免费，但是对另一个产品收费。此时，企业实行价格歧视定价可以获得比实行统一定价高的利润。

(3) **扩大用户基础的短期促销行为。**

由于数字经济具有非常强的网络效应，因此数字平台要顺利开展经营活动，就必须突破用户基础门槛要求，即平台只有吸引到足够多的用户，才能形成两侧用户相互吸引的正反馈机制。据此，在数字商品市场中，免费乃至负价格往往是平台企业在发展初期为了迅速吸引足够规模的用户，达到必要的用户基础规模，而采取的一种短期的市场策略。典型的如网约车业务刚刚在中国兴起时，滴滴就实施了“你打车我买单”的促销策略，支付宝在推广阶段采取了发红包策略等。在特定情况下，免费甚至可以被称为一种在位企业实施掠夺行为的方式，即通过免费来排斥竞争对手。当然，新进入市场的企业也可以通过零价格来抢占在位企业的市场份额，从而迅速进入市场。

(4) **双边平台不平衡的价格结构。**

向消费者用户提供免费商品或服务并不是平台企业的一种利他行为，而是一种利润最大化的决策行为。在以双边市场为主的平台商业模式中，平台两侧用户之间往往具有非常强的交叉网络效应，此时平台对消费者免费会吸引更多的消费者，从而吸引更多的广告商，然后通过向广告商收费来交叉补贴向消费者提供免费服务的成本并获得利润。在这种情况下，向一侧用户免费提供服务的成本实际是由另一侧用户承担的，对平台来说，这是为最大化交叉网络效应所采取的不平衡的价格结构或者是两侧用户之间的一种交叉补贴机制。

(5) **利他主义行为。**

在数字市场中，会出现非常多的利他主义行为。例如，在软件开发过程中，以 Linux 为代表的开源软件建立了开源社区，完全公开软件代码，以鼓励社区集体进行软件开发。维基百科、社会科学研究网（Social Science Research Network，SSRN）等都免费向消费者提供知识服务，一些知识传播平台也免费向用户开放。

7.2.2　零价格下的企业盈利模式

数字商品和服务交易的一个重要特征是消费者往往以零价格获取它们。由于数字商品或服务具有零边际成本和商品同质化特征，因此数字商品市场的竞争往往会产生完全竞争市场的结果，即企业的定价为 $P=MC=0$，消费者享受的是零价格的数字商品和服务。在传统经济学理论中，在零价格的情况下，市场的运行将面临巨大的问题，因为这将使商家无法通过收入弥补成本并盈利，从而无法形成市场。因此，在零价格的数字商品或服务市场中，所有企业面临的一个基本问题就是如何实现盈利。

在数字经济中，平台企业的盈利主要有以下几种实现途径：

一是向商家或消费者收费。例如，电子商务、在线旅游预订、滴滴等平台向商家收取单笔交易额的一定比例作为佣金；在线音乐平台等向消费者收取注册费或会员费。

二是向广告商收取广告费。典型的如搜索引擎、社交媒体等平台通常向广告商收费并对消费者免费，如脸书对消费者免费，其总收入中的 90%来自向广告商收取的广告费。

三是向高需求消费者收费。企业对消费一般商品或基础版商品的消费者免费，但是对消费差别化商品或升级版商品的消费者收费。

四是依靠用户或第三方捐款来获得收入以维持运营。例如，SSRN 是一个免费开放的社会科学领域学术论文在线数据库，平台通过公开募捐来获得运营经费。

综上，在大多数情况下，向消费者提供免费商品或服务并不是数字平台企业的一种利他主义行为，而仍然是一种利润最大化决策行为。

7.2.3　零价格的福利影响

在大多数情况下，数字经济市场的零价格会显著提高消费者福利，并促进企业之间的质量竞争，如 Linux 等开源软件对所有人开放源代码会极大地促进技术创新。但在消费者支付零价格的情况下，消费者的福利也可能会受损。在一些情况下，零价格可能会对消费者福利产生负面影响，主要体现为以下几种风险：

一是低质量供应风险。消费者消费的免费商品往往是低质量的商品或服务，有时这种低质量的商品或服务并不会提高消费者福利。例如，在新闻网站、在线视频等平台，尽管消费者可以免费观看数字内容，但是过多的插入广告实际上对消费者产生了负效用，导致消费者消费的是低质量商品。

二是剥削性定价或掠夺性定价风险。在具有市场支配地位的数字平台实行不平衡的价格结构的情况下，平台尽管对消费者免费，但是为了获取垄断利润，可能会向平台另一侧用户收取过高的价格，从而构成反垄断法所禁止的非法"过高定价"。零价格也可能会成为一种掠夺性定价方式。当零价格成为在位支配平台企业排斥竞争对手的一种掠夺性定价行为时，尽管消费者在短期内获得了好处，但是，一旦支配平台企业获得了稳固的市场垄断地位，其就会制定较高的价格，从而损害消费者的长期福利。在在位平台企业对商品或服务免费的情况下，通过创新进入市场的竞争者要获得用户基础，就必须免费提供商品或服务，这会使新进入的竞争者无利可图，从而产生市场封锁效应。

三是个人隐私被侵犯的风险。在零价格情况下，如果数字平台通过过度采集消费者个人数据并向广告商收费来获利，则此时会存在较大的消费者个人隐私受侵犯的风险。在数字经济中，消费者福利不再仅仅取决于其购买商品所支付的价格，还取决于个人隐私数据的受保护程度。过度采集和使用个人隐私数据会严重损害消费者福利。因此，需要完善个人隐私数据保护制度，赋予消费者合理的个人隐私数据权益，规范企业的数据采集和利用行为，以保护消费者的个人隐私不被侵犯。

7.2.4 零价格与消费者数据

在很多情况下，数字经济中的零价格并不是真正意义上的免费。因为消费者在消费免费商品或服务时，实际上付出了可以货币化的个人数据信息和具有一定成本的个人注意力。市场经济的本质是交易经济。在零价格商品和服务的交易中，尽管消费者支付的是零价格，但是消费者也付出了成本，即个人数据和个人注意力等。只不过由于个人数据市场缺乏交易机制，因此消费者支付的个人数据无法通过价格反映出来。

在数字经济中，消费者免费通常是指消费者不需要支付明显的费用，但这并不意味着消费者在消费商品或服务时不需要付出。由于数据成为数字经济中最重要且最有价值的资源之一，因此消费者在搜索引擎、社交媒体等平台上享受免费商品的同时，实际上也付出了关于其位置、偏好、人际关系和个人习惯等方面的个人数据，很多时候消费者甚至是在完全不知情的情况下向数字商务企业提供多维度的个人数据信息的。在某些情况下，如果消费者不提供个人数据，那么其就无法使用有关的商品或服务。在搜索引擎、社交媒体等广告支持的多边平台市场，消费者免费使用平台服务的同时也免费向平台提供了用户数据，这些数据是平台提升广告价值和开发新的服务的重要基础。平台通过对用户大数据的收集和利用设计出更个性化的服务和广告，从而增加收入和竞争力。

数据是数字经济中最有价值的要素投入。从某种意义上来说，在数字市场商品或服务免费的情况下，消费者提供的个人数据是一种隐性货币。例如，美国电信企业 AT&T 为使用户同意采集和使用其个人数据，而给予同意的消费者每月 29 美元的网络宽带费折扣，亚马逊也给予同意接受其目标广告的电子书读者一定的价格折扣。在一定程度上，个人数据可以被看作对免费使用商品或服务的一种货币补偿；否则，为了征得消费者同意，数字平台在采集利用消费者的个人数据时就需要向消费者付费。免费商品和免费采集数据的结合实际上省去了价格交易的过程。但是，如果企业未经消费者授权就擅自采集消费者个人数据，那么这种强迫消费者接受不合理的隐私条款或者过度采集利用消费者数据的行为就会构成对消费者个人隐私的侵犯。

7.3 算法定价与合谋

7.3.1 算法定价

随着在线交易电子商务的快速发展，越来越多的在线交易电子商务企业采用人工智能算法进行动态的自动定价。典型的如作为一个大型在线交易电子商务平台的亚马逊采用了大量的动态自动定价算法。亚马逊向其平台上的第三方卖家提供动态和自动的低价匹配算法，这种算法能帮助平台卖家及时匹配来自竞争对手的相同或相似商品的最低销售价格，从而使平台卖家在亚马逊上的商品在一天之内能根据竞争对手的定价进行多次调整。同时，亚马逊还利用算法来实施各种价格歧视定价，如亚马逊对 Prime 会员收取比非 Prime 会员更高的价格，对选择“免费单日送货”的客户提高价格，以及根据一天中各时间段的客户流量自动调整价格。

算法定价是企业基于大数据，采用人工智能算法对待售商品自动定价，从而实现利润最大化目标的定价方法。算法定价主要分为三类：一是基于竞争对手的动态定价。算法通过自动决策来动态地调整价格，以对竞争对手的定价做出反应。欧盟委员会（2017）的调查显示，大部分电子商务零售商都通过算法来追踪竞争对手的定价，其中三分之二的电子商务零售商采用自动定价的软件程序，基于竞争对手的定价来制定自己的商品或服务的价格。[①] 二是针对个人的个人化定价。基于采集的消费者在线行为数据，算法能够相对准确地推测出消费者的消费偏好、支付意愿（即愿意支付的价格）或价格敏感度，然后针对每个消费者设计个人化的价格或折扣。三是针对多产品的差异化定价。人工智能算法能根据不同产品对消费者价值感知的影响、与其他产品的相似性以及其他因素，来优化不同产品和相同产品不同类别的定价，制定最优的多产品价格结构。

在线上市场中，不仅大型电商平台实行算法定价，而且平台卖家也采用由专业公司开发的定价算法来进行算法定价。定价算法的大量应用导致市场中的价格调整频率大幅上升，从而显著提高了市场价格的波动性。例如，2013 年 11 月，亚马逊每天平均进行了 250 多万次价格调整。经济学家卡瓦洛（Cavallo，2018）对美国亚马逊线上市场价格数据进行分析后发现，定价算法的应用使正常价格调整周期由 2008—2010 年的平均 6.7 个月缩短到 2014—2017 年的平均 3.6 个月，促销价格调整周期由 2008 年的平均 5 个月下降为 2017 年的平均 3 个月（见图 7-1）。从具体行业来看，价格调整频率最高的是在线零售市场，并且主要是家用电器和家居产品。[②]

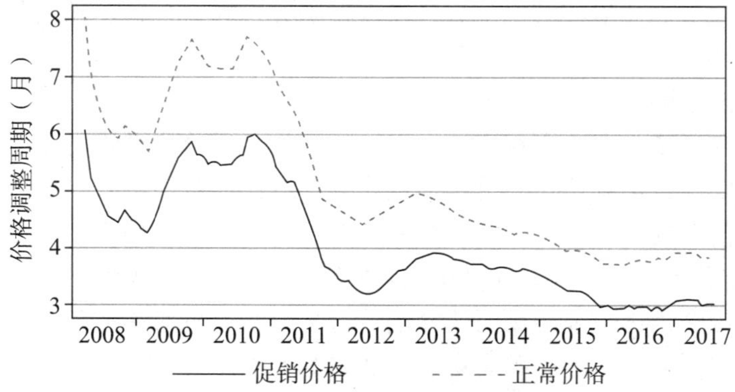

图 7-1 市场价格调整周期

① European Commission. *Report from the Commission to the Council and the European Parliament: Final Report on the E-commerce Sector Inquiry (2017)*, 2017.

② CAVALLO A E. “More Amazon Effects: Online Competition and Pricing Behaviors.” Working Paper No. 25138, 2018.

算法定价的应用可以提高市场运行效率，更好地实现供需的动态平衡。在实行算法定价的情况下，价格对市场供求变化的反应更加灵敏，这加快了市场出清的速度。特别是对于食品、机票、酒店客房等容易被浪费的商品而言，应用算法定价可以根据市场供求变化及时调整价格，减少供求失衡现象的发生。

在企业普遍应用算法定价的情况下，市场中的产品价格体现出显著的趋同性。同一商品在不同平台之间、线下和线上之间、不同在线卖家之间的价格差别显著缩小，并且市场价格呈现出明显的趋同化特征。线上市场商品价格的趋同说明，算法定价消除了消费者搜寻成本所带来的价格离散问题。

但是，在特定的寡头市场结构下，应用算法定价的企业能够根据竞争对手的价格变动及时地跟进调整，可能会产生价格合谋问题，从而扭曲市场竞争和损害消费者福利。同时，算法定价也可能成为一种支配企业剥削性定价的方式，会导致企业更多地占有消费者剩余，从而损害消费者福利。因此，在大规模应用定价算法时，既要看到其促进竞争和提高消费者福利的积极作用，也要注意其损害竞争和消费者福利的消极作用。

知识链接

亚马逊的
“尼斯湖水怪计划”

7.3.2 寡头市场算法价格合谋

算法价格合谋（简称算法合谋）是指寡头企业通过算法定价来实现及时、有效的价格协调和价格监督，从而导致市场出现垄断定价或统一定价的结果的行为。在寡头企业实行算法合谋的情况下，参与算法合谋的企业几乎可以立即观察到所有竞争对手的价格，从而及时发现任何单个企业偏离合谋统一定价的行为，并根据偏离算法合谋定价企业的定价来迅速、及时地调整自己的价格，使单个企业偷偷降价不仅无利可图，而且可能会引起所有参与企业实施低价格。因此，算法定价可能会促使企业合谋，导致消费者不得不支付高价格。

算法合谋分为四种类型：信使算法合谋、轴辐协议算法合谋、预测代理人算法合谋和自我学习算法合谋。

（1）信使算法合谋。

信使算法合谋是寡头企业有意识地采用算法作为实现价格合谋的工具的算法合谋。此时，算法主要是发挥收集竞争对手价格信息或分享彼此信息的中介作用，避免了依靠人力收集信息和沟通信息的局限，其为寡头企业实施已有合谋协议提供了一种有效的方式。在2015年美国司法部查处的David Topkins合谋案中，司法部发现以David Topkins为首的商家在亚马逊平台的销售中采用专门的算法定价来收集竞争对手的价格信息，并据此协调彼此的定价，以实现合谋，因此美国司法部认定其定价行为构成非法的价格合谋，并对其处以2万美元的罚款。

（2）轴辐协议算法合谋。

轴辐协议算法合谋是指寡头企业共同采用由同一个第三方开发的算法，或者这些企业都通过同一个采用算法定价的平台进行定价并交易的算法合谋。在2015年美国Uber公司案中，美国法院指控Uber公司与每个网约车司机签订纵向协议并要求每个网约车司机都采用相同的算法，这样就实现了非法的价格合谋。在2016年欧盟的E-Turas案中，作为在线预订系统开发者的 E-Turas 向在平台交易的各旅行社发了一封电子邮件，宣布对各个旅行社给予顾客的价格折扣率制定一个基于算法技术的上限。欧盟法院指出，这些旅行社知道这会导致其参与卡特尔，因此该行为构成了非法的价格合谋。

知识链接

欧洲汽车企业对零部件实行算法定价

(3) 预测代理人算法合谋。

预测代理人算法合谋是指每个寡头企业都单独采用利润最大化的算法定价来提高市场透明度和对竞争对手行为的预测能力的算法合谋。此时算法扮演了观察竞争对手行为的监督者角色，它能监督竞争对手的价格、产量的变化，并根据变化及时采取应对策略，包括实施相应的惩罚措施等，这会便利企业之间达成和维持合谋协议。在此情况下，每个寡头企业采用定价算法的动机都是实现价格合谋，只不过企业之间并不直接进行协调或沟通，而是通过算法来协调或沟通。因此，此时的价格合谋是一种“有意识的平行行为”。

(4) 自我学习算法合谋。

在自我学习算法合谋的情况下，每个企业都采取利润最大化的算法定价。此种算法定价基于自我学习技术，根据利润最大化目标，实时采集和处理竞争对手的价格数据并自动调整自己的定价，以对竞争对手的定价做出反应，从而导致合谋结果的出现。此时的合谋完全是人工智能算法自己完成的，并不是人为设计或干预的结果，企业之间并没有建立人为的沟通协调机制，即每个企业采用自我学习算法的个体决策导致了集体合谋的结果。由于自我学习算法合谋是企业之间没有人为干预的结果，因此其对传统的反垄断政策提出了挑战。

7.3.3 算法价格合谋的反垄断监管政策

价格合谋会对市场竞争和消费者福利产生严重的损害，因此价格合谋是各国反垄断法严格禁止的垄断行为。鉴于算法定价的广泛应用带来了较高的企业价格合谋风险，增强了算法价格合谋的隐蔽性，因此目前各国的反垄断机构都在寻求更为有效的反垄断政策，其中强化反垄断事前监管成为重要的政策探索。

反垄断事前监管的目的是通过事前监管防患于未然，避免事后执法的低效能。目前已经提出的政策建议包括：一是强调算法设计要遵循竞争中立原则，即企业在设计算法时，就要将避免出现价格合谋作为重要的考虑因素，通过算法设计来避免合谋结果的出现。二是执法机构可以强制延长定价算法对市场条件做出反应的时滞，或冻结一个供应商（即价格最低的供应商）的价格，这将激励其他供应商设置低于该公司价格的价格，以获取额外的产能。三是进行算法审计，如审查治理文件、测试算法输出或检查其内部运作等，以此来检测算法是否会导致合谋结果。四是激励消费者使用算法，以破坏寡头企业的算法合谋计划。由于目前算法合谋的案件并不是很多，加之上述政策建议的具体影响还不是非常清楚，因此还需要进一步研究才能做出政策选择。

7.4 算法个人化定价

7.4.1 个人化定价及其实施条件

随着大数据和算法技术的发展，数字平台普遍大量采集关于消费者个人特征与交易行为的数据，并据此为消费者制定个人化价格。2018年德勤咨询公司开展的一项涉及500多个公司的调查发现，在所有采用人工智能实现个性化营销的零售商中，有40%的零售商采用人工智能实行个人化定价和个性化营销。

算法个人化定价主要是指数字商务企业利用大数据和算法对消费者的购买行为数据进行分析并精确识别消费者的支付意愿，从而针对每个消费者制定不同价格的定价方式。由于个人化定价主要依靠对消费者的数据分析，因此个人化定价有时也被称为“大数据价格歧视”或“大数据杀熟”。

传统意义上的价格歧视分为三种类型：一级价格歧视、二级价格歧视和三级价格歧视。算法个人化定价是价格歧视中的一种特定形式，其更接近于一级价格歧视或完全价格歧视，属于企业与消费者一对一的关系；在某些情况下，如果企业掌握的数据有限，则可能会依据消费者的群体类型对每个消费者定价，此时的个人化定价更接近按群体划分的三级价格歧视，是一种不完全的个人化定价。

根据价格歧视理论，一个企业实行个人化定价必须满足以下三个条件：一是企业必须具有一定程度的市场势力。如果市场是完全竞争市场，那么一价定律就成立，因为竞争会使每个消费者支付的价格等于边际成本。二是企业必须拥有充分的信息以识别消费者的异质性，并根据每个消费者的支付意愿来制定个人化价格。三是企业必须能够防止套利行为的发生。也就是说，要让消费者不能轻易地以较低的额外成本套利，即在一个市场以低价购买，而在另一个市场以高价卖出，否则这种转售商品的套利行为将导致商品的市场价格趋于统一。

垄断企业实行一级价格歧视（也称完全价格歧视）的主要障碍是需要掌握完全的消费者信息，即对每个消费者的支付意愿完全了解，并据此制定等于每个消费者的支付意愿的价格，从而占有全部消费者剩余。长期以来，在现实市场中，由于企业无法掌握完全的消费者信息，因此其无法实行完全价格歧视。在多数情况下，一级价格歧视仅仅是一种理论分析。在现实中，如果垄断企业无法获得每个消费者的个人数据信息，则其只能实行垄断统一定价，消费者则获得信息租金，但这会导致社会总福利较低。如果垄断企业拥有可以将消费者分为不同群体的信息，尤其是掌握了不同消费者群体的差别化支付意愿，则其可以实行三级价格歧视。大数据和人工智能技术的发展消除了企业实行一级价格歧视所面临的信息约束，使企业可以采集大量关于单个消费者的在线行为数据，通过对个人数据的挖掘分析预测消费者的支付意愿，据此制定接近或等于单个消费者保留价值的个人化价格。因此，在算法个人化定价的情况下，企业向每个消费者收取等于其支付意愿的价格（如图7-2所示）。

在现实中，数字商务企业往往无法实行占有全部消费者剩余的完全价格歧视。这主要有以下两个原因：一是受到数据质量和算法质量的限制，企业并不能完全判断出消费者的支付意愿，此时贸然制定等于消费者的支付意愿的价格可能会导致消费者退出市场。因此，企业制定的个人化价格往往比实施完全价格歧视时制定的价格水平低。二是现实中由单个企业垄断的市场很少。当市场存在一定程度的竞争时，市场竞争会限制企业向消费者收取等于其支付意愿的价格。只有当企业是独家垄断企业并且拥有完全的消费者数据收集利用能力时，个人化定价才会导致完全占有消费者剩余的完全价格歧视。此时，垄断企业实施的近乎完全价格歧视的高定价会造成对消费者福利的严重损害。

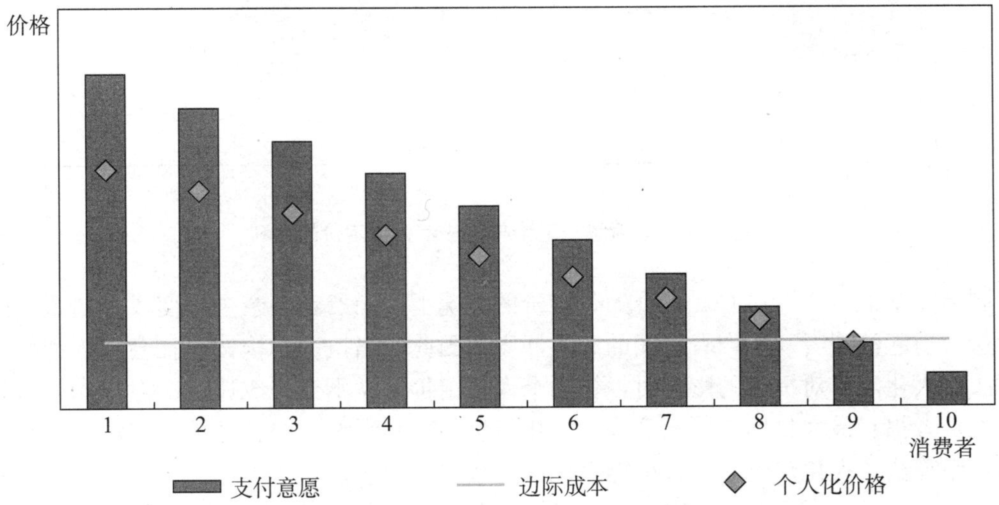

图 7－2 具有不同支付意愿的消费者支付的价格

7.4.2 算法个人化定价对福利的影响

判断算法个人化定价对福利的影响的参照标准不应是完全竞争市场中的消费者福利，而应是企业实行统一定价的福利。因此，对于一个垄断企业来说，其既可以实行垄断统一定价，也可以实行算法个人化定价。

在算法个人化定价的情况下，垄断企业对高支付意愿的消费者制定高价格，对低支付意愿的消费者制定低价格。相对于垄断统一定价来说，尽管个人化定价提高了对高支付意愿的消费者制定的价格，但同时可以使在统一定价下被驱逐出市场的低支付意愿的消费者能够以较低的价格消费。由于消费者群体中有人受益，有人受损，因此对于社会总体来说，个人化定价对福利的影响是不确定的。

从社会总福利的角度来说，相对于垄断统一定价，个人化定价通常可以提高社会总福利。在图 7－3 中，垄断统一定价会导致低支付意愿的消费者退出市场，从而导致社会福利无谓损失；在个人化定价的情况下，所有消费者都在市场消费，因此不会导致社会福利无谓损失。因此，在大多数情况下，算法个人化定价提高了社会总福利。

虽然算法个人化定价有可能提高社会总福利，但算法个人化定价会引起效率和公平之间的冲突，因为它会使一部分人的状况变好，而使另一部分人的状况变差。首先，高支付意愿和低支付意愿的消费者之间存在不公平。个人化定价有可能造成总消费者剩余从高支付意愿的消费者向低支付意愿的消费者转移，即存在内部群体间交叉补贴问题。其次，消

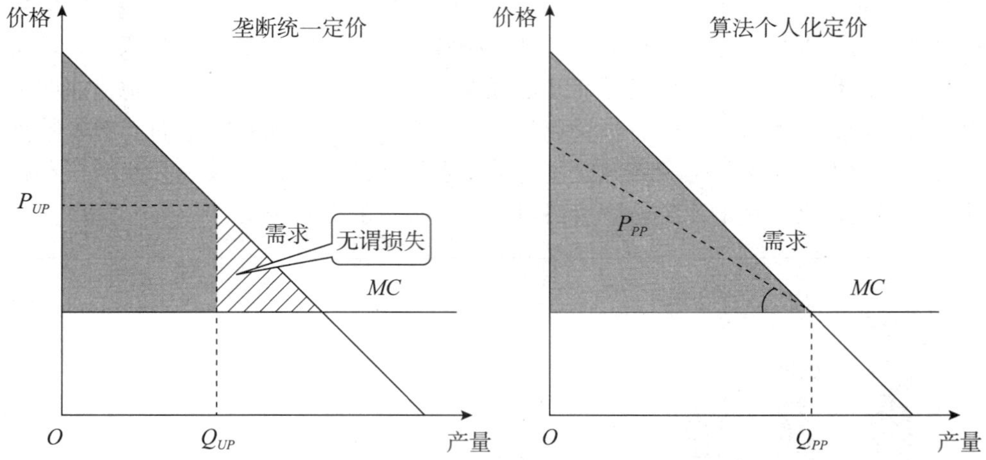

图 7-3　垄断统一定价与算法个人化定价的福利

费者剩余完全被生产者占有。在个人化定价的情况下，消费者剩余全部变成垄断企业的利润，这会引起消费者和生产者之间的利益冲突。因此，当执法机构按照社会总福利标准判断算法个人化定价对福利的影响时，算法个人化定价通常不会构成违法；但是当执法机构按照消费者福利最大化标准判断算法个人化定价的福利影响，并且尤其关注消费者公平问题时，则算法个人化定价有较大可能会构成违法并被禁止。

7.4.3　算法个人化定价反垄断监管政策

由于算法个人化定价会导致高支付意愿的消费者支付高价格、低支付意愿的消费者支付低价格，因此在算法个人化定价下，支付高价格的消费者会强烈反对，并呼吁政府进行干预。从国际经验来看，主要是适用反垄断法对算法个人化定价进行监管，而不是“一刀切”地加以禁止。2020 年 11 月，中国发布的《国务院反垄断委员会关于平台经济领域的反垄断指南》第 17 条表明，具有市场支配地位的平台企业不应基于大数据和算法，根据交易相对人的支付能力、消费偏好、使用习惯等，实行差别待遇。由于算法个人化定价往往具有效率效应和反竞争效应，以及独特性，因此反垄断部门如何判断其是否违法，如何采取更有效的反垄断监管政策就成为需要解决的问题。

在中国，不仅可以根据《反垄断法》监管算法个人化定价行为，一些相关的法律也对个人化定价做出了规定。例如，《个人信息保护法》第 24 条明确规定，个人信息处理者利用个人信息进行自动化决策，应当保证决策的透明度和结果公平、公正，不得对个人在交易价格等交易条件上实行不合理的差别待遇。同时，《价格法》第 14 条明确禁止相互串通、操纵市场价格、损害其他经营者或消费者的合法权益等价格歧视行为。《互联网信息服务算法推荐管理规定》明确提出，算法推荐服务提供者不得利用算法对其他互联网信息服务提供者进行不合理限制，或者妨碍、破坏其合法提供的互联网信息服务的正常运行，实施垄断和不正当竞争行为。由于多部法律或规定都对算法个人化定价做出了禁止规定，因此如何避免采用“一刀切”的禁止政策，并增强法律之间的协同，成为迫切需要解决的问题。

由于算法个人化定价主要是基于对消费者个人数据的收集实现的，因此政府的隐私保护政策和消费者的数据保护行为会对算法个人化定价产生重要影响。首先，在严格的个人数据保护和监管下，如果消费者知道企业采集其个人数据后将对其制定个人化高价格，那么其必定会拒绝企业采集其个人数据。其次，消费者可能会采取相应的措施应对企业收集个人数据的行为。例如，消费者可以通过决定个人数据披露的程度，以及使用隐私保护软件、匿名技术或更换电脑/手机下单等措施来规避算法个人化定价。因此，消费者的应对会对企业的算法个人化定价决策产生重要的影响。

知识链接

携程“大数据杀熟”案

本章小结

在数字经济中，价格结构是数字平台最为重要的决策。价格结构科学与否决定了平台能否吸引用户并做大交易量。数字平台对单侧用户的收费取决于三个因素：平台的服务边际成本、对交叉网络效应的贡献和平台的市场势力。在平台的服务边际成本和平台的市场势力给定的情况下，追求利润最大化的垄断平台对单侧用户的定价与该侧用户对交叉网络效应的贡献负相关，即该侧用户对交叉网络效应的贡献越大，则平台对该侧用户的定价就越低。数字平台对不同侧用户制定不同价格这种不平衡的价格结构是否构成对反垄断法的违反，是尚待解决的政策难题。

数字商品或服务市场中出现零价格现象主要有以下几种原因：零边际成本下的定价、质量价格歧视定价、扩大用户基础的短期促销行为、双边平台不平衡的价格结构、利他主义行为。在很多情况下，数字经济中的免费商品或服务并不是真正意义上免费提供的，数字平台企业往往会通过间接的方式获利。零价格既具有显著的效率提升效应，也可能会带来低质量供应风险、剥削性定价或掠夺性定价风险、个人隐私被侵犯的风险等。

数字企业大量使用算法定价可以提高市场运行效率，更好地实现供需的动态平衡。在企业普遍采用算法定价的情况下，市场中的产品价格呈现出显著的趋同性。在特定的寡头市场结构下，算法定价可能会导致价格合谋问题，从而扭曲市场竞争和损害消费者福利。算法合谋分为四种类型：信使算法合谋、轴辐协议算法合谋、预测代理人算法合谋和自我学习算法合谋。为了防止企业利用算法合谋，需要创新反垄断执法政策。

算法个人化定价主要是指数字商务企业利用大数据和算法技术对消费者的购买行为数据进行分析并精确识别消费者支付意愿，从而针对每个人制定不同的价格的定价方式。相对于垄断统一定价来说，算法个人化定价通常会提高社会总福利，但算法个人化定价会引起效率和公平之间的冲突。

主要概念

价格结构　零价格　算法定价　算法合谋　算法个人化定价　信使算法合谋　轴辐协议算法合谋　预测代理人算法合谋　自我学习算法合谋

复习题

1. 双边平台设置不平衡的价格结构的原因有哪些？
2. 数字商务企业实行零价格的动机是什么？其实现盈利的方式有哪些？
3. 算法价格合谋有哪些具体的形式？它们之间有何区别？
4. 算法个人化定价对消费者福利有什么影响？

推荐阅读文献

唐要家，尹钰峰. 算法合谋的反垄断规制及工具创新研究. 产经评论，2020（2).

唐要家. 平台不平衡价格结构的剥削性滥用效应. 经济与管理研究，2021，42（3).

唐要家，郭鸿. 美团交易佣金率的经济性质及反垄断政策. 中国物价，2022（7).

唐要家，傅樟洋. 平台佣金征收的影响因素及剥削性滥用分析. 东北财经大学学报，2022（3).

唐要家. 三级价格歧视竞争效应与反垄断政策. 北京：经济科学出版社，2016.

CALVANO E，CALZOLOAI G，DENICOL V，et，al. “Artificial Intelligence，Algorithmic Pricing，and Collusion.” *American Economic Review*，2020，110（10).

HARRINGTON J E. “Developing Competition Law for Collusion by Autonomous Price-Setting Agents.” *Journal of Competition Law and Economics*，2018，14（3).

GAL M，RUBINFELD D L. “The Hidden Costs of Free Goods：Implications for Antitrust Enforcement.” *Antitrust Law Journal*，2016，80（401).

第八章

数字市场竞争与垄断

章前导语

微观市场有效运行的核心机制是供求机制和竞争机制，供求机制决定了市场交易均衡价格和产量，竞争机制决定了消费者福利、生产者福利和社会总福利。数字市场具有显著不同于传统市场的供求机制和竞争机制。首先，数字市场的消费者购买决策不再是传统经济学假设的个人理性决策。由于信息不完全和信息处理能力的限制，消费者的在线购买决策主要受到声誉机制和商品推荐的影响，同时数字商品生产具有显著的零边际成本特征。因此，声誉机制和商品推荐是否有利于消费者？数字市场是否有助于消费者福利和社会总福利的提高？其次，数字市场的竞争机制不同于传统线下市场，具有独特的竞争影响因素。数字市场的发展呈现出明显的高度集中化趋势。数字市场的市场势力一定会损害社会总福利吗？科学认识数字市场的供求机制、竞争机制和市场垄断的危害，有助于制定科学的商业战略和实施科学的数字市场反垄断政策，维护合理、正当竞争的市场体制。

学习目标

掌握数字商品市场独特的供求机制；

掌握数字经济市场的竞争特点、层次和主要影响因素；

理解数字经济市场垄断；

理解数字平台反垄断政策。

8.1 数字商品市场供求

数字市场是一种数字商品或数字服务以及有形商品或非数字服务在线交易的中介与机制。首先，数字市场是线上市场，它意味着与在线交易有关的全部或主要活动，包括查看产品、讨价还价、商议交货条件、产品交付、支付结算、投诉与处理等都要基于ICT基础设施（互联网）在线进行。其次，数字市场交易的商品既包括有形的实物商品或非数字服务，也包括无形的数字商品与服务。随着数字经济的发展，无形的数字商品的比重日益上升。再次，数字市场运行需要有以平台为核心的交易中介，以更好地实现供需匹配。最后，数字市场的有效运行需要一套与之相适应的交易机制及制度保障，既包括国家的数字市场监管政策，也包括平台实施的生态治理规则。

8.1.1 数字市场消费者决策影响机制：声誉机制与商品推荐

亚马逊、阿里、京东等数字平台都从事电子商务。电子商务是数字经济的一个重要组成部分，主要包括实物和数字商品的在线交易。相对于传统的线下市场交易，它是在虚拟的线上市场交易。与在线下实体店购物时消费者可以直接体验商品并讨价还价，最后完成交易不同，在线上购物时，消费者和商家彼此不直接见面交易，因此消费者面临信息不对称和交易信任问题。所以，声誉机制和商品推荐成为数字市场消费者的决策影响机制。数字平台可以直接或间接地收集关于消费者的数据，并通过声誉机制和商品推荐来影响消费者的决策。这是数字经济中数据驱动商业模式高效运行的核心机制，它保证了线上市场的有效运行。

(1) 声誉机制。

消费者和商家的交易只有在信任的基础上才能进行，因此建立信任成为线上市场有效运行的重要前提。在线上市场中，消费者的评价反馈是重要的声誉机制，能有效地促进线上市场的交易。消费者的评价反馈是指消费者在购买产品或服务后进行评价或评论。根据这些评价反馈，平台或商家可以改进商品或服务质量，从而提高消费者的消费体验。评价反馈的另一个重要作用是解决信息不对称产生的信任缺失问题，从而为消费者构建可信的消费环境。消费者的评价反馈有助于消除数字市场的信息不对称，因为潜在的消费者可以根据已经购买商品的消费者的评价反馈，更深入地了解其想要购买的产品。

声誉机制也被称为消费者评价反馈机制。声誉机制最初是由eBay在1998年建立的。eBay的声誉机制由三部分组成：一是反馈评价分。在每笔交易完成后，消费者对卖家进行非匿名评价，通常好评为1分，中评为0分，差评为－1分。每一个卖家的净声誉分为总的正评价分减去总的负评价分。每一个卖家在过去1个月、6个月和12个月的净声誉分自动显示在页面中，所有潜在的消费者都可以看到这些信息。二是详细的卖家星标评价(Detail Seller Rating，DSR)。DSR制度是由四个方面所构成的消费者对卖家的评价机制，包括商品描述、沟通、配送时间、配送费。消费者在交易完成后对卖家在上述四个方面的表现给出1～5星的评价。消费者的这一评价是匿名进行的。三是文字评论。消费者可以在评论区对卖家存在的问题进行文字评论。卖家如果认为消费者的评论不公正，也可以对此做出回应。

eBay在2009年升级了声誉机制，引入了“杰出卖家”（Top Rated Seller，TRS）徽章制度，对满足条件的“杰出卖家”给予20%的佣金减免。“杰出卖家”需满足的条件具体包括：①好评率达98%以上；②详细的卖家星标评价率达到4.6/5.0；③不够详细的卖家星标评价率低于1%；④在过去12个月销售100个商品或完成3 000美元的营业额；⑤在过去连续3个月中每月销售100个商品或完成1 000美元的销售额；⑥低投诉率。2010年，eBay推出了“消费者保护”政策来保护消费者权益。根据该政策，如果消费者收到的商品与卖家在网上所描述的不一致或者消费者付款后根本没有收到商品，则卖家必须无条件全额退款（含运费）。这一政策相当于为消费者提供了免费的购物保险，降低了伪劣产品或欺诈行为给消费者带来损失的风险。

购买商品的消费者对商家的商品或服务的评价可以为市场上其他消费者提供信息，从而帮助他们迅速识别低质量商品或服务，降低低质量商品或服务的销售企业实施欺诈行为的概率。声誉机制之所以能有效约束机会主义行为，是因为其本身就具有激励和约束作用。例如，在滴滴平台上，一个乘客评价分高的司机会获得平台优先派单的奖励，差评较多的司机在平台派单排序中处于靠后的位置，这间接使他们受到了收入下降的处罚。因此，声誉机制有助于解决信息不对称引发的关于商品或服务质量的市场失灵问题，促进线上市场的有效运行，并提升消费者福利和高质量商家的利润。

(2) 商品推荐。

商品推荐系统是一个采用大数据和人工智能技术，向消费者推荐在线商品或服务的工具。目前，推荐系统在线上市场上被广泛使用，如电子商务平台、音乐平台、视频平台、新闻平台等都采用推荐系统向消费者推荐商品、服务或内容。

当消费者在电子商务平台App上浏览时会留下大量的个人行为数据，这些数据反映了消费者的消费偏好或倾向。数字平台可能会采集特定消费者的相关数据，建立其个人用户档案，基于数据挖掘来对消费者精准画像，并采用人工智能算法向消费者精准投放广告或推荐商品与服务，从而引导消费者进行消费。例如，当你从网上书店浏览图书并购买时，平台会根据你的浏览记录和购买记录向你推荐你可能感兴趣的其他书籍。由于消费者的信息劣势和高搜寻成本，商品推荐系统在很大程度上决定了消费者的商品选择范围和选择偏好。因此，推荐系统成为影响消费者在线交易决策的重要因素。

数字平台使用的推荐模式主要有两种：内容推荐与协同推荐。

内容推荐根据商品或服务的相似性向系统用户推荐商品或服务［见图8－1(a)］。此时，平台算法推荐是根据用户已经表达过的消费偏好来推荐相似的其他商品。例如，消费者在淘宝上浏览过某种风格的男士衬衫，淘宝就会向其推荐风格相似的男士衬衫、男士T恤、男士西装等。内容推荐是平台根据消费者过去的消费数据或浏览数据来分析消费者感兴趣的商品的特征，并据此预测消费者可能会喜欢的商品，从而向其进行个人化推荐。

协同推荐是指根据其他相似用户的偏好向特定用户推荐商品或服务。协同推荐的基本假设是：如果两个用户有相同的偏好，那么他们就更有可能喜欢相同的物品。此时，平台数据算法是基于其他相似用户A的偏好来预测用户B的偏好的，即根据用户A和用户B的共同商品选择来认定二者是最为相似的用户，然后根据用户A的消费数据向用户B推荐其可能会消费的商品［见图8－1(b)］。协同推荐采用协同过滤算法，通过采集处理用户的行为数据并动态优化对用户的推荐列表，不断提升用户满意度。这样的推荐更加充分，而且可以深入挖掘用户潜在的兴趣或需求。

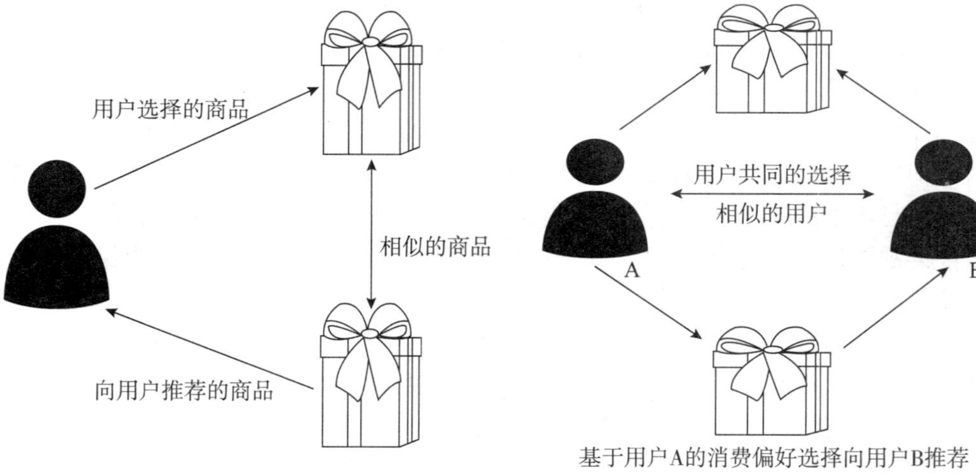

（a）内容推荐　　（b）协同推荐

图 8-1　两种商品推荐模式

推荐系统的使用主要会对市场需求产生以下三方面的影响：一是消费者可以不费吹灰之力地找到他们喜欢的商品，从而节省商品搜寻成本，购买到与自己的需求更加匹配的商品，更好地满足自身需求。二是平台可以向消费者推荐他们从未想过购买但却很可能会购买的商品，从而扩大消费者的需求。三是平台采用算法推荐系统能更好地发挥长尾效应，从而开发小众但长期总利润高的市场。综上所述，推荐系统的应用会显著地提高平台的销售收入。

8.1.2　数字商品供给：数字商品与零边际成本

（1）数字商品。

数字商品是以数字化形式存在的对个人或组织具有价值的各种无形商品或服务，典型的如各种应用软件和基础软件、电子图书、数字游戏、数字音乐、数字视频、在线教育、互联网金融服务、互联网通信服务、云服务、网络或数据安全服务等。数字商品具有以下四个基本特征：

一是以数字化形式存在。数字商品都是以数字化形式存在于各种存储媒介中并通过网络进行转移或传播的。

二是具有无形商品属性。与传统看得见摸得着的物理产品不同，数字商品都是虚拟化的数据或软件，是一种无形商品。作为一种无形商品，数字商品消费主要是给消费者带来经济价值、心理价值或其他价值。

三是大多具有非竞争性。各种软件、电子书、数字音乐、数字视频等数字商品具有显著的非竞争性，更多数量的消费者消费同一数字商品并不会降低已有消费者的效用。同时，非竞争性数字商品的排他性相对较弱，有时严格的排他保护面临较高的成本，因此非常容易引发盗版问题。因此，数字商品生产需要科学的知识产权保护。由于数字商品的非竞争性和弱排他性，因此如何平衡激励数字商品生产和促进社会总福利提高成为重要的政策难题。

四是主要属于经验品。消费者在购买和消费之前无法知晓商品的质量和商品给其带来的价值。此时，让消费者愿意尝试并购买数字商品，同时又保持合理的利润回报就成为数字商品定价的重要原则。因此，数字商品生产者采用了不同于传统商品生产者的定价和盈利模式。

相对非数字商品，数字商品具有两个基本的经济优势：

一是具有相对较低的市场交易成本。以数字化形式存在和无形商品这两个基本特征使数字商品主要是在网络空间中交易。数字商品的交易解决了传统有形商品在线下市场交易受到时空限制、交通运输成本较高和多环节层层转售导致价格高等问题，因而成本更低。

二是具有非常低的边际成本。由于数字商品通常是以软件的方式存在的，数字商品被生产出来后，复制或下载的成本几乎为零，因此在价格给定的情况下，数字商品销量越大，则企业的利润越高。

(2) 数字商品供给的零边际成本。

数字商品生产的一个重要特征是零边际成本。数字商品生产往往需要支付很高的一次性固定成本，但是数字商品一旦被生产出来，其边际成本就几乎为零。例如，应用软件的开发可能需要较高的资本投入，需要多人组成开发团队，从创意到成品需要耗费几年的时间。但是一旦软件被开发出来，其边际成本就为零，多一个人使用该软件并不会引起成本显著增加。

数字商品的平均成本函数为：

$$AC=\frac{F}{n}+MC \tag{8-1}$$

在零边际成本的情况下，上式可以简化为：

$$AC=\frac{F}{n} \tag{8-2}$$

公式（8－2）表明，数字商品的平均成本取决于固定成本 F 和产品销量 n。随着数字商品销量的增加，数字商品的平均成本显著下降，呈现出较大的规模经济效应（见图 8－2）。

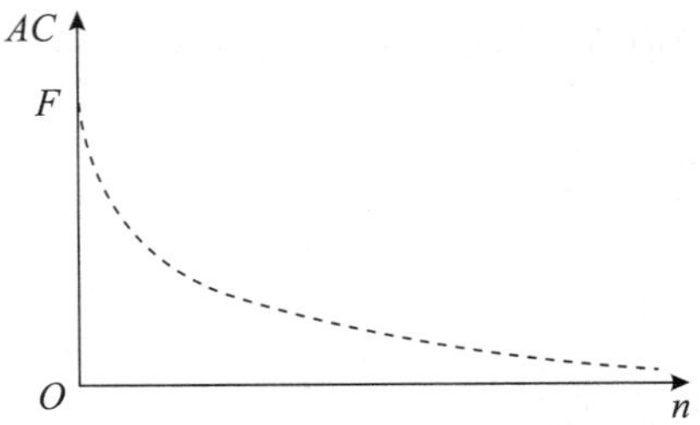

图 8－2 数字商品的平均成本与产品销量的关系

数字商品的高固定成本和零边际成本说明，企业定价只有满足 $P>AC\geqslant 0$，才能补偿成本并获得利润。但是，数字商品的高固定成本并不意味着消费者要支付高价格，由于边际成本近乎为零，因此企业会实行低价格策略，通过鼓励更多人使用来分担固定成本。同时，企业一旦获得了成本补偿，由于边际成本近乎为零，因此市场竞争就可能会导致数字商品的价格趋于零。

消费者购买数字商品支付的价格还取决于平台的商业模式。谷歌、脸书、百度等数字平台的运营成本非常高，平台不直接向消费者收费来补偿成本并获利，而是通过采集用户数据并将其出售给广告商或其他企业来间接补偿成本并获利。也就是说，平台从用户那里收集大量的个人数据，并将这些数据出售给广告商或其他数据处理公司以获取收益。

8.1.3 数字商品市场供求机制

数字经济供给侧具有显著的规模经济效应和范围经济效应，同时数字经济需求侧具有显著的网络效应（需求侧规模经济效应）。供给侧规模经济效应和需求侧规模经济效应的结合形成了明显不同于非数字商品的供求均衡关系。图 8-3（a）中是传统商品市场的供求曲线，其中供求均衡决定了均衡价格和均衡数量。在图 8-3（b）中，数字商品市场供给侧规模经济效应和范围经济效应带来的成本下降使供给曲线不断接近横轴，同时需求侧规模经济效应（网络效应）则使需求曲线向外移动，提高了消费需求，二者的共同作用使市场在更高的商品数量和更低的价格水平上实现了均衡。

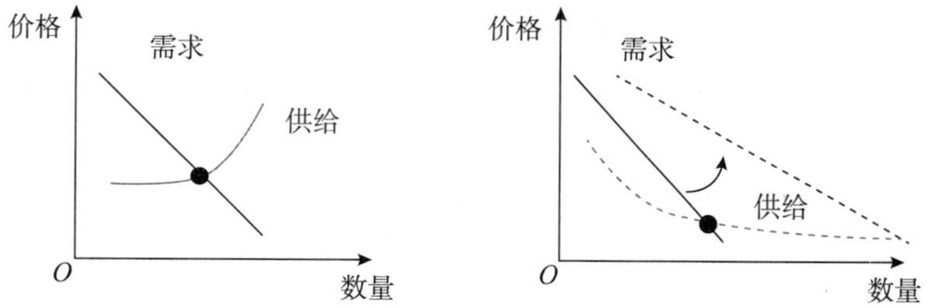

（a）传统商品市场供求均衡关系　　（b）数字商品市场供求均衡关系

图 8-3　传统商品市场与数字商品市场的供求均衡关系

在数字经济中，随着消费者消费数字商品或服务的数量的增加，一方面，供给侧规模经济效应和范围经济效应会使单位商品成本（AC）迅速下降并趋近 0；另一方面，需求侧网络效应会使消费者消费单位商品或服务的价值（AV）在达到用户临界规模后迅速提高。上述两种力量的结合使消费者消费单位商品或服务的净价值（NAV）大幅提高（见图8-4）。因此，数字商品和服务的发展给消费者带来了巨大的递增价值，提高了社会总福利。

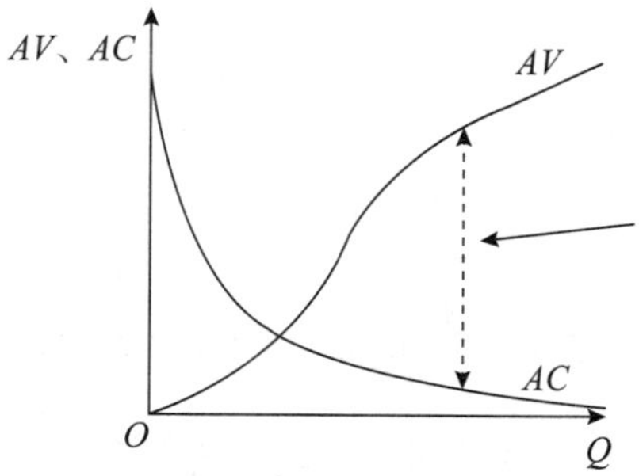

图 8-4　数字商品市场消费者消费单位商品或服务的净价值

8.2 数字经济市场竞争

8.2.1 数字经济市场竞争的特点

(1) 数据与算法成为影响市场竞争的重要因素。

在数字经济市场当中，数据成为驱动市场集中和构成竞争壁垒的最重要因素。在数字经济中，数据是数字平台从事各种商业活动的重要投入要素，也是数字平台获取和维持竞争优势的重要战略资产。在数据成为决定数字平台竞争优势的重要战略资产的情况下，大数据所具有的规模经济效应与网络效应，以及大数据算法精准个人化定价与营销带来的用户锁定效应，往往会导致大数据控制者具有较大的市场份额和数据垄断势力。一个拥有较少数据的企业将很难与掌握多维度大数据集的支配企业展开有效竞争。因此，数据构成新的重要的市场进入壁垒，也会赋予数字平台较强的市场势力。同时，数字平台可能利用大数据优势实施各种垄断行为。在寡头市场上，数字平台均采用算法定价会促成价格合谋，从而引发集体垄断行为。总体来说，数字平台既可能通过对数据的投资、研发和商业化应用来提高消费者福利和经济效率，也可能会利用数据来实行剥削性定价、过度采集用户的隐私数据、提高进入壁垒和对竞争对手实施封锁等单边数据滥用行为，还可能利用大数据算法定价来实施价格合谋和以垄断数据为目的的并购。

(2) “守门人”平台成为影响市场竞争的重要主体。

在数字经济市场中，大型数字平台成为影响市场竞争的最主要力量。当某平台控制了大量不同用户群体间相互作用的时候，该平台就被称为“守门人”平台。“守门人”的概念最早是由奥拉·林斯基（Orla Lynskey）提出的。他指出：“平台的巨大规模、多边商业模式和强大的连接能力等因素使其在平台商业生态系统中发挥着关键作用。”[①] 欧盟委员会 2020 年 12 月公布的《数字市场法案》第 3 条对“守门人”平台的认定标准为：具有重要的市场影响、具有重要的中介地位、具有稳固且持续的市场地位。

“守门人”平台控制着市场接入或用户之间的相互作用，即控制着第三方商家与消费者相互作用的通道。例如，如果市场中只有一个具有非常大的消费者规模的垄断性电商平台，那么商家只有通过该平台才能将商品或服务销售给消费者。在此情况下，“守门人”平台不仅控制着第三方商家对消费者的访问，而且控制着消费者对第三方提供的内容、产品或服务的访问。例如，在搜索引擎市场，在线搜索引擎决定了搜索结果的排名，排名决定了该引擎的消费者可能接触到的产品范围。如果搜索引擎市场被独家垄断，则垄断企业就成为消费者了解产品的唯一途径，也是供应商接触消费者的唯一通道。由于“守门人”平台具有大的消费者规模和大数据优势，因此数字市场供需两侧的规模经济效应、范围经济效应和网络效应的共同作用会导致大型数字平台具有非常强的市场势力。因此，强化对大型数字平台的反垄断监管成为数字经济竞争政策的重点。

---

① LYNSKEY O. “Regulating ‘Platform Power’.” *SSRN Electronic Journal*, 2017.

(3) **数字平台之间的竞争体现为生态竞争。**

跨界经营已经成为谷歌、百度、阿里等数字平台普遍采用的经营战略。具有市场支配地位的数字平台（简称支配平台）通过跨界经营构建了以核心业务为中心的数字产业生态。典型的如谷歌，其业务包括金融、地图、新闻、旅游、机票搜索、购物、图书、视频和云计算等；阿里的业务除了淘宝的在线零售以外，还包括在线支付、物流、数字金融、社交媒体、数字娱乐、云计算等。由于数字平台充分利用大数据等核心资产并在多个领域开展经营，形成了紧密合作的互补性商业生态体系，因此数字市场的竞争不再是单一企业之间的竞争，而是平台生态之间的多企业群体竞争。

数字平台的跨界经营一方面为平台企业的市场进入提供了便利，使平台企业可以利用其用户基础、大数据等资产迅速进入新的业务市场；另一方面也会促使平台在多个市场展开竞争，这会极大地促进平台之间的现实竞争和潜在竞争。数字平台的跨界经营也可能会带来反竞争风险，主要体现为以下四点：一是跨界经营增加了市场进入障碍，使得在单一市场竞争的企业较难进入市场；二是跨界经营会引起市场势力杠杆化问题，即跨界经营的支配平台有激励将其在核心业务领域的市场势力延伸到相关业务领域，实施市场封锁行为；三是实现跨界经营的混合并购会消除潜在竞争对手，将潜在竞争对手“扼杀”在萌芽状态；四是在寡头市场中，多市场竞争和算法定价的结合有可能便利了企业合谋。

(4) **破坏性创新成为市场动态竞争的主导力量。**

破坏性创新也称颠覆性创新，是指使昂贵或复杂的商品和服务能够被更广泛的市场接受的创新。破坏性创新往往会颠覆商品或服务原有的市场、技术或商业模式。在破坏性创新频繁的市场中，即使一个企业暂时拥有市场垄断势力，其也很可能会被潜在的破坏性创新者取代，潜在的竞争压力对其市场势力的行使构成了有力的约束。因此，破坏性创新成为市场动态竞争的主导力量，保护市场中的破坏性创新力量成为数字经济反垄断的重要关注点。

破坏性创新要么是通过拥有新业务、新模式的新企业进入市场来实现的，要么是通过已有企业的跨界经营来实现的。在市场动态竞争中，任何单个企业的市场支配地位都是暂时的，市场竞争体现为一系列“赢家通吃的竞赛”。在数字经济中，动态竞争形成了强大的竞争力量，促进了市场的可竞争性，但动态竞争并不足以保证所有市场的竞争都是有效的。如果在位支配企业实施各种针对破坏性创新者的市场封锁行为或“杀手并购”行为，则会对潜在的破坏性创新和市场进入构成严重阻碍，强化支配企业的市场势力，并严重影响市场的可竞争性。

8.2.2 数字经济市场竞争的层次

(1) **市场内竞争与争夺市场的竞争。**

数字经济的市场竞争体现为市场内竞争和争夺市场的竞争。市场内竞争也称静态竞争，争夺市场的竞争也称动态竞争。争夺市场的竞争是决定市场竞争的主导力量。由于数字经济具有明显的高度市场集中的特征，因此传统市场竞争的主导力量——市场内竞争——的作用被削弱了，市场竞争过程由以传统的市场内竞争为主转向以争夺市场的竞争为主。争夺市场的竞争最主要的形式是通过破坏性创新对传统的商业模式和市场结构产生颠覆性影响。

(2) 不同商业模式之间的竞争。

要进行数字经济市场界定和市场势力认定，不仅要分析提供相同功能或服务的平台之间的直接竞争，也要考虑采用不同商业模式或涉及不同业务领域的平台所提供的相同功能或服务的跨界竞争问题。这主要包括三种情况：一是线下对线上的竞争约束、单边市场对双边市场的竞争约束。例如，在线业务与离线业务之间往往存在竞争。在网约车案件的反垄断执法中，网约车与出租车是否应该被界定为同一个市场，这一问题一直存在争议。显然，网约车和出租车具有不同的商业运营模式，但如果二者之间存在明显的需求替代关系，则应该被界定为同一个市场。二是采用不同商业模式的平台之间的竞争约束。例如，尽管谷歌、脸书等提供不同的服务，但它们都是在线广告市场的竞争者。在中国在线广告市场，电商平台、搜索引擎、在线视频平台、社交平台、门户资讯平台等都是在线广告市场的竞争者，属于同一个在线广告市场。三是在有些情况下，平台用户本身也可能成为平台的竞争者。典型的如在线酒店预订平台与酒店官网之间就是一种竞争关系。在平台纵向经营的情况下，平台用户既是中介服务提供者，也是下游市场竞争者。

(3) 平台间市场竞争与平台内市场竞争。

平台间市场竞争主要体现为平台与其他平台或商业模式之间的竞争，典型的如淘宝/天猫与京东之间的竞争，以及线上交易平台与线下交易平台之间的竞争。网络效应会导致市场集中，而高度集中的市场结构往往会使平台之间缺乏有效的竞争。为了维持市场支配地位，支配平台有激励实施价格合谋或各种排斥竞争对手的封锁行为，从而严重扭曲平台间市场竞争。因此，限制平台间市场竞争的行为应受到重点关注。

平台内市场竞争主要是指平台能够影响平台生态中合作伙伴之间的竞争。在大多数情况下，由于平台与商家是利益共同体，因此其并不具有扭曲商家之间竞争的激励。例如，在电商平台上，由于网络效应的存在，优势平台会吸引更多的商家来参与平台商业交易，导致商品交易成本大幅下降，这会明显提高平台商家之间价格竞争的激烈程度。在App应用软件市场，为了成为市场竞争中的胜利者，往往有多个开发者同时从事具有相同或相似功能的软件开发，创新竞争非常激烈。由于促进合作伙伴之间的竞争符合平台的利益最大化原则，有利于其充分利用交叉网络效应，因此平台往往并不具有扭曲合作伙伴之间竞争的激励，而是有维持其有效竞争的激励。但是，如果平台一体化经营，则其有激励在下游市场优待自己的下游部门，即实施扭曲市场竞争的自我优待行为。

8.2.3 数字经济市场竞争的主要影响因素

(1) 数据独占性。

在数字经济中，由于数据具有泛在性，任何企业都可以依法采集和使用数据，并且在数据要素市场有效运行的情况下，企业可以向数据商购买其所需要的数据，因此在一般意义上，数据本身不会产生垄断。由于数据是数字经济发展的重要投入要素并且具有显著的规模经济效应和范围经济效应，因此在数据驱动的商业模式下，数据的独占性会强化支配企业的市场势力，成为企业无法跨越的市场进入壁垒。如果竞争者可以接入或可以容易地获取大数据，则大数据并不一定会催生市场势力，而会成为促进竞争的要素。因此，数据的开放共享和自由流通会促进数据市场竞争。综上，判断数据是否会产生竞争限制的主要依据是竞争对手能否以合理的条件复制这些数据，以及这些数据的使用是否会导致明显的竞争优势。政府积极培育数据要素市场，鼓励数据商发展，使企业可以很容易地通过市场交易数据，以及实施各种促进数据要素开放再利用的政策，都会极大地促进市场竞争。

（2）网络效应强度。

网络效应是影响数字经济市场竞争的一个重要因素，特别是多边平台的交叉网络效应成为重要的市场进入障碍。网络效应分为同侧网络效应与跨侧（交叉）网络效应，交叉网络效应会强化支配企业的市场地位。网络效应具有内在的正反馈机制，用户基础越大的平台越能吸引用户加入平台，从而形成“强者愈强”的局面。交叉网络效应是多边平台市场的最主要特征。例如，就在线零售平台而言，在交叉网络效应较强的情况下，越多的用户加入平台会吸引越多的商家在平台开店；同样，越多的商家到平台开店也会吸引越多的用户到平台消费，两侧用户之间的相互强化会形成“赢家通吃”的局面。同时，网络效应也会产生负反馈机制，即一个用户基础小的平台无法吸引足够的用户，往往会快速衰落。

（3）用户多属。

在数字经济市场中，平台用户多属是影响平台间市场竞争的重要因素。用户多属是指用户同时接入多个平台，即用户同时注册多个平台并在竞争性平台间进行选择。例如，一个消费者同时注册美团和饿了么，一家餐馆同时在美团和饿了么开网店。用户单属是指用户只注册一个平台，如规定消费者只能注册一个平台或只能使用一种应用软件完成交易。消费者和商家的平台多属或平台单属在很大程度上决定了平台的用户基础以及由此获得的市场势力。首先，用户平台多属会使多个平台都产生网络效应，避免用户基础和网络效应正反馈机制导致的市场垄断，有助于形成多个平台相互竞争的市场结构。一般来说，多属用户越多，多个平台就越容易在市场上共存，市场上就越不容易出现一家独大的冒尖问题，从而越有利于维护市场竞争。其次，如果一个平台有一侧用户是单属的，则此时单属用户就会严重依赖该平台，从而处于不利的谈判地位，而平台会对单属用户制定较高价格，从而获得“瓶颈势力”。在平台两侧用户都单属的情况下，两侧用户都严重依赖数字平台，数字平台就成为两侧用户相互作用的唯一通道，此时消费者福利、商家福利和社会总福利都会受到损害。由于平台用户单属会增强平台的市场势力，所以平台有激励采取与用户签订独占交易协议、提升用户转换成本、增加技术障碍等措施来强化用户单属。

（4）用户转换成本。

转换成本（Switching Cost）是指用户从一个企业转向另一个企业所要支付的成本。在数字经济中，平台用户的转换成本不仅包括用户转换平台需要支付的货币成本，也包括其他的隐形成本，如合约成本、技术兼容成本、数据损失成本、直接网络效应损失成本、个人声誉重建成本、学习成本、忠诚度成本等。转换成本的存在会显著减少用户的跨平台流动，且转换成本越高，用户就越难以在平台间转换，由此产生平台对用户的锁定效应。平台对用户的锁定效应越强，则平台的市场势力就越强。在转换成本较低的情况下，用户可以很容易地转向其他平台，此时在位支配企业的用户规模并不会构成其他竞争者与其展开有效竞争的障碍，即用户规模不构成重要的市场进入壁垒。较高的转换成本会使用户不愿意转向新进入市场的企业。于是，新进入市场的企业为了吸引消费者将不得不承担部分用户转换成本，通过对用户进行转换成本补偿来吸引用户，但这会弱化新进入市场的企业的竞争优势。因此，转换成本会强化在位企业的支配地位，对进入者产生市场封锁效应。

8.3 数字经济市场垄断

8.3.1 高度集中的市场结构

由于数字经济存在规模经济效应和范围经济效应，大规模收集和开发利用数据的平均成本非常低，可以显著提高数字平台企业的竞争优势。数字市场具有显著的供给侧规模经济效应、范围经济效应和需求侧规模经济效应。供给侧和需求侧具有正反馈机制，这可以使数字平台获得快速发展，但也容易导致抢先获得大量用户基础的平台在正反馈机制作用下出现“冒尖”现象，形成“赢家多吃”或“赢家通吃”的高度集中的市场结构，即数字市场容易出现垄断化趋势。

少数大平台具有非常稳固的市场支配地位，往往具有较大的市场势力。例如，美国谷歌长期占据全球搜索引擎市场 90%以上的份额；2020 年，脸书在全球社交媒体市场占据 75.5%的份额。在 2018 年中国数字平台商务市场中，滴滴占网约车市场的份额为 92.5%，百度占搜索引擎市场的份额为 68.5%，美团占外卖市场的份额为 58.6%，天猫占在线零售市场的份额为 53.5%。在中国数字经济行业，网约车、搜索引擎、在线外卖、移动支付、在线零售、在线音乐行业的赫芬达尔-赫希曼指数（Herfindahl-Hirschman Index，HHI）都超过 2 500，属于极高度集中的市场结构（见表 8-1）。

表 8-1 2018 年中国主要数字经济行业市场结构

行业	支配企业（市场份额，%）	CRn（n=3，4）	HHI
网约车	滴滴（92.5%）、旅程易到（4.3%）、神州专车（3.1%）	CR3=99.9%	8 584.4
搜索引擎	百度（68.5%）、神马（16.2%）、搜狗（5.95%）、好搜（4.6%）	CR4=95.3%	5 022.0
在线外卖	美团（58.6%）、饿了么（32.2%）	CR2=90.8%	4 516.5
移动支付	支付宝（54.3%）、财付通（39.2%）	CR2=93.5%	4 491.4
在线零售	天猫（53.5%）、京东（27.8%）、拼多多（7.8%）	CR3=89.1%	3 712.7
在线音乐	酷狗音乐（39.8%）、QQ 音乐（30.4%）、网易云音乐（15.6%）、酷我音乐（9.1%）	CR4=94.9%	2 679.4
在线旅游	携程（35%）、去哪儿（19%）、飞猪旅行（14%）	CR3=68.0%	2 178.0

资料来源：作者根据相关行业分析报告的数据计算整理。

总体来说，由于数字经济市场具有独特的运行规律，因此大型数字平台在数字经济市场中扮演主角将极大地提高经济效率，有利于对数据要素的高效率开发利用，实现数据驱动的创新，并有利于为消费者提供更多样化的选择和更高质量的服务。因此，数字经济市场普遍存在的高度集中的市场结构能极大地促进数字经济高质量发展。

由于数字经济的规模经济效应、范围经济效应和网络效应也可能会构成市场进入障碍，因此新进入市场的企业很难在市场中与支配企业开展有效竞争，市场内竞争和争夺市场的竞争都会缓和，支配企业可能会获得长期可持续的市场势力，甚至垄断势力。

8.3.2 平台垄断势力

由于规模经济效应、范围经济效应和网络效应结合形成了正反馈机制，因此数字经济市场很容易出现“冒尖”的现象，即市场供给完全或几乎完全由单一平台控制。一旦数字平台占据支配地位，其市场支配地位就会不断强化，从而形成稳固、强大的平台垄断势力。

由于数字平台市场具有独特的运行规律和商业组织形式，因此数字平台的市场势力不同于传统反垄断经济学界定的企业市场势力。平台垄断势力是指数字平台采用技术、合约等手段来影响不同用户群体的市场联结或相互作用，从而操控特定线上市场的能力。平台垄断势力可以分为三个层次：绝对垄断势力、相对垄断势力和生态垄断势力。

(1) 绝对垄断势力。

绝对垄断势力指一个企业在相关市场中占据绝对优势地位，从而免受市场竞争的有效约束的垄断势力。绝对垄断势力是单个企业在相关市场中相对于竞争对手的势力，或免于市场竞争约束的势力，通常用价格偏离边际成本的程度，即勒纳指数来衡量。在数字经济中，平台绝对垄断势力产生的机制主要是大数据开发利用的规模经济效应、范围经济效应和网络效应相结合所形成的正反馈机制，它会使市场中一个企业独大。绝对垄断势力主要反映了平台与平台之间的市场竞争关系，滥用绝对垄断势力的典型行为如“二选一”、签订独占交易协议等，会严重损害市场竞争，降低社会总福利。

(2) 相对垄断势力。

相对垄断势力主要来源于大数据算法的精准匹配和大数据驱动的交叉网络效应。交叉网络效应的存在使平台的不同用户群体只有通过平台才能达成交易，即平台用户严重依赖平台中介。在此种情况下，平台是市场的“制造者”，平台利用数据和治理规则来决定平台用户能否接入平台、能否参与平台交易，并影响平台用户参与交易的收益。相对垄断势力也被称为中介势力，即平台是不同侧用户群体达成交易或相互作用必不可少的通道。在在线活动中，平台两侧用户或单侧用户对平台具有强依赖性，特别是平台商家，如果其不接入平台，那么其根本无法获得相应的商业交易机会。相对垄断势力反映了平台与用户之间的关系，是基于平台用户对平台的强依赖性所形成的严重不对称的谈判力。因此，在一些情况下，即使平台本身没有绝对垄断势力，其也可能具有相对垄断势力。滥用相对垄断势力损害了平台商家和消费者的权益，扭曲了平台与其用户之间的公平交易，其典型行为如不公平的高佣金、“大数据杀熟”等。

(3) 生态垄断势力。

生态垄断势力指平台利用核心业务优势进入邻近市场，从而构建核心资源与价值体系紧密相连的平台生态，此时平台是平台生态的控制者，强化了平台对生态系统多个相关群体的控制。生态垄断势力产生的基础是大数据的范围经济效应和平台包络效应，它是一种跨市场垄断势力。为了深度挖掘数据价值，实现范围经济效应，平台有激励将在核心业务市场采集的大数据应用到邻近市场；同时，平台进入多元业务市场可以收集特定用户更多维度的数据，从而更精准地完成特定用户画像和实行个人化营销。由于跨界经营的平台具有多市场垄断势力，因此初创企业很难在单一市场或业务领域将创新成功地引入市场。生态垄断势力滥用体现为掌控多市场、多利益相关群体和通过平台包络、拒绝接入、“杀手并购”等行为来维护市场垄断，不仅会引起经济权利过度集中，而且会给经济社会秩序带来挑战。

8.3.3　滥用数字平台垄断势力对福利的损害

由于数字平台垄断势力具有独特的形成机制和多个层次，因此，数字平台垄断势力对竞争的损害不再仅仅反映平台与其竞争对手的单一关系，也反映平台与平台消费者、平台与商家、平台与竞争对手平台、平台与社会的多重关系，并且不再仅仅包括以高价格为核心的经济性损害，也包括对个人隐私数据、公平等方面的社会性损害。滥用平台垄断势力对福利的损害主要体现在以下几个方面：

(1) 严重损害消费者福利。

数字平台滥用垄断势力对消费者福利的损害主要体现为：数字平台利用垄断势力来实施各种剥削性滥用行为，如过度采集利用个人数据，造成个人隐私被侵犯，利用大数据实施算法个人化定价等。

(2) 严重损害平台商家福利。

数字平台滥用垄断势力对平台商家的损害主要体现为：数字平台利用“守门人”的地位，通过歧视性平台接入政策、歧视性搜索结果排名、歧视性链接、自我优待、利用平台商户经营数据提供与其竞争的产品等行为扭曲平台内市场的公平竞争，以及通过收取不合理的高佣金、制定不公平的交易条款等更多地占有商家租金，从而严重损害平台与商家之间的交易公平。

(3) 威胁社会公共安全。

数字平台垄断势力对社会的损害主要体现为平台日益扩张的经济权利和对社会的广泛渗透对经济社会秩序造成的损害，典型的如大型数字平台给国家数据安全带来的风险、大数据和算法的广泛应用所引发的社会性歧视和社会公平问题，短视频平台上的低俗、有害内容对社会伦理的冲击，数字新闻平台基于算法的定向推送和机器合成信息对社会偏见的强化及其对政治安全的影响等。

鉴于数字平台垄断势力的多重损害和对经济社会的系统性威胁，数字平台反垄断应防止经济势力的过度集中，既要有效维护平台间市场竞争，也要维护平台内市场竞争和利益相关者激励相容的平台生态；既要保护竞争者的竞争自由和商家的交易自由，也要赋能消费者的自由决策并保护消费者的自由选择权，从而构建一个竞争有效、权利平等、包容增长的数字社会。

8.3.4　对数字平台是否具有市场垄断势力的判定

从经济学的角度来说，一个企业拥有较大市场份额本身并不等于其就具有市场垄断势力。因此，不能泛用市场垄断的概念，企业规模大也不等于其就具有垄断势力。根据各国反垄断法的规定，判定一个企业是否具有市场垄断势力主要分为两步：一是界定相关商品市场，二是认定市场支配地位。2021 年，《国务院反垄断委员会关于平台经济领域的反垄断指南》对数字经济的市场势力判定做出了具体的规定。

(1) 界定相关商品市场。

我国发布的《国务院反垄断委员会关于平台经济领域的反垄断指南》第四条规定，平台经济领域相关商品市场界定的基本方法是替代性分析。在个案中界定相关商品市场时，可以基于平台功能、商业模式、应用场景、用户群体、多边市场、线下交易等因素进行需求替代分析；当供给替代对经营者行为产生的竞争约束类似于需求替代时，可以基于市场进入、技术壁垒、网络效应、锁定效应、转移成本、跨界竞争等因素考虑供给替代分析。具体而言，可以根据平台一边的商品界定相关商品市场，也可以根据平台所涉及的多边商品，分别界定多个相关商品市场，并考虑各相关商品市场之间的相互关系和影响。当该平台存在的跨平台网络效应能够给平台经营者施加足够的竞争约束时，可以根据该平台整体界定相关商品市场。

（2）认定市场支配地位。

我国发布的《国务院反垄断委员会关于平台经济领域的反垄断指南》第十一条规定，认定或者推定经营者具有市场支配地位，结合平台经济的特点，可以具体考虑以下的主要因素：

一是经营者的市场份额以及相关市场竞争状况。确定平台经济领域经营者市场份额，可以考虑交易金额、交易数量、销售额、活跃用户数、点击量、使用时长或者其他指标在相关市场所占比重，同时考虑该市场份额持续的时间。分析相关市场竞争状况，可以考虑相关平台市场的发展状况、现有竞争者数量和市场份额、平台竞争特点、平台差异程度、规模经济、潜在竞争者情况、创新和技术变化等。

二是经营者控制市场的能力。可以考虑该经营者控制上下游市场或者其他关联市场的能力，阻碍、影响其他经营者进入相关市场的能力，相关平台经营模式、网络效应，以及影响或者决定价格、流量或者其他交易条件的能力等。

三是经营者的财力和技术条件。可以考虑该经营者的投资者情况、资产规模、资本来源、盈利能力、融资能力、技术创新和应用能力、拥有的知识产权、掌握和处理相关数据的能力，以及该财力和技术条件能够以何种程度促进该经营者扩张业务或者巩固、维持市场地位等。

四是其他经营者对该经营者在交易上的依赖程度。可以考虑其他经营者与该经营者的交易关系、交易量、交易持续时间，锁定效应、用户黏性，以及其他经营者转向其他平台的可能性及转换成本等。

知识链接

阿里垄断案：执法机构如何认定平台是否具有市场支配地位

五是其他经营者进入相关市场的难易程度。可以考虑市场准入、平台规模效应、资金投入规模、技术壁垒、用户多栖性、用户转换成本、数据获取的难易程度、用户习惯等。

8.4 数字平台反垄断政策

8.4.1 数字平台的事前监管

（1）强化数字平台事前监管成为国际趋势。

近年来，为应对数字平台垄断带来的挑战，英国、欧盟、美国、中国等都强化了反垄断事前监管。英国2020年颁布了《数字市场、竞争和消费者法》，欧盟议会2022年通过了《数字市场法案》，美国国会2021年制定了《美国创新与选择在线法案》《终止平台垄断法》《通过赋能服务转换增强兼容与竞争法案》《平台竞争与机会法案》《并购申请费现代化法案》等，2021年，中国国家市场监督管理总局发布了《互联网平台分类分级指南（征求意见稿）》《互联网平台落实主体责任指南（征求意见稿）》，上述法律法规都旨在强化对大型数字平台的事前监管。总体来说，强化反垄断事前监管已经成为应对平台势力的反垄断国际趋势，强化事前监管的反垄断新体制也被称为“反垄断2.0”。

目前，各国强化数字平台反垄断事前监管体制主要是基于以下判断：由于数字平台垄断势力是由数字经济特有的规模经济效应、范围经济效应和网络效应相互强化推动产生的，因此传统的偏重于事后查处违法行为的反垄断执法体制无法从根本上解决结构性进入障碍和市场垄断问题，无法从根本上恢复市场的可竞争性。传统的反垄断法无法有效应对数字平台垄断问题，存在较高的失效风险，因此需要创新反垄断体制，通过强化事前监管提升反垄断监管的效能。

(2) 反垄断事前监管的对象是“守门人”平台。

事前监管的适用范围有限，主要是针对具有强垄断势力的数字平台。欧盟称这些平台为“守门人”平台，中国则称这些平台为“超级平台”。由于“守门人”平台同时具有绝对垄断势力、相对垄断势力和生态垄断势力，因此其有激励实施垄断行为，以维持和强化自身的垄断地位，从而严重损害市场竞争和交易公平。因此，反垄断事前监管重点针对“守门人”平台。欧盟《数字市场法案》对“守门人”平台的认定标准为：一是具有重要的经济地位，对市场具有重要的影响；二是具有重要的中介地位，运营一个核心的服务平台，并且该服务平台是商业用户与终端用户达成交易的重要通道；三是具有稳固的市场地位。《美国创新与选择在线法案》对“守门人”平台的认定标准涉及市场影响、经济规模和中介地位。表8-2总结了欧盟和美国对反垄断事前监管对象的界定标准。

表8-2　欧盟和美国对反垄断事前监管对象的界定标准

国家/地区	依据	数量标准
欧盟	重要的经济地位	在过去三个财年中年营业额在75亿欧元以上或者市值超过750亿欧元
	重要的中介地位	在上一个财年中每个月活跃终端用户数超过4 500万并且年活跃商业用户数超过1万个
	稳固的市场地位	无
美国	重要的市场影响	在过去12个月平台每个月至少拥有5 000万活跃用户或者每个月至少拥有10万个活跃商户
	较大的经济规模	在过去2年平台的年净销售收入大于5 500亿美元
	重要的中介地位	在过去2年平台是商品或服务提供者实现交易的重要伙伴

资料来源：作者根据欧盟《数字市场法案》第3条、《美国创新与选择在线法案》第2条整理。

(3) 反垄断事前监管的重点是明确“守门人”平台的行为规则。

反垄断事前监管是行为性监管，重点是明确“守门人”平台的行为规则，既要明确“守门人”平台不得从事的行为，也要明确其必须从事的行为。欧盟《数字市场法案》第5条和第6条对“守门人”平台提出了9项本身违法禁止行为（黑名单）和10项可抗辩本身违法行为（灰名单）。《美国创新与选择在线法案》对“守门人”平台提出了3项本身违法禁止行为和7项可抗辩本身违法行为。总体来说，欧盟和美国事前监管立法严格禁止的“守门人”平台行为主要有以下几种：自我优待、歧视性平台条款、独占交易协议、最惠国条款、未获授权的多源数据整合、强制性捆绑等。这些行为适用近似本身违法原则。欧盟和美国事前监管立法对于一般的捆绑搭售、拒绝数据接入或兼容、阻碍互操作性，以及限制数据可携带、歧视性数据接入等行为则适用可抗辩的本身违法原则。在当事平台企业有可信的证据表明该行为具有显著的效率效应的情况下，其不构成违法。

8.4.2 中国数字平台反垄断政策

（1）完善立法以应对数字平台垄断。

近年来，随着我国数字经济迅猛发展，数字平台日益凸显的市场势力和普遍实施的“二选一”独占交易、“大数据杀熟”、平台封禁等行为也引起了各界的关注。与此同时，我国《反垄断法》实施中暴露出部分条款灵活性不足以及对平台经济特征考虑不充分等不适应性问题，迫切需要补充和完善平台经济反垄断法律，以应对平台经济反垄断挑战。2021年2月，我国发布了《国务院反垄断委员会关于平台经济领域的反垄断指南》，对平台经济领域反垄断的突出问题做出了立法回应。2022年6月24日，第十三届全国人民代表大会常务委员会第三十五次会议审议通过了《中华人民共和国反垄断法》（2022修正）（以下简称新《反垄断法》）。该法第9条规定：“经营者不得利用数据和算法、技术、资本优势及平台规则等从事本法禁止的垄断行为。”

（2）强化数字平台严重限制竞争行为的反垄断执法。

为维护市场竞争，国家市场监督管理总局重点对数字平台严重限制竞争的垄断行为采取反垄断执法行动。2021年4月，国家市场监督管理总局对阿里做出行政处罚，认定阿里为限制其他竞争平台发展，滥用其在中国境内网络零售平台服务市场的支配地位，实施“二选一”独占交交易行为，构成滥用市场支配地位行为，对其处以2019年度中国境内销售额4%（182.28亿元）的罚款。同年，美团也因为实施“二选一”独占交易行为而受到反垄断调查。2021年10月，国家市场监督管理总局公开了对美团的行政处罚决定，责令其停止违法行为，并处以34.42亿元罚款。2022年12月26日，国家市场监督管理总局认定中国知网滥用市场支配地位，实施了非法的独家合作协议和不公平高价格行为，据此责令其停止违法行为并对其处以8 760万元罚款。此外，我国还加大了数字平台并购反垄断执法力度。《中国反垄断执法年度报告（2021）》显示，2021年平台经济领域非法实施并购的案件就有98件。

（3）提升反垄断执法机构的执法能力。

为应对数字平台反垄断执法的繁重任务，国家也重视提升反垄断执法机构的执法能力。一是完善反垄断执法机构体制。《反垄断法》第13条规定，“国务院反垄断执法机构负责反垄断统一执法工作”，意味着中国将设立专门的反垄断执法机构，执法机构的地位显著上升。2021年11月，国家市场监督管理总局加挂“国家反垄断局”牌子，反垄断机构升级为副部级国家局，设立反垄断执法一司和二司。其中，反垄断执法一司负责对垄断协议、滥用市场支配地位及滥用知识产权排除、限制竞争等的反垄断执法工作；反垄断执法二司负责依法对经营者集中行为进行反垄断审查。同年12月，成立竞争政策与大数据中心。二是完善反垄断分级执法体制。《反垄断法》第 13 条第二款指出：“国务院反垄断执法机构根据工作需要，可以授权省、自治区、直辖市人民政府相应的机构，依照本法规定负责有关反垄断执法工作。”这表明我国实行的是中央和地方分级监管机制，这在一定程度上可以解决执法人员不够、工作量大的问题，有利于开展更全面、科学的反垄断执法工作。三是加强反垄断执法司法。《反垄断法》第 11 条明确强调：“国家健全完善反垄断规则制度，强化反垄断监管力量，提高监管能力和监管体系现代化水平，加强反垄断执法司法，依法公正高效审理垄断案件，健全行政执法和司法衔接机制，维护公平竞争秩序。”由于执法资源不足，执法机构只能将注意力投向少数案件，这直接导致了企业违法行为无法得到及时、有效的惩治。为此，国家市场监督管理总局及地方反垄断执法机构都相应地采取了人员扩编、专项预算拨款增加等措施来提升执法能力，以适应日益繁重的反垄断行政执法任务。

本章小结

数字市场消费者决策的主要影响机制是声誉机制与商品推荐，同时数字商品供给具有典型的零边际成本特征。数字经济供给侧规模经济效应和需求侧规模经济效应的结合形成了明显不同于非数字商品的供求均衡关系，给消费者带来了巨大的递增价值，提高了社会总福利。

数字市场竞争的主要特点是：数据与算法成为影响市场竞争的重要因素；“守门人”平台成为影响市场竞争的重要主体；平台之间的竞争体现为生态竞争；破坏性创新成为市场动态竞争的主导力量。数字经济市场竞争的主要影响因素是数据独占性、网络效应强度、用户多属性和用户转换成本。

数字经济市场容易出现高度集中的市场结构。平台垄断势力是指数字平台采用技术、合约等手段来影响不同用户群体的市场联结或相互作用，从而操控特定线上市场的能力。平台垄断势力包括绝对垄断势力、相对垄断势力和生态垄断势力。滥用平台垄断势力对福利的损害主要体现在严重损害消费者福利、严重损害平台商家福利、威胁社会公共安全这几个方面。因此，“守门人”平台成为反垄断监管的重点。强化数字平台事前监管成为国际趋势。

主要概念

数字市场　声誉机制　商品推荐　零边际成本　“守门人”平台　生态竞争
破坏性创新　用户多属性　用户转换成本　平台垄断势力　事前监管

复习题

1. 声誉机制与商品推荐是如何影响数字市场消费者决策的?
2. 简述数字经济市场竞争的特点及市场竞争层次。
3. 简述数字经济市场竞争的主要影响因素。

4. 简述平台垄断势力的层次及其损害。

推荐阅读文献

唐要家. 数字平台反垄断的基本导向与体系创新. 经济学家，2021（5）.
唐要家，王钰，唐春晖. 数字经济、市场结构与创新绩效. 中国工业经济，2022（10）.
唐要家，唐春晖."数据垄断"的反垄断监管政策. 经济纵横，2022（5）.
唐要家，唐春晖. 数字平台垄断势力与反垄断事前监管. 中国流通经济，2022，36（8）.

第三篇

数字经济宏观

第九章

数字经济统计

章前导语

数字经济统计体系的建立和完善有助于准确评估数字经济发展态势、衡量数字经济贡献、监测数字经济运行情况，对于各国推动数字经济健康可持续发展具有重要意义。然而，随着现代数字技术与人类经济社会发展、生产生活方式、生态文明建设等各领域、全过程的深入融合，数字经济这一新经济形态正在改变国民经济的生产、生活、消费和分配方式，传统国民经济核算体系在统计口径、核算方法等方面已无法满足实践需要。为此，如何立足现行数字经济统计工作实际，聚焦数字经济统计需求，构建全面、准确的数字经济统计体系已成为重要研究课题。

目前，国际上关于数字经济统计的内涵、思路、方法等方面尚未形成统一体系，诸多国际组织机构和国家尝试根据数字经济发展特征进行统计实践，为数字经济统计理论的完善提供了有益补充。中国数字经济统计发展起步较晚，但在数字经济产业分类、规模核算、指数构建等方面也进行了诸多实践，数字经济统计的“中国方案”正在不断探索和完善之中。

学习目标

理解数字经济统计的内涵与挑战；

理解数字经济统计的思路与方法；

了解数字经济规模核算和指数编制的国际经验；

了解中国数字经济的统计实践。

9.1 数字经济统计的内涵与面临的挑战

9.1.1 数字经济统计的范围

数字经济统计建立在明晰数字经济内涵的基础上，数字经济内涵将直接影响数字经济统计范围的界定。作为数字技术催生的新经济形态，数字经济的统计内涵和外延在由信息经济、互联网经济到数字经济的发展过程中不断拓展。目前，数字经济统计的范围尚未形成通用、统一的界定，但根据数字经济的概念和统计核算的可操作性，不同国家和相关国际组织所界定的数字经济统计的范围可大致划分为窄口径和宽口径。

知识链接

数字经济的定义方法

（1）窄口径。

窄口径的数字经济统计围绕数字产业化展开，主要包括直接与数字信息技术相关的产业部门，如 ICT、电子商务、数字服务等，侧重统计依赖数字投入进行生产活动的产业部门。在统计实践中，国际货币基金组织（IMF）侧重统计窄口径下的“数字部门”，即数字化核心产业、ICT 产品和服务、数字平台以及平台支持的经济活动。[1] 美国经济分析局（Bureau of Economic Analysis，BEA）构建的经济测度框架体系[2]也属于窄口径的数字经济统计，统计范围主要包括与互联网和 ICT 产业相关的经济活动，统计分类包括数字基础设施、电子商务和数字媒体三类。具体而言，数字基础设施指支持计算机网络和数字经济的存在和运行所需的软件和硬件基础设施；电子商务指由数字平台和数字支付促成的商品交易或服务交易；数字媒体指人们在数字设备上创建、访问、存储或查看的内容。加拿大统计局（2019）、澳大利亚统计局（2019）以及英国数字、文化、媒体和体育部（2020）等对数字经济的统计也借鉴和沿用了窄口径。

（2）宽口径。

宽口径的数字经济统计主要围绕数字产业化和产业数字化展开，包括所有依赖数字投入或因使用数字投入而显著增强的经济活动，涵盖了国民经济各行各业的数字化发展以及利用这些数字投入的所有生产者和消费者。在统计实践中，以中国信息通信研究院（简称“中国信通院”）、中国国家统计局为代表的机构主要采用宽口径对数字经济进行统计核算。其中，中国信通院的数字经济统计方法被纳入 G20《数字经济测算工具箱》[3]，其测算方法最初主要包括数字产业化部分和产业数字化部分：数字产业化部分包括电子信息制造业、基础电信业、互联网行业软件服务业等；产业数字化部分指传统产业应用数字技术带来的产出增加和效率提升，包括但不限于工业互联网、量化融合、智能制造、车联网、平台经济等融合性新产业、新模式、新业态。《中国数字经济发展白皮书》（2020）还进一步将“两化”拓展为“四化”框架，即数字产业化、产业数字化、数字化治理与数据价值化。

---

① IMF. *Measuring the Digital Economy*, 2018.

② BEA. *Defining and Measuring the Digital Economy*, 2018.

③ G20. *Toolkit for Measuring the Digital Economy*, 2018.

9.1.2　数字经济的层级结构

数字经济的定义既需要在概念上具有灵活性，也需要在统计上具有明确性。一方面，不同机构、组织或研究者需要灵活的定义来满足不同的需求和目标；另一方面，数字经济统计实践需要可供准确测量的明确要素，这些要素可以满足统计核算的可行性。为此，OECD（2020）根据数字经济的内涵，从统计角度明确了数字经济的层级结构，为不同统计方法构建了统一可比的框架，有助于深入认识和理解数字经济的统计内涵。数字经济的核算标准主要包括四个层级结构：核心层、狭义层、广义层以及数字社会。具体而言，核心层包括生产 ICT 产品和 ICT 及信息服务等的经济活动；狭义层包括核心层以及依赖数字投入所产生的经济活动；广义层包括核心层和狭义层以及因使用数字投入而显著增强的经济活动；数字社会包括数字经济的前三个层级以及未被统计在 GDP 内的其他数字化交易和活动，如免费数字平台服务等（见图 9－1）。

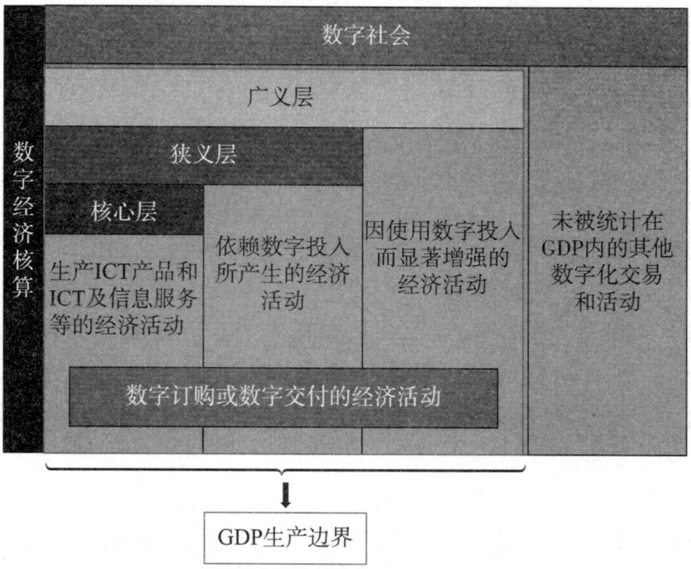

图 9－1　数字经济的层级结构

图 9－2 进一步阐释了数字经济层级结构与经济活动分类的关系。数字经济核心层的统计标准包括所有具有数字性质产出的经济活动，无论生产活动中数字投入的水平如何。数字经济狭义层和广义层的统计标准还包括了非数字性质的经济产出活动，两者的统计标准不同的原因在于数字投入水平不同，狭义层统计的经济活动更加依赖数字投入。此外，在 GDP 生产边界内，低水平或没有数字投入但有非数字性质产出的经济活动属于传统经济。例如，几乎所有企业都会在业务中使用电子邮件、互联网等数字化工具，如果这些数字化工具无法显著提升企业产出，那么该项经济活动就属于传统经济范畴。在 GDP 生产边界外，与高水平或中等水平数字投入相关的其他活动属于数字社会，低水平或没有数字投入的其他活动属于传统社会。

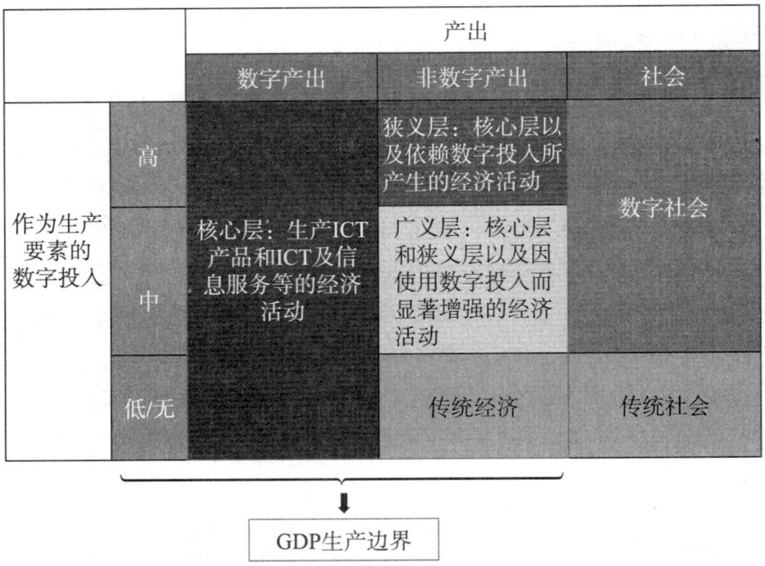

图 9-2　数字经济层级结构与经济活动分类

9.1.3　数字经济统计面临的挑战

目前数字经济统计面临的首要挑战在于缺乏对数字经济概念的统一定义，因而难以对数字经济进行国际比较。在统计实践中，传统统计体系主要以国民账户体系（System of National Accounts，SNA）为基础，以 GDP 核算为中心，形成了涵盖经济、金融、财政、贸易、投资等多个领域的一系列统计标准、手册和规范。随着数字技术以新理念、新业态、新模式等全面融入人类经济、政治、文化、社会、生态文明建设各领域和全过程，传统统计体系也面临巨大挑战。

(1) 数据作为关键生产要素难以核算。

随着数字经济时代数据规模的爆发式扩大，数据已成为驱动经济社会发展的新型关键生产要素，非结构化的数据也重构了统计理论的本源。首先，不同于货物或服务的特征，数据具有无形性、共享性和生产消费统一性的特征，数据产权模糊、资产范围扩大导致数据资产的定义、范围、权属等难以界定，这给生产、投资、消费和收入等领域的统计工作均带来了挑战。其次，传统统计数据的获取对象主要为结构化数据，但随着数字经济时代的发展，非结构化数据逐渐成为主流，数据资源海量化和高频化、数据来源和结构复杂化、数据产权分离化等导致传统统计手段和制度的适应性不足，传统统计体系采集和处理非结构化数据的效率低下。最后，传统国民经济核算尚未将数据价值列入生产资本进行统计，但数据带来的价值可能远高于利用永续盘存法等传统方法所得出的估值。数据的共享性赋予了免费数字商品隐性价值。尽管消费者没有直接支付费用，但消费者和生产者可以通过隐性交易来实现数据的资产价值，然而如何衡量这一价值仍是数字经济统计面临的难题。

(2) 数字经济生产与消费的边界难以界定。

传统国民账户体系明确界定了生产者和消费者的身份以及生产和消费的范围，但随着数字经济为经济活动提供越来越多的便利，身份以及生产和消费的边界也变得更加模糊。

一方面，随着数字技术和数字平台的普及应用，生产的门槛降低了，消费者很容易就能成为产品供应者和价值创造者，导致生产和消费的边界模糊。例如，滴滴、饿了么、美团等数字平台能为消费者或灵活就业人员提供中介服务，使非企业化的单位和个人得以通过数字平台服务参与生产活动，改变了生产者和消费者之间的互动方式。这种生产和消费边界的模糊化使商品和服务的价格及交易量测算变得困难，从而增加了数字产出和交易的测算难度。另一方面，数字化使生产主体和生产关系逐渐呈现虚拟化和网络化趋势，部分住户部门可以将自给性产品提供给市场，这也导致了商品的消费和投资属性的边界模糊化。例如，消费者可以利用闲暇时间在滴滴、爱彼迎、闲鱼等数字平台获取收入。但传统国民账户体系并未将自给性服务包含在统计范围内，这给数字经济生产与消费的统计核算带来了挑战。

（3）新业态新模式的统计标准存在盲点。

数字经济的发展催生了以数字技术为基础的新业态新模式，颠覆了传统产业的市场模式、组织形态和管理模式，对国民经济行业分类、统计产品分类等标准提出了巨大挑战。首先，免费经济的出现让消费者能免费或以低廉的价格获得数字商品或服务，也让企业可以通过提供免费商品的方式来吸引流量，进而通过广告等其他方式盈利。但目前的 GDP 核算未能体现这种免费商品的生产价值和消费价值，这对生产和消费的统计标准提出了挑战。其次，数字技术极大地降低了信息搜寻成本，减少了信息不对称，推动了共享经济不断发展壮大，但共享经济涉及的产业部门、机构单位以及核心项目还不明确，新业态下总产出和增加值、最终消费和资本形成、进口和出口等条目的统计标准有待进一步梳理和规范。最后，数字化转型推动了实体经济与数字经济的深度融合，数字平台的存在导致一些经济活动和产品在统计中难以准确归类，对行业和产品分类标准提出了挑战。

9.2　数字经济统计的思路与方法

9.2.1　数字经济统计的思路

根据数字经济的内涵，数字经济统计的重点包括数字经济规模、数字经济要素投入、数字经济新业态新模式等方面。

（1）数字经济规模的统计思路。

目前数字经济规模的统计思路主要包括两种：一是国民经济核算框架下的 GDP 核算法。这种方法的统计思路主要是在界定数字经济内涵和范围的基础上，基于现行的国民经济核算框架，采用投入产出法、支出法等统计方法，对不同行业数字部门的增加值或总产出进行加总，从而统计出数字经济的规模。但由于统计数据可得性的限制，部分数据需通过假设法、计量经济模型法、增长核算法等方法进行推算。二是综合评价框架下的指数编制法。这种方法的统计思路主要是基于数字经济的不同维度，构建系统、全面的多层次评价体系指标，涵盖新媒介、新服务、新交易形式等数字经济活动，进而构建反映数字经济发展的综合评价体系。由于不同评价体系的数字经济分类和指标选取可能存在不同，因此不同综合评价框架下的数字经济测度结果也有所差异。

（2）数字经济要素投入的统计思路。

目前数字经济要素投入的统计内容主要包括数字资本投入、数字劳动投入以及数据资产。其统计思路大致可以归纳为：首先界定不同数字经济要素投入的范围和分类，其次构建数字经济要素统计框架，最后结合现有统计方法核算相应的数字经济要素投入总量。具体而言：第一，数字资本投入主要反映数字经济活动中投入资本的价值变化情况，通常将资本类型划分为建筑物、机器设备、其他资本、ICT 硬件和软件等。统计数字经济要素时，需将数字资本从传统资本中剥离出去，然后采用永续盘存法等方法进行测算，目前这仍是数字经济要素投入统计的难点。第二，数字劳动投入主要包括工作内容涉及数字经济商品或服务的劳动者。统计数字经济要素时，需明确数字经济劳动者的性别、年龄、薪资、学历等劳动特征，然后进行统计测算。第三，数据资产指由企业拥有或者控制的、能够为企业带来未来经济利益的、以物理或电子方式记录的数据资源。由于其性质复杂、核算难度高、工作量大，目前数据资产的统计核算仍处于探索阶段。

（3）数字经济新业态新模式的统计思路。

数字经济的快速发展带动了免费经济、共享经济等大量新业态新模式的快速发展，本部分主要以免费经济为代表介绍数字经济新业态新模式的统计思路。免费经济的统计思路主要包括基于实物转移的统计思路和基于易货交易的统计思路（见图 9－3）。基于实物转移的统计思路为：首先对免费商品的生产者虚拟一笔产出（免费商品），该产出以实物转移的方式免费提供给消费者；其次对消费者虚拟一笔实物转移收入来消费生产者提供的免费商品，再对消费者虚拟一笔消费支出。基于易货交易的统计思路为：首先对生产者虚拟一笔产出来提供免费服务，对消费者虚拟一笔产出来提供顾客价值，双方通过数字平台进行易货交易；然后对生产者虚拟一笔收入以获得消费者价值，对消费者虚拟一笔消费以获得免费服务。

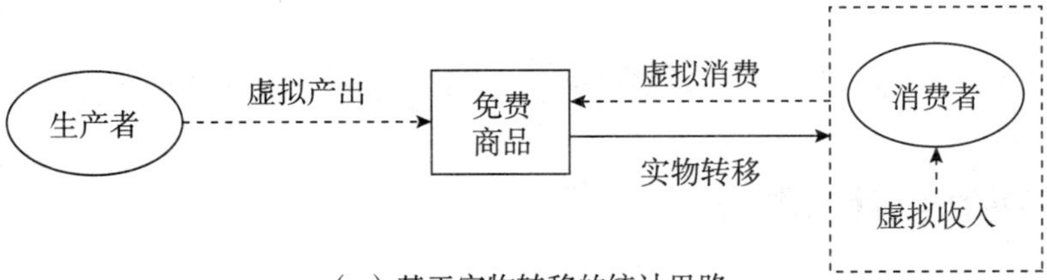

（a）基于实物转移的统计思路

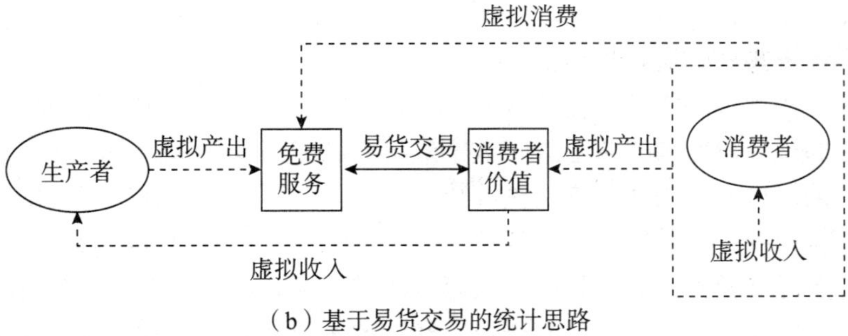

（b）基于易货交易的统计思路

图 9－3　免费经济的统计思路

9.2.2 数字经济统计的方法

现行数字经济统计体系常用的统计方法主要包括三种：GDP核算法、指数编制法以及卫星账户法。

(1) GDP核算法。

GDP核算法首先基于数字经济的内涵和范围确定数字经济产业统计分类，然后利用经济统计年鉴、经济普查数据、投入产出表等数据，核算数字经济核心产业各行业的增加值，最后加总得到数字经济核心产业的增加值。GDP核算法常用于核算数字经济核心产业的增加值，主要包括生产法和支出法。生产法以总产出与中间投入之差测算数字经济各行业增加值，通过加总数字经济各行业增加值衡量数字经济规模；支出法先定义数字经济支出领域，然后加总各领域支出，最终测算出数字经济规模。在统计实践中，生产法运用最广，美国、加拿大、澳大利亚等国家主要采用该种方法进行数字经济统计。

由于数字经济各行业的详细数据不全，因此部分行业增加值、行业中数字经济增加值等需进一步估算，如BEA在假定数字经济中间消耗占数字经济总产出的比重与相应产业中间消耗占总产出的比重相同的前提下，对数字经济核心产业的增加值进行估算。

(2) 指数编制法。

指数编制法常用于对数字经济发展情况进行综合评价，可操作性强、应用范围广，国际电信联盟、OECD、欧盟、世界银行、中国信通院、上海社会科学院等国内外组织和机构采用不同的方法和指标构建了不同的数字经济指数。指数编制法主要通过构建多级指标体系，利用统计加权等方法对多种指标进行合成，进而得到综合指数。例如，OECD构建了数字经济统计指标体系，包括智能基础设施投资、社会推进、创新能力、ICT促进经济增长与增加就业岗位4个一级指标，以及38个二级子指标。欧盟在此基础上进一步优化，构建了数字经济与社会指数（DESI），包括宽带接入、人力资本、互联网应用、数字技术应用、数字化公共服务程度共5个一级指标，12个二级指标，以及31个三级指标。

(3) 卫星账户法。

卫星账户是传统国民经济核算的辅助统计账户，通常用于统计国民经济中特殊形态的经济模式。数字经济卫星账户将数字经济活动运行视为整体，试图厘清数字经济活动中不同主体运行发展的特征，确保数字经济统计的全面性和整体性。目前数字经济卫星账户法是数字经济统计领域的前沿方法，还没有国家系统地编制完整的数字经济卫星账户体系，但OECD、BEA、新西兰统计局等组织的工作为数字经济卫星账户的编制奠定了基础。OECD从数字交易的性质出发构建了数字经济卫星账户的基本框架（见图9-4），该框架按交易性质是否为数字订购或数字交付对数字经济进行刻画，大多数国家和学者在这一框架下对数字经济卫星账户进行了拓展和细化。

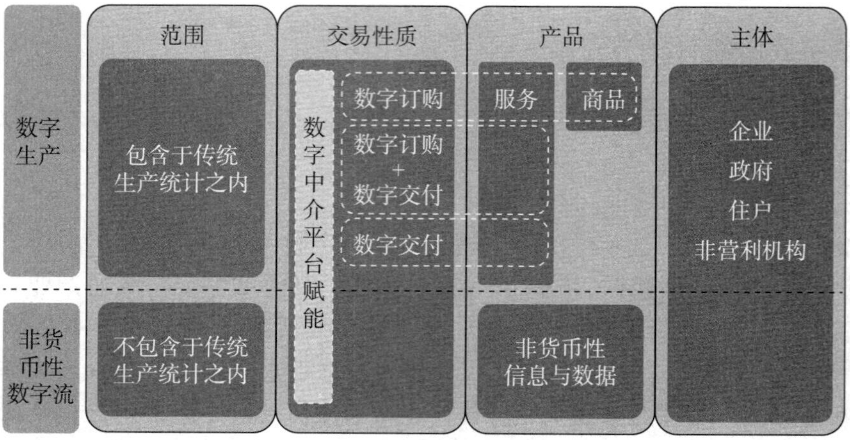

图 9-4 OECD 数字经济卫星账户的基本框架

资料来源：MITCHELL，J. "Digital Supply-use Tables：A Step toward Making Digital Transformation More Visible in Economic Statistics" //OECD. *Going Digital Toolkit Note*，2021.

9.3 数字经济统计的国际经验

9.3.1 数字经济规模核算

各国数字经济规模核算体系可大致划分为两类：一是采用窄口径下的核算框架，主要以欧美国家为代表；二是采用宽口径下的核算框架，主要以中国为代表。

(1) 窄口径下统计核算的国际经验：BEA 的数字经济规模核算。

BEA（2021）将数字经济核算范围拓展为数字基础设施、电子商务以及付费数字服务三部分（见表 9-1），以此统计分类加总行业增加值或产出并测算美国数字经济规模。[①]其中，数字基础设施指支持计算机网络与数字经济的存在和运行所需的软硬件基础设施；电子商务指由数字平台和数字支付促成的商品或服务交易；付费数字服务指与计算机和通信有关并向消费者收取费用的服务。最新数据表明，2021 年，美国数字经济增加值合计 24 080 亿美元，占 GDP 的比重为 10.33%。[②]

表 9-1 BEA 的数字经济核算范围（2021）

分类	二级分类	具体内容	是否纳入 BEA 的实际核算
数字基础设施	硬件	构成计算机系统的人造物理元件，包括但不限于显示器、硬盘驱动器和半导体以及通信产品和视听设备产品	是
	软件	个人电脑和商业服务器等设备使用的程序和其他操作信息，包括商业软件和公司内部开发的自用软件	是

① BEA. *Updated Digital Economy Estimates*，2021.

② BEA. *New and Revised Statistics of the U. S. Digital Economy，2005-2021*，2022.

续表

分类	二级分类	具体内容	是否纳入BEA的实际核算
数字基础设施	结构	以生产数字经济商品、提供数字经济服务、向数字商品提供支持服务为目的的建筑，包括数据中心、半导体制造厂、光缆和交换机等	否
电子商务	B2B	企业间利用互联网或其他电子方式采购商品和服务的经济活动	包括商品，尚未包括服务
	B2C	企业利用互联网或其他电子方式向消费者销售商品和服务的经济活动，即零售电子商务	
付费数字服务	云服务	基于一系列计算资源的计算服务，可按需访问，管理工作量小，包括远程和分布式托管、存储、计算和安全服务	是
	电信服务	除互联网以外，还包括与电话、有线电视和卫星电视以及无线电广播相关的服务	是
付费数字服务	互联网和数据服务	与提供互联网接入、托管、搜索、检索以及流式传输网络内容和信息有关的服务	部分纳入
	数字中介服务	通过数字平台为双方提供信息并成功促成交易以收取明确费用的服务	否
	其他付费数字服务	除云服务、电信服务、互联网和数据服务以及数字中介服务以外的其他付费数字服务	是

澳大利亚统计局（Australian Bureau of Statistics，ABS）、加拿大统计局以及英国数字、文化、媒体和体育部（DCMS）借鉴 BEA 的核算框架制定了本国数字经济规模核算体系和方案。其中，澳大利亚统计局主要采用 BEA（2018）的数字经济统计分类框架。最新数据显示，2020 年澳大利亚数字经济增加值合计 1 180 亿美元，占 GDP 的比重为 6.1%。[①] 加拿大统计局 2019 年借鉴 OECD 和 BEA 的核算框架，将数字经济分为数字基础设施、电子商务和数字交付产品三类[②]，2021 年进一步构建了数字供应和使用表，将数字经济划分为六大行业。[③] 最新数据显示，2019 年加拿大数字经济增加值合计 1 178 亿美元，占 GDP 的比重为 5.46%。[④] 英国数字、文化、媒体和体育部将数字经济部门进一步划分为九大子行业。[⑤] 最新数据显示，2020 年英国数字经济增加值合计 1 423 亿英镑（约 1 861 亿美元），GDP 占比为 7.48%。[⑥]

---

① ABS. *Digital Activity in the Australian Economy*, *2020－2021*, 2022.

② Statistics Canada. *Measuring Digital Economic Activities in Canada*: *Initial Estimates*, 2019.

③ 包括 ICT 行业、数字中介平台、数据和广告驱动型数字平台、在线零售商和批发商、提供金融和保险服务的纯数字公司服务、其他仅以数字方式运营的生产商。

④ Statistics Canada. *Digital Supply and Use Tables*, *2017 to 2019*, 2019.

⑤ 包括电子和计算机制造，计算机和电子产品批发，出版（不包括笔译和口译活动），软件发布，电影、电视、录像、广播和音乐，电信，计算机编程、咨询及相关活动，信息服务活动，计算机和通信设备维修。

⑥ DCMS. *Digital Sector Economic Estimates 2020*: *Annual GVA*, 2023.

尽管这些国家的具体核算体系有所差异，但总体而言具有一定可比性，可对各国数字经济发展现状进行国际对比分析。另外，由于我国尚未有官方采用 BEA 的核算框架测算数字经济规模，因此本书采用许宪春和张美慧（2020）的框架对中国 2017 年的数字经济规模进行测算，并将其与美国、英国、澳大利亚和加拿大等国家进行国际比较（见图 9－5）。2017 年，从数字经济的规模来看，美国数字经济增加值远超其他国家，达到 18 110 亿美元；中国位居第二，规模为 7 854 亿美元，相当于美国数字经济增加值的 43%；从占比看，美国数字经济增加值占 GDP 的比重稳居第一，达到 9.30%，其次是英国（6.98%）、中国（6.46%）、澳大利亚（5.80%）、加拿大（5.12%）；从增速看，中国 2012—2017 年年均增速高达 15.99%，远超排名第二的美国（5.42%），英国年均增速（3.06%）在这 5 个国家中排名最后。

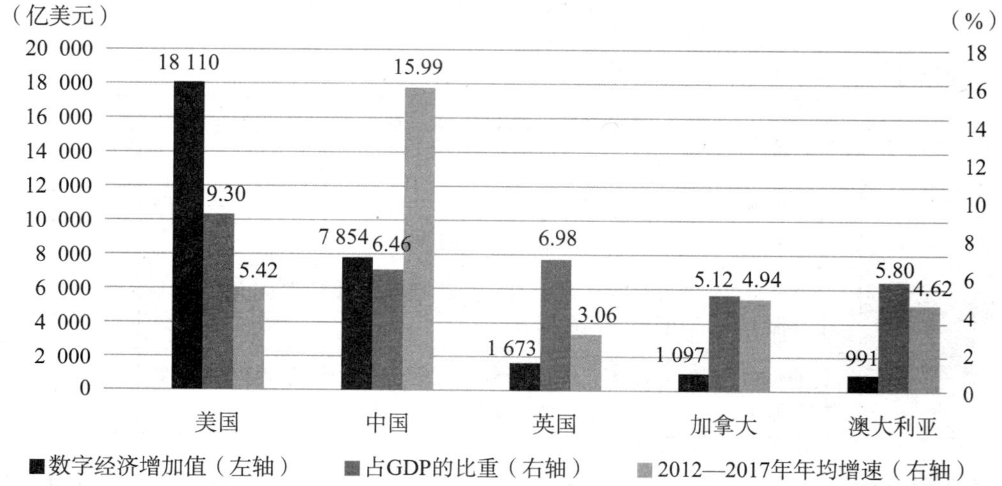

图 9－5　2017 年数字经济规模的国际比较

资料来源：美国经济分析局；许宪春和张美慧（2020）；英国数字、文化、媒体和体育部；加拿大统计局；澳大利亚统计局。

注：中国和英国的数字经济增加值规模分别根据 2017 年人民币与美元汇率和英镑与美元汇率统一折算为美元计价。

（2）宽口径下统计核算的国际经验：中国国家统计局的数字经济规模核算。

2021 年 6 月 3 日，国家统计局发布《数字经济及其核心产业统计分类（2021）》，为我国数字经济核算提供了统一可比的统计标准、口径和范围。这一产业统计分类标准从数字产业化和产业数字化两个方面，将数字经济产业的统计范围划分为数字商品制造业、数字商品服务业、数字技术应用业、数字要素驱动业、数字化效率提升业 5 大类。数字经济核心产业对应的前 4 大类为数字产业化部分，是指为产业数字化发展提供数字技术、商品、服务、基础设施和解决方案，以及完全依赖于数字技术、数据要素的各类经济活动，主要包括计算机通信和其他电子设备制造、电信广播电视和卫星传输服务、互联网和相关服务、软件和信息技术服务等，对应《国民经济行业分类》中的 26 个大类、68 个中类、126 个小类，是数字经济发展的基础。第 5 大类为产业数字化部分，指应用数字技术和数据资源为传统产业带来的产出增加和效率提升，涵盖智慧农业、智能制造、智能交通、智慧物流、数字金融、数字商贸、数字社会、数字政府、其他数字化效率提升业等数字化应用场景，对应《国民经济行业分类》中的 91 个大类、431 个中类、1 256 个小类，是数字技术与实体经济的融合。

由于中国与美国在对数字经济产业的统计分类方面有较好的对应关系，因此中美两国的统计结果大致可比。本书结合鲜祖德和王天琪（2022）、BEA 数字经济核算的最新数据，比较中美 2012—2020 年数字经济规模发展情况（见表 9－2）。从规模看，2012—2020 年，美国数字经济规模一直领先于中国，2020 年中国数字经济增加值为 11 545.74 美元，约为美国（21 720.24 亿美元）的 53%。从占比看，2012—2020 年间中国数字经济规模占 GDP 比重低于美国约 2 个百分点。从增速看，中国数字经济规模增速远超美国，2012—2020 年，中国数字经济规模年均增长率为 9.35%，美国数字经济规模年均增长率为 5.55%，表明中国数字经济规模保持持续快速增长。

表 9－2　2012—2020 年中美数字经济规模、占 GDP 比重及增速比较

年份	中国			美国		
	增加值（亿美元）	占 GDP 比重（%）	增速（%）	增加值（亿美元）	占 GDP 比重（%）	增速（%）
2012	5 675.31	6.65		14 112.50	8.68	
2013	6 374.59	6.66	12.32	14 986.55	8.90	6.19
2014	7 087.78	6.77	11.19	15 529.09	8.85	3.62
2015	7 593.72	6.87	7.14	16 660.87	9.15	7.29
2016	7 881.47	7.01	3.79	17 376.19	9.29	4.29
2017	8 708.27	7.07	10.49	18 109.67	9.30	4.22
2018	10 096.09	7.27	15.94	19 354.99	9.43	6.88
2019	10 644.29	7.44	5.43	20 482.75	9.58	5.83
2020	11 545.74	7.84	8.47	21 720.24	10.31	6.04

资料来源：鲜祖德和王天琪（2022）；BEA。

注：中国数字经济增加值根据当年人民币与美元汇率折算为美元，汇率数据来源于国家统计局，美国数字经济增加值数据来源于 BEA 2022 年 11 月的最新数据。

9.3.2　数字经济指数编制

构建数字经济指数有助于从宏观角度把握数字经济发展水平。近年来，越来越多的组织、机构和企业尝试编制全球范围内的数字经济指数以对各国（地区）数字经济发展状况进行国际比较，如国际电信联盟（International Telecommunication Union，ITU）的 ICT 发展指数（IDI）、欧盟的数字经济与社会指数（DESI）、华为的全球链接指数（GCI）、上海社会科学院的数字经济竞争力指数、阿里研究院的数字经济发展指数以及中国社会科学院等的全球数字经济发展指数（TIMG）等，详见表 9－3。IDI 编制起步最早，始于 1995 年，但该指数侧重评估一国 ICT 产业的发展情况，主要反映该国信息化发展水平，相比其他指数，对数字经济新特征关注较少。随着 2013 年数字经济 2.0 的快速崛起，大量组织机构开始尝试编制不同数字经济指数来度量数字经济发展状况，反映数字经济发展趋势。

表 9-3 国际主要数字经济指数

序号	指数名称	发布机构	指标体系
1	IDI	ITU	ICT 接入、ICT 使用、ICT 技能
2	DESI	欧盟	人力资本、宽带连接、企业数字技术整合、数字公共服务
3	GCI	华为	供给要素、需求要素、体验要素、潜力要素
4	全球数字经济竞争力指数	上海社会科学院	数字设施、数字产业、数字创新、数字治理
5	数字经济发展指数	阿里研究院	数字基础设施、数字消费者、数字产业生态、数字公共服务、数字科研
6	TIMG	中国社会科学院等	数字技术、数字基础设施、数字市场、数字治理

目前的数字经济指数基本采用多层级的指标构建体系，通过加权法编制。各指数考察的领域既有共性也有差异，重点考察的领域主要包括以下三个：一是数字技术创新。例如，IDI 从 ICT 技能层面考察数字技术创新；DESI 从人力资本和技术整合两个层面考察数字技术创新；全球数字经济竞争力指数从数字创新层面考察数字技术创新；数字经济发展指数从数字科研层面考察数字技术创新；TIMG 从数字技术层面考察数字技术创新。二是数字基础设施建设。例如，IDI 主要构建 ICT 指标；DESI 构建连通性指标；GCI 构建供给要素指标；上海社会科学院、阿里研究院以及中国社会科学院等编制的数字经济指数均直接构建数字基础设施指标。三是数字市场和产业发展。例如，GCI 衡量了需求要素；上海社会科学院编制的数字经济指数度量了数字产业；阿里研究院编制的数字经济指数度量了数字消费者和数字产业生态；TIMG 考察了数字市场以反映数字发展潜力。

由于指标选取、样本范围和度量方法等不同，因此不同数字经济指标体系所反映出的同一国家的数字经济发展水平存在较大差异。表 9-4 列出了不同数字经济指数排名前 15 的国家。以 2017 年为基准，欧盟 I-DESI（与 DESI 指标结构相同，但指标定义不同）表明冰岛为全球数字经济发展水平最高的国家，北欧国家的排名普遍靠前，美国仅排名第 8，但 2018 年美国跃升至全球第一。相较而言，华为 GCI、全球数字经济竞争力指数、数字经济发展指数、TIMG 排名均表明，美国为全球数字经济发展水平最高的国家，但中国基于不同数字经济指数的排名存在较大差异。中国基于欧盟 I-DESI、华为 GCI、TIMG 的排名相对靠后，分别为第 36 名、第 25 名和第 14 名，基于全球数字经济竞争力指数和数字经济发展指数的排名仅次于美国。最新数据显示，中国基于欧盟 I-DESI 的排名从第 36 名上升至第 28 名，基于华为 GCI 的排名从第 25 名上升至第 22 名，TIMG 的排名从第 14 名上升至第 8 名，表明中国近年来数字经济发展迅速、成效显著。

表 9-4 基于不同数字经济指数的国际比较

排名	欧盟 I-DESI		华为 GCI		全球数字经济竞争力指数		数字经济发展指数	TIMG	
	2017 年	2018 年	2017 年	2020 年	2017 年	2022 年	2017 年	2017 年	2021 年
1	冰岛	美国	美国	美国	美国	美国	美国	美国	美国
2	丹麦	丹麦	新加坡	新加坡	中国	中国	中国	新加坡	新加坡
3	芬兰	芬兰	瑞士	瑞士	新加坡	瑞士	英国	英国	英国
4	卢森堡	荷兰	瑞典	瑞典	英国	荷兰	韩国	德国	德国
5	荷兰	瑞士	丹麦	丹麦	荷兰	日本	瑞典	荷兰	荷兰
6	瑞典	瑞典	日本	芬兰	芬兰	韩国	挪威	瑞士	日本
7	挪威	挪威	英国	荷兰	德国	丹麦	日本	法国	法国
8	美国	冰岛	芬兰	英国	日本	爱尔兰	丹麦	日本	中国
9	瑞士	卢森堡	荷兰	日本	韩国	瑞典	新加坡	澳大利亚	瑞士
10	英国	爱尔兰	韩国	挪威	瑞典	以色列	荷兰	韩国	韩国
11	加拿大	澳大利亚	澳大利亚	澳大利亚	法国	德国	芬兰	芬兰	芬兰
12	新西兰	英国	挪威	新西兰	丹麦	芬兰	加拿大	瑞典	加拿大
13	爱沙尼亚	德国	德国	韩国	加拿大	英国	德国	加拿大	瑞典
14	澳大利亚	以色列	新西兰	卢森堡	澳大利亚	新加坡	新西兰	中国	澳大利亚
15	德国	爱沙尼亚	卢森堡	德国	挪威	法国	澳大利亚	挪威	丹麦

9.4 中国数字经济统计实践

9.4.1 数字经济发展指数

自 2017 年以来，中国大量机构尝试构建多维度数字经济指标体系，以核算和评估全国、不同省份以及城市的数字经济发展水平。代表性指标包括赛迪顾问的中国数字经济发展指数（DEDI）、腾讯研究院的数字中国指数、财新智库等的中国数字经济指数（CDEI）、国家工业信息安全发展研究中心的数字经济测度工具箱和全国数字经济发展指数、工信部的中国数字经济发展指数以及国家网信办的数字中国发展成效评价指数等（见表 9-5）。

表 9-5 国内主要机构的数字经济发展指数指标构成

指数名称	发布机构	指标构成
DEDI	赛迪顾问	基础指标、产业指标、融合指标、环境指标
数字中国指数	腾讯研究院	数字产业指数、数字文化指数、数字政务指数、数字生活指数

续表

指数名称	发布机构	指标构成
CDEI	财新智库等	生产能力、融合程度、数据溢出能力、全社会利用能力
全国数字经济发展指数	国家工业信息安全发展研究中心	数字产业化、产业数字化、数字化治理
数字中国发展成效评价指数	国家网信办	数字基础底座、数字全面赋能、数字关键能力、数字化发展环境、组织实施保障体系

根据各机构的统计结果，近年来中国数字经济发展具有以下特点：一是数字经济发展指数高速增长，数字产业拉动增长作用明显，产业数字化仍然是数字经济发展的主战场。二是东、中、西部地区数字经济发展各有特色，但发展不平衡问题依旧存在。例如，国家工业信息安全发展研究中心发现，2021 年数字经济发展指数高于全国平均水平的 12 个省份中，有 75%位于东部地区。三是数字鸿沟呈现收敛趋势。腾讯研究院发现，中西部地区、数字四线城市增速领先。

表 9-6 列出了不同数字经济指数中排名前 10 的省份。首先，腾讯研究院、赛迪顾问、国家工业信息安全发展研究中心、财新智库等编制的指数均表明广东为我国数字经济发展水平最高的省份，而国家网信办编制的指数表明，数字经济发展水平排名第一的为浙江（按其他指数排名分别为第 6、4、4、5 名），浙江在数字基础底座、数字全面赋能、数字关键能力、数字化发展环境以及组织实施保障体系方面表现更突出。其次，各省份在不同指数下的排名存在一定差异，但从五大指数排名前五的省份来看，第一梯队组成具有一致性，主要包括广东、北京、江苏、浙江、上海。

表 9-6 基于不同数字经济指数的省份排名

排名	数字中国指数（2019）	DEDI（2020）	全国数字经济发展指数（2021）	数字中国发展成效评价指数（2021）	CDEI（2023 年 6 月）
1	广东	广东	广东	浙江	广东
2	江苏	北京	北京	北京	山东
3	山东	江苏	江苏	广东	北京
4	北京	浙江	浙江	江苏	江苏
5	上海	上海	上海	上海	浙江
6	浙江	山东	重庆	福建	湖南
7	河南	福建	山东	山东	上海
8	四川	四川	天津	天津	四川
9	河北	河南	福建	重庆	安徽
10	湖南	湖北	四川	湖北	陕西

9.4.2　数字普惠金融指数

近年来，依托人工智能、区块链、云计算、大数据等数字技术，新型数字金融已经成为普惠金融的重要原动力和增长点。数字普惠金融通常泛指传统金融机构与互联网公司利用数字技术从事融资、支付、投资和其他新型金融业务的模式。相比于传统金融，数字普惠金融提供的金融服务更直接、覆盖面更广，大幅提高了金融服务的可得性、便利性和普惠性。为了科学、准确地刻画我国数字普惠金融的发展现状，北京大学数字金融研究中心、上海新金融研究院和蚂蚁金服集团联合课题组利用蚂蚁金服的海量数据，编制了覆盖中国31个省（自治区、直辖市）、337个地级以上城市（地区、自治州、盟等）和约2 800个县域（包括县级市、旗等）的北京大学数字普惠金融指数。这一指数主要从互联网金融服务的覆盖广度、使用深度和数字支持服务程度三个维度来构建指标体系（见表9-7），为国内外各界的数字普惠金融指标体系实践提供了重要参考。

表9-7　北京大学数字普惠金融指标体系

一级维度	二级维度		具体指标
覆盖广度	账户覆盖率		每万人拥有支付宝账号数量
			支付宝绑卡用户比例
			平均每个支付宝账号绑定银行卡数
使用深度	支付业务		人均支付笔数
			人均支付金额
			高频度（年活跃50次及以上）活跃用户数占年活跃1次及以上用户数比例
	货币基金业务		人均购买余额宝笔数
			人均购买余额宝金额
			每万支付宝用户购买余额宝的人数
	信贷业务	个人消费贷	每万支付宝成年用户中有互联网消费贷的用户数
			人均贷款笔数
			人均贷款金额
		小微经营者	每万支付宝成年用户中有互联网小微经营贷的用户数
			小微经营者户均贷款笔数
			小微经营者平均贷款金额
	保险业务		每万人支付宝用户中被保险用户数
			人均保险笔数
			人均保险金额
	投资业务		每万人支付宝用户中参与互联网投资理财人数
			人均投资笔数
			人均投资金额

续表

一级维度	二级维度	具体指标
使用深度	信用业务	自然人信用人均调用次数
		每万支付宝用户中使用基于信用的服务用户数（包括金融、住宿、出行、社交等）
数字化程度	移动化	移动支付笔数占比
		移动支付金额占比
	实惠化	小微经营者平均贷款利率
		个人平均贷款利率
	信用化	花呗支付笔数占比
		花呗支付金额占比
		芝麻信用免押笔数占比（较全部需要押金情形）
		芝麻信用免押金额占比（较全部需要押金情形）
	便利化	用户二维码支付的笔数占比
		用户二维码支付的金额占比

根据北京大学数字普惠金融指数（2011—2020 年）报告的研究结果，主要可以得出以下结论：第一，中国数字普惠金融经历了高速发展到高质量发展的转变，尽管近几年发展速度有所放缓，但 2011—2020 年指数值平均每年增长了 29.1%，其主要驱动力由数字普惠金融的数字化程度增长逐渐转变为数字金融使用深度增长。第二，数字普惠金融发展的第一梯队主要包括上海、北京和浙江，而第三梯队的省份主要地处西部地区或东北地区。第三，不同地区间的收敛速度差异明显，但近两年差异有所缩小，主要原因是使用深度的地区差异收敛系数有所反弹。

本章小结

基于数字经济的内涵和统计核算的可操作性，数字经济的统计范围可大致划分为窄口径和宽口径。其中窄口径主要围绕数字产业化展开，宽口径主要围绕数字产业化和产业数字化展开。数字经济的层级结构可进一步划分为核心层、狭义层、广义层以及数字社会。数字经济面临的统计挑战主要包括：数据作为关键生产要素难以核算；数字经济生产与消费的边界难以确定；新业态新模式的统计标准存在盲点。

数字经济统计的内容主要包括数字经济规模统计、数字经济要素投入统计、数字经济新业态新模式统计等。现行数字经济统计体系常用的统计方法主要包括 GDP 核算法、指数编制法以及卫星账户法。

在国际实践中，各国主要通过数字经济规模核算和数字经济指数编制评估数字经济发展状况。数字经济规模核算包括以美国等欧美国家为代表的窄口径核算框架，以及以中国为代表的宽口径核算框架。数字经济指数编制基本采用多层级指标构建体系，但不同数字经济指标体系所反映出来的同一国家的数字经济发展水平存在较大差异。

主要概念

数字经济统计　层级结构　GDP 核算法　指数编制法　卫星账户法　产业统计分类

复习题

1. 数字经济的统计范围是什么？其层级结构包括哪些？
2. 数字经济统计面临的挑战有哪些？
3. 现行数字经济统计体系常用的核算方法有哪些？这些方法有什么区别？
4. 数字经济规模核算的思路是什么？国际统计实践中有何经验？

推荐阅读文献

OECD. *A Roadmap toward a Common Framework for Measuring the Digital Economy*，2020.

陈梦根，张鑫. 数字经济的统计挑战与核算思路探讨. 改革，2020（9）.

鲜祖德，王天琪. 中国数字经济核心产业规模测算与预测. 统计研究，2022（1）.

许宪春，张美慧. 中国数字经济规模测算研究：基于国际比较的视角. 中国工业经济，2020（5）.

周元任，陈梦根. 数字经济测度的理论思路与实践评估. 中国社会科学评价，2023（1）.

第十章

数字基础设施

章前导语

数字基础设施是数字中国的底层架构和技术基础，为新技术、新应用、新场景、新业态、新模式的发展提供了重要载体和基础平台。目前，中国已建成全球规模最大、技术领先、性能优越的数字基础设施，但仍面临建运衔接、供需衔接、区域协同、创新驱动等方面的问题。进一步完善数字基础设施，以全面支撑数字经济高质量发展，成为现阶段数字基础设施建设的重要使命。因此，了解数字基础设施促进数字经济高质量发展的作用机制，并据此设计科学的数字基础设施建设发展政策，能够更好地助力数字经济高质量发展。

学习目标

掌握数字基础设施的概念与种类；
掌握数字基础设施促进数字经济高质量发展的机制；
理解中国数字基础设施建设的发展成效与成功经验；
了解中国数字基础设施发展政策。

10.1　数字基础设施的概念

10.1.1　基础设施

(1) 基础设施的概念。

基础设施是为一个国家或地区实现经济和社会高效、有序运行提供基础条件或服务的一系列设施和系统。

基础设施的概念是发展经济学先驱保罗·罗森斯坦·罗丹（Paul Rosenstein Rodan）在其 1943 年出版的著作《东欧和东南欧国家工业化的若干问题》中首次提出的。他认为，一个社会在进行一般产业投资之前，应该具备基础设施方面的积累，基础设施是社会发展的先行资本。1982 年，麦格劳·希尔公司（McGraw-Hill）在其出版的《经济百科全书》中将基础设施定义为“那些对产出水平或生产效率有直接或间接提高作用的经济项目，主要内容包括交通运输系统、发电设施、通信设施、金融设施、教育和卫生设施，以及一个组织有序的政府和政治体制”。该定义立足于服务社会发展，这一定义是基础设施的广义概念，也是发展经济学家的主流看法。

世界银行发布的《1994 年世界发展报告》将基础设施定义为永久性工程构筑、设备、设施，以及它们所提供的为居民所用和为企业所用的经济生产条件和服务设施，主要包括三部分：一是公共设施，如电力、电信、自来水、卫生设施与排污、固体废弃物的收集与处理及管道煤气等；二是公共工程，如公路、大坝、灌溉及排水用的渠道工程等；三是其他交通部门，如城市和城市间铁路、城市交通、港口、水路，以及机场等。该定义属于基础设施的狭义概念，重点强调物理基础设施。

（2）硬基础设施与软基础设施。

广义的基础设施可以划分为硬基础设施和软基础设施。硬基础设施是现代经济发展和社会运行所必需的物理网络，包括公路、铁路、供水、电网、电信（包括互联网）等。硬基础设施也被称为物理性基础设施。软基础设施是维护经济、社会、环境、政治、文化良性发展和运行的制度规则体系，包括教育、文化、法律等。软基础设施也被称为制度性基础设施。在大多数情况下，基础设施都是指狭义的硬基础设施。

（3）基础设施的特征。

基础设施具有以下三个基本特征：

第一，基础性。基础设施是经济及社会发展的重要前提和基础，完善的基础设施对加速社会经济活动、促进其空间分布形态的演变、促进经济起飞和发展具有重要的基础作用。建立完善的基础设施的长周期性要求优先发展基础设施，进而促进经济快速发展。

第二，公益性。基础设施对社会公众来说一般具有明显的公益性，涉及公共安全和公共利益。基础设施建设的目的是提供公共服务，其质量好坏直接关系到人民生活质量的好坏和相关行业部门能否正常运转，并会造成相当广泛的社会影响。

第三，自然垄断性。由于基础设施建设需要投入巨大的资本，并且基础设施资产具有非常强的专用性特征，因此基础设施的强规模经济性使得市场由一个或少数几个企业垄断性经营的成本更低，由此导致传统基础设施行业普遍存在自然垄断特征，并且政府对企业进入相关市场实行严格管制。

10.1.2 数字基础设施

数字基础设施是在现代数字技术发展的推动下产生的新型技术设施。数字基础设施是“数字化”的基础设施，主要是指以 5G、大数据、云计算、区块链、人工智能、物联网、工业互联网、算力设施等数字技术为主要应用的新型基础设施。相对于传统基础设施，数字基础设施具有以下几个基本特征：

第一，数字基础设施建立在现代数字技术发展的基础上。数字基础设施是现代数字技术催生的新的基础设施形态，以数字技术为根本驱动力，并服务于数字技术和数字产业的创新发展。因此，数字基础设施的建设和发展必须始终以数字技术创新为根本驱动力，并以驱动数字技术创新、产业发展和社会高效运行为目标。

第二，数字基础设施是通用性基础设施。数字基础设施具有非常强的通用性，能够为各行各业和国民经济各个领域提供基础性的基础设施支持，也被称为各个行业的基础底座，将极大地促进社会整体的创新和效率提升。

第三，数字基础设施是资本密集型行业。数字基础设施的资本密集度高，需要大量、稳定的资本投入来确保持续建设和发展。

第四，数字基础设施具有非常强的网络效应。数字基础设施建设主要以网络为媒介，通过硬件和软件之间数据互通、物联网等方式使其辐射边界扩散至全国。在这个过程中，随着用户规模的扩大以及关联度的增强，数字基础设施建设的网络效应呈现出非线性的放大特征。因此只有实现充分的互联互通，才能最大限度地实现网络效应，确保数字基础设施的开放接入，并维护网络安全。

10.1.3 数字基础设施的种类

(1) 网络基础设施。

网络基础设施是进行数字经济活动的最底层的基础设施，指以网络信息技术为支撑，以实现互联网高效应用为目标的一切基础硬件和软件的集合。网络基础设施由多个组件组成，主要包括网络设备，如交换机、路由器、集线器、网关、防火墙等；传输介质，如电缆、光纤、无线电波等；网络协议，如 TCP/IP、HTTP、FTP、DNS、DHCP 等。网络基础设施负责确保数据安全、可靠地传输，主要是信息传输系统，包括远程通信网、有线电视网、无线电通信网、互联网以及移动网络等。此处的互联网是指全球最大的、开放的、由众多网络相互连接而成的特定互联网，并以 TCP/IP 协议作为通信规则。

宽带是一种远程技术，也称广域网或远程网，它使用多种频率同时发送许多电子消息，可以提高互联网传输速率。不同的机构对宽带有不同的定义，例如，OECD 认为 256Kbps 以上的互联网连接可以称为宽带，美国联邦通信委员会认为只有 25Mbps 以上的互联网连接才算宽带。在网络基础设施中，宽带提供了各类网络信息、数据传输所需要的带宽和速率，对互联网技术在现实世界的普及应用起到了重要的支撑作用，是网络基础设施的重要组成部分和中枢。“宽带中国”战略的发布和实施，增强了网络传输与接入能力，使相关企业可以从网络基础设施中获益，提升了互联网产出的能力，进而催生了一大批新兴产业，促进了数字经济产业的发展。

(2) 算力基础设施。

狭义上，算力基础设施指提供算力资源的基础设施，主要以算力资源为主体，包括底层设施、算力资源、管理平台和应用服务等，涵盖超算中心、数据中心、智算中心等提供的多样性算力体系。广义上，算力基础设施指融算力生产、算力传输和 IT 能力服务于一体的 ICT 服务。

在数字经济时代，算力基础设施作为各个行业信息系统运行的算力载体，已成为经济社会运行不可或缺的关键基础设施。算力基础设施是集信息计算力、网络运载力、数据存储力于一体的新型数字基础设施。首先，算力是数字经济时代最核心的生产力之一。算力是指计算能力，即对数据的处理能力，具体体现在计算速度、算法、大数据存储量、通信能力和云计算服务能力五个方面。其次，算力网络将边缘计算节点、云计算节点以及包含广域网在内的各类网络资源融合在一起，对云计算节点的计算、存储资源和广域网的网络资源进行协同，并根据业务特性提供灵活、可调度以及按需服务的基础设施架构，从而构建布局合理、连接广泛、灵活高效的算力互联网，实现网络传输智能高效、灵活敏捷、按需随选。最后，存算协同发展。超算中心用于处理大型计算问题，它以专用集成电路芯片为主，为大规模科学计算任务提供支撑服务。智算中心则是采用领先的人工智能架构，为人工智能应用提供其所需的算力服务、数据服务和算法服务的公共算力基础设施。

知识链接

生成式 AI
需要新一代 AI
基础设施支撑

(3) 信息应用基础设施。

信息基础设施最早是在 1993 年美国政府发起的“国家信息基础设施行动动议”中提出的，又称“信息高速公路”计划，包含设备、信息、应用系统和软件、传输编码与网络标准、人员五个基本要素。信息基础设施是数字经济核心产业发展的强劲引擎，能够加快培育战略性新兴产业，提升数字经济创新能力，支撑产业结构升级，促进数字经济高质量发展。目前，面对第四次工业革命，世界各国纷纷提出了信息基础设施建设计划，引发了信息基础设施建设浪潮，试图借力新一轮信息技术革命重塑国家竞争优势。

信息应用基础设施是构建在信息网络基础设施、信息安全基础设施和信息资源基础设施之上的公共服务基础设施，为电子政务、电子商务、企业信息化、数字城市、数字社区等信息化应用工程提供基础性、公共性技术支撑和服务。信息应用基础设施主要由专业信息服务机构、基础性公共应用服务平台、相关管理办法和标准规范以及关键技术四部分构成。其中，专业信息服务机构是信息应用基础设施的主体，它将信息需求方、服务供应方和应用开发与集成商有机联系在一起，是充分发挥信息应用基础设施效用的关键；基础性公共应用服务平台是信息应用基础设施的核心，包含元数据管理和目录服务平台、信息共享与协作平台等；信息共享管理办法、元数据和目录编码标准等相关管理办法和标准规范是建立信息应用基础设施的前提；网格计算、无线局域网等关键技术则是信息应用基础设施的技术保障。

10.2 数字基础设施的增长促进效应

10.2.1 数字基础设施的经济属性

(1) 基础性。

数字基础设施在数字经济发展和社会生活中具有基础性地位，这主要体现在三个方面：一是稳定泛在的网络基础设施、强大高效的算力基础设施等是数字经济健康可持续发展和数字中国建设的先决条件。一方面，政府依托数字基础设施开展数字化转型，打造一体化服务，为居民生活提供便利；另一方面，数字基础设施为数字经济核心产业提供基础设施，成为数字经济核心产业发展的关键支撑。二是就供给而言，数字基础设施提供的产品是其他生产部门的产品或服务价格的构成因素，其性能和价格变化会导致其他部门产生连锁反应。三是在数字基础设施的支持下，数字技术的应用降低了消费者获取信息产品的交易成本，显著提高了民众融入数字化公共生活的便捷性和主动性，促进了社会服务资源的多样化和均等化，推动了消费升级，并增进了消费者福利。

(2) 准公共产品属性。

数字基础设施具有准公共产品属性。数字基础设施是数字经济各个行业生产经营的必要投入品，影响国民经济和社会的高效运行。由于数字基础设施的准公共产品属性以及其产生的价值的正外部性，基于私人交易的市场机制下的供给并不能实现社会福利最大化。由于准公共产品属性会导致私人主体缺乏投资激励，因此投融资体制成为影响数字基础设施建设发展的重要因素，决定了数字基础设施的供给水平。政府在数字基础设施供给中应该发挥重要作用，但这不是说要让政府取代市场，而是要在发挥市场决定性作用的同时积极发挥政府的作用，建立公私合作的、有效的市场化投融资体制。

(3) 非竞争性。

数字基础设施的非竞争性是指消费上的非竞争性，即在一定的消费总量范围内，一种物品一旦被提供，增加一个消费者所产生的边际成本就为零，且消费者数量的增加不会降低其他消费者的效用。对数字基础设施的消费并不是在消耗该数字基础设施本身，而是共同消费由该数字基础设施提供的连接服务、数据存储服务等。数字基础设施不仅能够被不同主体在多个场景下同时使用，而且被使用后其使用价值不会下降。

(4) 正外部性。

由于数字基础设施往往是通用目的技术和在线虚拟化网络，因此它比传统基础设施更容易产生多维度的正外部性。首先，区别于往往只能服务于本地发展的传统基础设施，数字基础设施大多以数字网络为媒介，其辐射面可扩散至全国甚至部分国际区域，因此一个地区的数字基础设施带来的经济社会效益也会外溢到其他地区，给其他地区的经济社会发展带来正外部性。其次，由于数字基础设施相关产业链的覆盖范围广、产业间的协同效应和渗透效应强，因而数字基础设施不仅可以为数字产业、新能源等新兴领域提供技术基础和发展空间，助力其成为全新的经济增长点，还可以为传统产业的数字化融合提供技术支撑，并进行项目示范，有利于提升传统部门的信息化水平和市场竞争力。因此，数字基础设施具有跨产业的正外部性。最后，除服务经济发展和居民生活外，数字基础设施还可以大幅提升公共资源的利用效率，优化社会管理和服务。因此，数字基础设施具有跨领域的正外部性。

10.2.2 数字基础设施促进数字经济高质量发展的机制

数字基础设施既是经济发展的前提和基础，也是数字经济发展水平的重要标志。加强数字基础设施建设对支撑数字技术创新、促进产业发展、实现有效的社会治理、加快建设“数字中国”、促进经济高质量发展具有重要意义。

(1) 数字基础设施促进资源优化配置。

数字基础设施具有信息化、平台化、网络化的优势，能提升生产要素配置效率。首先，在资本要素配置层面，随着信息收集、运算、传输、处理和分析的速度逐步提升，投资者利用数字技术能够更高效地计算出投资的方向和金额，更频繁地跟踪决策，更灵活地调整资金流动的方向，既能减少因资金配置不足造成的利益损失，又能避免资金配置过度造成的效率损失。其次，在劳动要素配置层面，数字基础设施通过整合劳动力市场信息，提高了经济行为主体获取信息的能力，丰富了经济行为主体获得的信息的维度，从而使劳动者得以匹配到更合适的工作岗位，实现了劳动力要素的优化配置。最后，数字基础设施能有效缓解信息不对称，畅通资源配置的信息渠道，扩展资源配置的时空范围，避免要素因过度配置或配置不足而产生无谓损耗，显著提高资源配置效率。

（2）数字基础设施促进全要素生产率提升。

数字基础设施是数字经济发展的重要前提和基础，也是国民经济其他行业从事生产经营活动的前提和基础。首先，数字基础设施的建设和发展会大幅降低产业发展和经济运行的成本，促进资源要素在更大的空间流动重组，显著提升资源配置效率，从而促进生产率提升。其次，伴随超算中心、智算中心等的建立，数据的收集、存储、处理和分析等成本大幅下降，数据规模扩大和使用主体增加使网络的溢出效应不断增强。随着数字技术的叠加和迭代，可以更高效地挖掘有效信息，并利用这些有效信息增强数据要素与传统生产要素的协同作用，推动全要素生产率加速提升。最后，在建设数字基础设施的过程中，各种新业态、新模式和新服务得以发展。数据要素与传统要素的结合可以实现信息化资本生产率的提升，进而促进全要素生产率的提升，最终推动数字经济的发展。

（3）数字基础设施促进技术创新。

现代经济增长理论指出，创新是经济增长的根本驱动力。以互联网、数据中心、算力、人工智能等为代表的数字基础设施建设将为数字经济创新提供基础性支持，大幅提高技术创新的效率和产出，从而通过推动创新来促进经济增长。由于数字基础设施具有巨大的创新推动作用，因此其也被称为“驱动创新的基础设施”。首先，数字基础设施建设促进了信息知识的快速传播，让创新者能够及时获取创新所需的知识信息，大幅减少了创新所面临的知识信息约束，从而极大地促进了创新。其次，数字基础设施为技术提供了基础平台，使很多后续的创新得以基于数字基础设施的技术底座进行，从而为更多的后续创新提供了可能。再次，数字基础设施的建设和发展极大地降低了创新成本和创新不确定性，因而相对增加了创新的预期收益，进一步激励了企业创新。最后，数字基础设施涵盖的数字技术更新迭代的速度更快，创新更具颠覆性，能够有效促进知识扩散与技术渗透，不断加深数字技术与传统产业的融合程度，从而促进产业创新。

（4）数字基础设施促进共同富裕。

数字基础设施建设弥补了农村地区在信息要素、就业机会、金融服务和教育资源供给等方面的匮乏，为促进城乡共同富裕提供了新路径。首先，数字基础设施建设推动了信息广泛传播，降低了信息获取成本，扩大了信息获取的空间范围，从而提高了农村土地、资本、劳动力等生产要素的配置效率，推动了农村数字化转型，促进了农产品销售和农村经济的发展，为农村居民提供了更多的增收机会。其次，数字基础设施建设为智慧农业生产、农村电商等数字乡村关键应用场景提供了基础。在这个过程中，农村电商的发展促进了农业产业链延伸，创造了大量数字化非农就业岗位，同时带动了配套非农经营活动的开展，通过灵活就业、普惠就业的新渠道为数字技能薄弱的农户提供了发展机会。再次，数字网络基础设施建设不仅显著降低了金融服务成本，而且有效拓展和提高了传统金融业务的服务范围和触达能力，提升了农村金融的服务广度和深度，进而缓解了农村创业者的融资约束，提高了农村居民的创业活跃度，激发了农村的经济活力。最后，数字网络基础设施建设能够突破地理位置和传统教育体系的限制，发挥网络教育优势。数字网络基础设施可以利用网络平台和在线教学等方式加速知识传播，有效促进城乡优质教育资源的共享，降低教育的边际成本，进而缩小城乡教育差距，提高农村和落后地区的人力资本水平，从根源上打破农村地区低收入的恶性循环，摆脱不平衡增长的困局。

10.3 中国数字基础设施的发展概况

10.3.1 中国数字基础设施建设发展成效

(1) 网络基础设施适度超前部署取得重要进展。

中国“双千兆”网络发展提速提质，网络与用户规模全球领先。一是实现了“县县通5G”。中国建成了全球最大规模的5G独立组网网络，截至2022年6月底，累计建成并开通5G基站185.4万个，占全球5G基站总数的比重超过60%。5G网络在覆盖全国所有地级以上城市的基础上，进一步覆盖全国所有县城城区和92%的乡镇镇区。二是千兆光网具备覆盖近80%家庭的能力。全国300个城市启动千兆光网建设，千兆网络服务能力加快向城市和重点乡镇覆盖。截至2022年6月底，中国部署10G-PON及以上端口超1 103.3万个，数量全球领先。千兆光网具备覆盖4亿户家庭（约占全国家庭总数的80%）的能力，覆盖比例远超英国、德国等发达国家。三是“双千兆”网络用户规模全球领先。截至2022年6月底，全国5G移动电话用户达4.55亿户，用户规模占全球的比重超过60%；工业、港口和医院等重点领域建成5G行业虚拟专网6 518个。千兆光网接入用户达6 111.3万户，用户规模排名全球第一。[①] 四是电信普遍服务深入推进，“村村通宽带”有效弥合了数字鸿沟，偏远落后地区通信难问题得到了历史性解决。中国累计支持了13万个行政村光纤网络建设和6万个农村4G基站建设。截至2021年底，所有行政村已全面实现“村村通宽带”；截至2022年6月底，固定宽带家庭普及率均超120%，农村电商、远程医疗、智慧乡村等新模式在县域乡村广泛兴起。

(2) 网络支撑与融通赋能能力持续提升。

算网融合发展成效显著。“东数西算”工程正式启动，全国以京津冀、长三角、粤港澳大湾区、成渝、贵州、内蒙古、甘肃、宁夏八大枢纽节点为基础，构建一体化大数据中心体系。各地数据中心项目密集开工，截至2022年6月底，中国在用数据中心机架总规模超过590万标准机架，服务器规模近2 000万台。云网协同、算网融合持续演进，跨区域数据中心互联互通和算力调度水平持续提升，有力地推动了全国算力“一张网”建设，很好地满足了交通、能源、工业、医疗等领域日益多样化、差异化的应用需求。

工业互联网作为融合基础设施支撑数字化发展。企业内、外网建设稳步推进，高质量外网覆盖300多个地级行政区，同时，企业内网改造提速，时间敏感网络等新技术开始探索应用。“5G+工业互联网”项目已超3 100个，优秀应用案例快速涌现。标识解析体系

---

① 中国信息通信研究院. 大数据白皮书（2020年），2021.

基本建成，为实现产业数据安全共享和可信流通开辟了关键路径。平台体系加快建设，成为汇聚数字化服务生态、深化行业数字化转型的重要力量。国内具有一定影响力的特色平台超过 150 个。安全防护壁垒更加坚实，漏洞排查、威胁信息通报、应急处置等公共安全服务能力稳步提升。融合应用新业态新模式在 45 个国民经济大类行业落地，探索形成上万个案例，推动大中小企业融通发展向纵深推进，助力不同类型、不同规模企业提质降本增效。

（3）算力基础设施进入全面建设阶段。

算力基础设施规模加速扩大。截至 2022 年底，中国数据中心机架总规模已超过 650 万标准机架，近 5 年年均增速超过 30%，在用数据中心算力总规模超 180EFLOPS（每秒浮点运算次数），位居世界第二。“东数西算”工程从系统布局进入全面建设阶段。2022 年，京津冀等 8 个国家算力枢纽建设进入深化实施阶段，新开工数据中心项目超 60 个，新建数据中心规模超 130 万标准机架。西部数据中心占比稳步提高，“东数西算”干线光纤网络和兰州等中西部国家互联网骨干直联点加快建设，推动全国算力结构不断优化。在超算发展水平方面，中国位于全球第一梯队。在 2022 年最新发布的全球超级计算机 500 强中，中国共 162 台上榜，总量蝉联第一，“神威太湖之光”和“天河二号”持续位居榜单前十。上海、天津、武汉、合肥、深圳、成都等城市加快推进智算中心建设。①

算力网络是支撑数字经济发展的新型信息基础设施，经历了初始阶段、追赶阶段、领先阶段和综合创新阶段四个阶段，京津冀、长三角、粤港澳大湾区、成渝、贵州、内蒙古、甘肃、宁夏等地布局建设全国一体化算力网络国家枢纽节点，作为中国算力网络的骨干连接点，推动算力资源有序向西转移。除了智算中心外，超算中心也在扩容，目前，科技部已批准建立了 14 个超算中心。近年来，围绕加快算力基础设施建设应用，从中央到地方均出台了一系列重要政策举措，实施了一大批重大工程项目，推动中国算力产业实现快速发展，为经济高质量发展注入了强大动力。

（4）应用基础设施融合赋能效应逐步显现。

工业互联网向网络、平台、安全一体化发展，已覆盖 45 个国民经济大类和 85%以上的工业大类。截至 2022 年底，工业互联网标识解析体系全面建成，全国顶级节点累计接入二级节点 265 个，新增 97 个，服务近 24 万个企业。全国具备行业、区域影响力的工业互联网平台超过 240 个，重点平台连接设备超过 8 000 万台（套），服务工业企业超过 160 万个。车联网基础设施建设全面提速。全国累计建设 17 个国家级测试示范区、4 个国家级车联网先导区、16 个智慧城市基础设施与智能网联汽车试点城市，完成智能化道路改造超过 5 000 公里，从单条道路测试扩展到区域示范。

（5）实施“东数西算”工程。

2022 年，《“十四五”数字经济发展规划》提出加快实施“东数西算”工程，推进云网协同发展，提升数据中心跨网络、跨地域数据交互能力，加强面向特定场景的边缘计算能力，强化算力统筹和智能调度。按照绿色、低碳、集约、高效的原则，持续推进绿色数字中心建设，加快推进数据中心节能改造，持续提升数据中心可再生能源利用水平。“数据向西，算力向东”，服务东部沿海等算力紧缺区域，解决我国东西部算力资源供需不均

① 中国信息通信研究院. 大数据白皮书（2020 年），2021.

衡的问题。“东数西算”工程在全国布局的8个国家算力枢纽节点，是中国算力网络的骨干连接点。其中，东部枢纽为粤港澳大湾区、成渝地区、长三角地区和京津冀地区，算力枢纽均分布在一线城市周边地区，以缓解一线城市资源供给紧张问题，实现数据中心的协调可持续发展，侧重于发展数据产业；西部枢纽为贵州、内蒙古、甘肃、宁夏，均分布在能源丰富的地区，主要是发展算力基础设施，开发绿色能源，从而降低算力的单位成本。

10.3.2 中国数字基础设施建设发展的成功经验

（1）注重顶层设计和超前布局。

党的十八大以来，中国在数字技术创新、数字基础设施建设等方面取得的成就主要得益于党和国家对数字经济发展的顶层设计和超前布局、国家创新驱动战略的持续推动等。2018年出台的《数字经济发展战略纲要》首次从国家层面明确了数字经济发展的战略；2023年中共中央、国务院印发的《数字中国建设整体布局规划》提出，到2025年，数字基础设施高效联通，数字技术创新实现重大突破，应用创新全球领先等。从适度超前布局数字基础设施的角度来说，中国加快光纤网络扩容提速、5G商用部署和规模应用，深入实施“东数西算”工程，加快基础设施数字化、智能化改造，筑牢数字经济发展根基。

（2）建设路径清晰。

作为数字经济发展的重要支撑，数字基础设施通过发挥“数字”生产要素显著的纵深渗透和集约整合能力，对传统基础设施进行改造和赋能，实现了跨越式发展。首先，在网络基础设施打造方面，聚焦于精准、经济的网络建设和高效、规模化的场景应用，建成了全球规模最大、技术领先的网络基础设施。截至2022年12月，中国网民规模已达10.67亿人，5G基站数量超过150万座，占全球总数的70%以上，物联网终端设备连接数超13.5亿台，占全球总数的28%左右，移动物联网连接数首次超过移动电话用户数，成为全球首个实现“物超人”的国家。其次，在算力基础设施方面，2022年2月“东数西算”工程正式启动，同时智算中心、超算中心不断扩容，已投入运营和建设中的智算中心分布于东部、中部、西部和东北地区，全国算力中心逐步构建起一张“算力网”。最后，在信息基础设施方面，我国从优化网络接入条件入手，在建设信息基础设施的过程中，加强数据中心的建设，并保障网络安全，最终促进产业链各环节的协同发展，形成良性循环和互联共赢的局面。

（3）通过全局规划确保地区均衡协调发展。

数字经济发展深度融入重大区域战略，中心城市数字经济红利外溢带动区域整体加速升级，数字经济产业集群与城市群融合发展态势日益凸显。数字经济发展以北、上、广为核心，形成了京津冀、长三角、粤港澳大湾区数字经济发展城市群，但是土地、能源等资源日趋紧张，因此在东部大规模建设数据中心的发展模式难以为继。而西部地区数字经济发展动力不足，但是资源丰富，具备建设数据中心、承接东部算力需求的潜力，因此，在西部数据中心处理对网络要求不高的业务，在东部数据中心处理对网络要求较高的业务，能够优化网络、能源等配套保障，引导数据中心集约化、规模化、绿色化发展，促进算力、数据流通，激发数字经济活力。

（4）通过公私合作确保有效供给。

公私合作模式是资源配置优化和绩效提升的有效方式。它不仅扩展了投融资渠道，而且强化了政府和市场之间的深度合作，是促进数字基础设施建设和发展的一种长效机制及可持续发展模式。面对数字基础设施建设庞大的资金需求，政府通过市场化机制，发挥各类微观主体的投资积极性，并保证投资方获得合理的利润回报，充分利用社会资本来建设和发展数字基础设施，能够保证数字基础设施的有效供给。20 世纪 80 年代以来，公私合作模式在交通、能源等传统基础设施建设领域得到了广泛应用，并取得了非常好的成效。2014 年以来，以智慧城市、信息网络建设等为代表的科技领域基础设施也开始以公私合作模式建设，有力地保证了数字基础设施的有效供给，发挥了有效市场和有为政府紧密结合的制度优势。

10.4　中国数字基础设施存在的短板及发展的主要政策

10.4.1　中国数字基础设施存在的短板

(1) 关键核心技术基础薄弱。

虽然中国在数字技术创新方面取得了重要进展，但是底层数字技术创新仍面临被“卡脖子”等问题。一是中国数字技术对外依存度较高，与数字产业相关的技术仍受制于人。在国外的技术封锁下，光刻机、操作系统等关键核心技术面临技术产品“专利墙”和标准兼容、互联互通互操作等问题。二是中国数字经济的底层技术逻辑被替代风险大。在技术路线的选择上，中国采取的主要是以 5G 为代表的“软硬件一体化”技术路线，而发达国家则凭借在芯片技术上的优势，倡导以“开源”取代“软硬件一体化”。中国数字经济底层技术逻辑面临被冲击的风险，亟须对前景好、难度高、周期长、风险大的战略性科研项目进行系统布局，面向国家重大科技需求，进行原创性技术攻关，聚焦基础研究，加强原始创新，实现核心数字技术的自主可控。

(2) 应用场景不足。

要发挥数字基础设施的功能，需要有广泛的应用场景。近年来，由于中国具有世界最多“数字人口”形成的超大规模市场优势，因此基于消费互联网发展的数字产业化在中国迅速发展，基于产业互联网的产业数字化也正在成为一片“新蓝海”。中国产业体系基础雄厚、门类齐全、结构完备，但是“数实融合”过程中存在各种“痛点”和“堵点”问题，数字化转型程度亟待提升，数字技术需要进一步创新，数字产业需要进一步发展壮大。随着数字技术在生产、分配、交换和消费等环节的不断渗透与赋能，围绕“数字消费”促进消费结构升级，进而以丰富的市场应用牵引创新走向和产业结构升级，形成需求牵引供给的数字经济发展模式，是打造具有国际竞争力的数字产业集群的必由之路。

(3) 城乡之间存在一定的数字鸿沟。

数字鸿沟本意是指在全球数字化进程中，由于不同国家、地区、行业、企业、社区对信息和网络技术的拥有程度、应用程度以及创新能力的差别而形成的信息落差及贫富进一步两极分化的趋势。同一个国家不同区域之间的数字鸿沟是由数字基础设施禀赋、信息技术人才禀赋等差异引起的。高质量数字基础设施的发展能够有效缩小数字经济发展的区域差异。改革开放以来，中国经济整体呈现东部较强、中西部偏弱的现象，欠发达地区借助数字经济逐渐实现“追赶式”发展。在不断下沉到农村地区的过程中，数字经济充分展现了其推动“三农”领域发展的巨大潜力。然而，欠发达地区与农村地区受制于薄弱的基础设施与人才资源储备，数字经济难以发挥对区域协调发展的强大推动作用，从而导致处在数字经济边缘和外围地带的居民无法分享数字经济发展红利。

10.4.2 中国数字基础设施发展的主要政策

《“十四五”数字经济发展规划》将优化升级数字基础设施作为重点任务之一，主要提出了以下三个举措：一是加快新型网络基础设施建设。建设高速泛在、天地一体、云网融合、智能敏捷、绿色低碳、安全可控的智能化综合性数字信息基础设施。推进骨干网扩容，协同推进千兆光纤网络和5G网络基础设施建设，推动5G商用部署和规模应用，前瞻布局第六代移动通信（6G）网络技术储备，加大6G技术研发支持力度，积极参与推动6G国际标准化工作。二是推进云网协同和算网融合发展。加快构建算力、算法、数据、应用资源协同的全国一体化大数据中心体系。推动智能计算中心有序发展，打造智能算力、通用算法和开发平台一体化的新型智能基础设施，面向重点新兴领域，提供体系化的人工智能服务。三是有序推进基础设施智能升级。稳步构建智能高效的融合基础设施，提升基础设施网络化、智能化、服务化、协同化水平。

2021年11月，工信部发布《“十四五”大数据产业发展规划》，提出适度超前布局数字基础设施，推动产业基础高级化等基本原则，以及形成一批优质大数据开源项目，存储、计算、传输等基础设施达到国际先进水平等发展目标。具体的规划是：全面部署新一代通信网络基础设施，加大5G网络和千兆光网建设力度；结合行业数字化转型和城市智能化发展，加快工业互联网、车联网、智能管网、智能电网等布局，促进全域数据高效采集和传输；加快构建全国一体化大数据中心体系，推进国家工业互联网大数据中心建设，强化算力统筹智能调度，建设若干国家枢纽节点和大数据中心集群；建设高性能计算集群，合理部署超级计算中心。

2022年1月，中央网信办等部门联合印发《数字乡村发展行动计划（2022—2025年）》。该计划将数字基础设施升级行动作为重点任务之一，提出：一是推进乡村信息基础设施优化升级。持续实施电信普遍服务，开展农村地区4G基站补盲建设，逐步推动5G和千兆光纤网络向有条件、有需求的乡村延伸。持续推进城市农村“同网同速”，优化提升农村宽带网络质量。优化农村信息服务基础设施建设，有序推进农业农村、商务、民政、邮政、供销等部门农村信息服务站点的整合共享，推广“多站合一、一站多用”。鼓励开发适应“三农”特点的信息终端、技术产品、移动互联网应用软件，不断丰富“三农”信息终端和服务供给。二是推动乡村传统基础设施数字化改造升级。完善农村公路基础数据统计调查制度，强化电子地图定期更新，提升农村公路管理数字化水平，推动“四好农村路”高质量发展。

2023年，国家发展改革委、国家数据局印发《数字经济促进共同富裕实施方案》，明确了以数字经济促进共同富裕的指导思想和发展目标，重点部署了四方面举措：一是推动区域数字协同发展。推进数字基础设施建设，推进产业链数字化发展，加强数字经济东西部协作。二是大力推进数字乡村建设。加快乡村产业数字化转型步伐，加大农村数字人才培养力度，提升乡村数字治理水平。三是强化数字素养提升和就业保障。加强数字素养与技能教育培训，实施“信息无障碍”推广工程，加强新就业形态劳动者权益保障。四是促进社会服务普惠供给。促进优质数字教育资源共享，强化远程医疗供给服务能力，提升养老服务信息化水平，完善数字化社会保障服务。

本章小结

数字基础设施建立在现代数字技术的基础之上，是通用性基础设施，属于资本密集型行业，具有较强的网络效应。数字基础设施包括网络基础设施、算力基础设施和信息应用基础设施三个部分。

数字基础设施具有基础性、准公共产品属性、非竞争性和正外部性等经济属性。数字基础设施促进数字经济高质量发展的机制体现为：数字基础设施促进资源优化配置；数字基础设施促进全要素生产率提升；数字基础设施促进技术创新；数字基础设施促进共同富裕。

中国在数字基础设施建设发展方面的成功经验包括：注重顶层设计和超前布局；建设路径清晰；通过全局规划确保地区均衡协调发展；通过公私合作确保有效供给。同时，我国数字基础设施建设也存在关键核心技术基础薄弱、应用场景不足、城乡之间存在一定的数字鸿沟等问题。

在数字基础设施建设方面，中国制定了一系列政策。例如，《"十四五"数字经济发展规划》将优化升级数字基础设施作为重点任务之一，《"十四五"大数据产业发展规划》提出了适度超前布局数字基础设施等发展目标，《数字乡村发展行动计划（2022—2025年）》将数字基础设施升级行动作为重点任务之一，《数字经济促进共同富裕实施方案》明确了以数字经济促进共同富裕的指导思想和发展目标。

主要概念

数字基础设施　网络基础设施　算力基础设施　信息应用基础设施　数字鸿沟

复习题

1. 数字基础设施有哪些种类?
2. 数字基础设施的经济属性有哪些?
3. 数字基础设施建设发展取得的成效有哪些?
4. 数字基础设施存在哪些短板?
5. 我国采取的促进数字基础设施发展的政策主要有哪些?

推荐阅读文献

沈坤荣，林剑威，傅元海. 网络基础设施建设、信息可得性与企业创新边界. 中国工业经济，2023（1）.

FRISCHMAN B M. *Infrastructure*: *The Social Value of Shared Resources*. Oxford: Oxford University Press，2012.

第十一章

数字产业发展

章前导语

数字经济发展即在数据要素和数字技术推动下新产业不断涌现、数字技术与传统产业不断融合发展的过程。因此，数字产业化和产业数字化是数字经济发展的最主要体现。数字产业化和产业数字化分别是数字经济的基础部分和数字经济的融合部分，两者的发展会极大地推动数字经济发展。数字产业化是数字经济发展的直接动力。加快数字产业化，培育相关数字产业生态系统，可以推动数字经济新业态新模式不断涌现。产业数字化是数字经济发展的深化，可以加快传统产业的数字化转型，提升传统产业的生产效率、创新能力和价值创造能力，实现更高层次的产业发展。

数字产业化和产业数字化不仅是数字经济产业发展的核心，也是数字经济学理论框架中不可或缺的内容。然而，目前针对数字经济产业发展的理论分析、发展路径分析仍有待补充，迫切需要构建数字经济产业发展的理论体系，探究数字经济产业发展规律，总结世界各国推进数字经济产业发展的共性做法，提炼中国数字经济产业发展的成功经验，并设计科学的数字经济产业发展政策。

学习目标

理解数字产业化和产业数字化的概念及关系；

理解数字产业化的驱动力、本质、基本组织模式及我国大数据产业发展；

理解产业数字化的基础理论、要件、三个阶段及不平衡发展路径；

了解中国数字产业发展政策。

11.1　数字产业发展的概念

11.1.1　数字产业化

数字产业化是指在数字技术创新和数字商业创新的双驱动下，深度挖掘并释放数据要素价值，不断催生新的商业形态和新产业，最终形成数字化产业集群的产业化发展过程。从具体的产业构成来说，根据 2021 年国家统计局发布的《数字经济及其核心产业统计分类》，数字产业化包括数字产品制造业、数字产品服务业、数字技术应用业、数字要素驱动业四个大类子产业。

数字产业化具有以下三个基本特征：

第一，数字技术创新是根本驱动力。数字产业化本质上是由数字技术创新所引发和推动的，数字技术是决定产业发展水平的核心影响因素，数字技术的不断创新和应用推动了数字产业化的快速发展。

第二，数据是关键要素。数字产业化的目的是将数字化的知识和信息转化为生产要素，数据最终会在数字相关产业中流动，成为数据要素，并进一步成为产业数字化的动力。数字产业化以数据为关键生产要素，通过数据采集、数据存储、数据处理、数据分析等环节，实现数据驱动的数字商业创新，从而最大限度地释放数据要素价值。

第三，新兴产业不断涌现并快速发展是根本体现。数字产业化是在数字技术创新的推动下，新的产业不断出现并快速发展的动态过程，典型的如大数据、云存储、电子商务、数字金融、社交媒体、视频内容等产业。

11.1.2　产业数字化

产业数字化是指通过数字技术融合应用、数据要素开发利用和企业数字化转型，系统地重构产业发展的产业链、供应链和价值链，全面提高生产运营效率并创造更高的价值，从而实现产业持续升级和高效发展的过程。产业数字化主要是传统产业在数字技术推动下的数字化转型，涉及农业、制造业、服务业等已有的国民经济各个行业。

产业数字化具有以下基本特征：

第一，产业数字化是数字技术和数据要素共同赋能以实现传统产业提质增效的高质量发展过程。产业数字化的核心是数字技术在传统产业中的扩散应用，是数字技术和实体经济深度融合的重要体现。数字技术是数字产业化的根本驱动力，利用现代数字技术对传统产业进行改造，既是数字技术扩散应用，进而发挥促进经济高质量发展的潜能的重要路径，也是传统产业升级的必由之路。数字技术的应用重点是实现生产经营活动的全面数字化，基于数据要素的开发利用优化生产经营活动，全面提高产业生产效率和组织运行效率，充分发掘并释放数据要素的经济价值，从而实现高质量创新发展。

第二，产业数字化是基于数字技术和数据要素赋能进行全方位产业数字化重构的过程。产业数字化既包括运用数字技术对传统产业进行硬件和软件改造，也包括基于数据挖掘和利用来进行组织管理体制创新。产业数字化是传统产业的产业链、供应链和价值链的系统重构，是产业体系的升级，有助于实现产业的全面提质增效。数字产业化就是采用数字技术来实现传统产业要素全域连接和全面贯通，不断打破传统产业原有的封闭、分割和脱节的生产经营体系，加快产业组织体系向开放化、协同化、智能化、生态化转变，推动传统产业发展模式和运行机制深刻变革，以数字化全面赋能传统产业高质量发展。

第三，产业数字化的基础是企业数字化。企业数字化也被称为“企业数字化转型”。企业数字化转型是建立在数字技术融合应用和对数据要素的深度开发和应用基础上的，它对企业的技术基础、业务流程、商业模式、组织管理等进行全面重构，以构建一种高效、开放和共赢的数字化商业模式。产业数字化既包括企业内的数字化，也包括企业间的数字化，产业数字化是建立在企业数字化基础上的企业间生产经营网络的重构。

11.1.3 数字产业化与产业数字化

数字产业化与产业数字化共同构成了数字经济，但两者的侧重点有所不同。数字产业化更偏向数字经济的核心层，而产业数字化则更偏向数字经济的应用层。数字产业化程度代表数字经济产业的发展水平和核心竞争力，产业数字化程度则反映了数字技术对数字经济产业的贡献程度。

数字产业化与产业数字化相互促进。数字产业化为产业数字化提供了支撑和发展动能，产业数字化又为数字产业化提供了应用场景。数字产业化和产业数字化互为补充、相互促进，共同推动数字经济发展。首先，数字产业化会驱动产业数字化发展。数字产业化能够为产业数字化发展提供数字技术、产品、服务、基础设施和相应的解决方案，以及完全依赖数字技术、数据要素的各类数字产品和服务，从而引领和推动各行各业快速发展及数字化转型升级。其次，产业数字化是数字技术和数字商业模式与传统产业深度融合的过程，在很大程度上为数字产业化发展提供了广泛的应用场景和强大的推动力。

综上，数字产业化和产业数字化是一个相互促进、协同发展的过程。这也意味着我们不能割裂数字产业化和产业数字化之间的联系，而要强调两者协同推进，共同促进数字经济发展。

11.2 数字产业化发展

数字产业化的本质是在数字技术创新和数字商业创新双重力量驱动下的数据产业链、价值链深化过程。数字产业生态（以下简称数字生态）则是数字产业化发展的主要组织模式。因此，数据价值链和数字生态是解释数字产业化的理论基础。

11.2.1 数字产业化的驱动力：数字技术创新与数字商业创新

数字产业化是数字技术创新和数字商业创新双重力量驱动的数据价值释放的产业化发展过程。数字产业化既是数字技术创新过程，也是数字商业创新过程，并以实现数据价值的不断深度释放为导向。也就是说，数字产业化是互联网、大数据技术、人工智能技术发展所推动的，同时也是数据价值在“数据资源—数据挖掘产生知识信息—数据驱动商业”这一链条中不断被挖掘和释放的过程。

在数字产业化过程中，数字技术创新为深度开发和利用数据价值提供了可能，数字商业创新则为经济主体提供了动力。在数字产业化过程中，数字技术创新和数据商业创新是相互促进的关系，并都以最大化数据要素的经济价值为根本目标。数字技术创新会催生大量的数字产业，为数字商业创新提供底座和赋能机制，使数字商业企业能够更好地挖掘数据和数字技术领域的商业机会，更好地满足市场需求并推动市场需求升级，从而创造更大的商业价值。同时，数字技术创新是由数字商业创新拉动的，数字商业创新要以数字技术发展为支撑。在数字技术给定的情况下，数字价值释放的商业机会是有限的。在商业机会有限的情况下，数字技术创新的潜能将无法得到充分释放，数字经济增长将呈现有约束的增长。只有实现数字技术创新和数字商业创新的动态匹配，数字经济才能实现可持续的动态增长。

数字产业化发展的根本驱动力是数字技术创新和数字商业创新。数字产业实际就是数字技术创新和数字商业创新互动所产生的结果，数字技术创新和数字商业创新会创造新的商业机会，催生新业态新模式，推动整个经济社会的数字化转型。数字技术创新为数据价值的最大化释放提供了可能，数字商业创新则为数据价值的商业化实现提供了路径。因此，数字产业化的政策重点是为数字技术创新和数字商业创新提供最大的激励，创造有利于创新的环境。要促进数据驱动的创新，重点是培育和发展企业家群体和初创企业群体。企业家和初创企业不断将数字技术创新和数字商业创新结合起来，为市场带来新的商业创新。为此，应创造有利于企业家和初创企业创新发展的环境，鼓励创新，包容失败，并建立适应创新的投融资体制，使初创企业较容易获得风险资本的投资。

11.2.2 数字产业化的本质：数据价值的深度挖掘与不断释放

（1）数据价值链。

数字经济是以数据为关键要素的经济新形态。数字产业化的本质是深度挖掘并不断释放数据价值的动态过程。因此，数据价值链理论是数字产业化的基本理论。数据价值链是指在数字技术创新和数字商业创新的驱动下实现数据采集—数据整理—数据挖掘—数据变现的数据价值递增和数据价值不断释放的经济活动过程（见图 11－1）。

数据采集主要是从内部或外部各种渠道采集大量的原始数据，从而为数字产业化提供数据资源的过程。数据采集需要投入较多的软硬件设施，在此基础上付出资本和劳动，然后实现对大量原始数据的占有。由原始数据转变而来的第一层次的数据资产的特征主要体现在数量维度方面。

数据整理是对采集的大量非结构性原始数据进行整理加工，形成数据集并存储。在此阶段，通过付出资本和劳动形成第二层次的数据资产。第二层次的数据资产的特征主要体现在质量维度上，可以直接在市场上销售。

数据挖掘是对数据集进行分析挖掘，以发现数据的趋势、模式以及其他可以用于优化决策的信息、知识或洞见，进而为创造新产品、新模式和新业态提供可能。在此阶段，原始数据转变为第三层次的数据资产，其特征主要体现在创造性维度上，是具有知识产权属

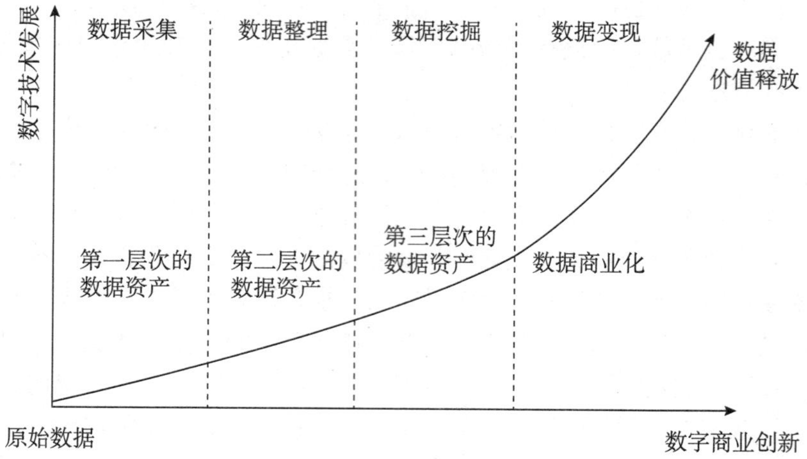

图 11-1 数字产业化中的数据价值链

性的数据资产。数据资产持有企业可以在市场上销售数据知识产品，也可以向其他企业提供数字化服务方案。

数据驱动的商业也称数据变现或货币化，是企业根据通过数据分析得到的信息做出科学的商业决策的过程，是对基于数据的知识或洞见进行创造性商业化应用，并通过新业态新模式将数据价值转变为商业利润的过程。在此阶段，数据已经由原始数据完全转变为有用的信息，是数据价值实现的最高形态，也是数据价值释放最多的环节。

(2) 数字产业化中数据价值实现的路径。

路径 1：数据直接货币化。在数字经济中，数据已经成为一种可以交易的商品。数据直接货币化，又称数据直接变现，是指数字企业在数据市场直接销售数据产品或提供基于数据开发与分析的数据增值服务。数据直接变现以相对完备的数据市场为基础，数据商在数据产品及附属服务交易中扮演了重要的角色。

路径 2：云存储服务。云存储服务产业是数字产业化的重要产业。目前，在全球云存储服务市场中，主导型企业主要有亚马逊网络服务（Amazon Web Service，AWS）、微软云计算服务（Microsoft Azure）、谷歌云和阿里云等。在国内云计算市场，阿里云、华为云、腾讯云、百度智能云等为领导企业，阿里、华为、腾讯 3 个企业进入全球前 6 位。这些企业对内满足 IT 资源需求，对外满足互联网数据中心（IDC）需求。数据中心是云存储服务产业的核心基础设施，数据中心的建设者主要是三大电信运营商。

路径 3：数据驱动的知识创新。数据驱动的知识创新主要是指数据企业采集并持有大量文献资源数据库、研发数据资源库等，并通过向研发机构提供数据接入服务或研发辅助服务来获取收益的过程。例如，美国产业数据公司——医药数据解决方案公司（Medidata Solution）在遵守数据隐私保护和安全规定的情况下，采集大量医疗临床数据，通过授权一些大型药品开发企业接入数据库或者承接药品企业研发药品的临床试验业务来实现盈利，这大幅缩短了临床试验周期，显著提高了药品研发速度和质量，实现了数据公司与研发企业的共赢。

路径 4：数据驱动的商业创新。数据驱动的商业创新是基于通过数据挖掘获得的知识信息或洞见进行的商业模式创新。它通过提供新的商业模式、新的产品或服务，抓住商业机会或市场机会，来创造新的价值来源。数据驱动的商业创新包括电子商务、社交媒体、数字媒介或数字内容、数字金融、数字教育、智慧医疗、智慧交通、智慧能源等产业，以及科研数据服务、公共数据服务、个人数据服务（隐私）、金融数据服务、健康数据服务、交通数据服务、在线交易数据服务等数据服务产业。

在现实中，数字产业化既可以采取数据价值链一体化模式，也可以采取数据价值链专业化模式。数据价值链一体化模式是指一个企业采集数据、整理加工数据和存储数据、对数据进行挖掘分析并据此实现商业创新，以最大限度地实现数据的经济价值的模式。由于数据价值链一体化模式需要更多的投入、更强的组织管理能力和基于范围经济效应的多市场和多业务领域运营能力，因此它往往是大型数字平台所采用并主导的模式。数据价值链专业化模式是指一个企业专门从事数据采集和整理、数据存储、数据库接入、专业数据挖掘等业务，通过向其他企业提供数据服务、销售数字产品或数据增值服务与附属服务来获取基于数据的商业价值的模式。

知识链接

数据价值链模式
——以百度为例

11.2.3 数字产业化的基本组织模式：数字生态

数字生态是数字产业化发展的基本组织模式。生态是一些行为上相互依赖的企业组成的群体，这些企业基于领导企业提供的平台自主地相互作用，从而实现价值创造。因此，数字生态是由一个核心数字平台和一系列互补性企业所构成的、旨在实现价值共创和收益共享的组织网络。

(1) 数字生态能够最大限度地实现数字产业化。

第一，数字生态能够更好地实现规模经济效应和范围经济效应。数字生态往往是基于核心数字平台的大数据资源和数字技术基础来运行的。由于数据具有非竞争性属性，加之数字技术往往具有通用性，因此，数字生态系统能够实现大数据和数字技术开发利用的规模经济效应和范围经济效应，并且由于数据要素和数字技术往往具有近乎为零的边际成本，因此同一数据或技术资产的多领域应用实现了显著的价值倍增。

第二，数字生态能够促进技术创新。数字生态本身就是一个创新生态。数字生态能够对不同主体间拥有的各种互补性资产进行整合，通过核心数字平台的数据信息底座实现对互补性创新资源的整合利用，提高数字生态企业的创新能力、技术创新速度和创新有效性。

第三，数字生态能够促进商业创新。数字生态不仅能促进单市场扩张和多市场商业化，大幅提高数字产业化的经济回报，而且能够通过对生态内多维度数据的整合利用，向消费者进行更为精准的营销，从而更好地发挥网络效应，最终促进需求增长。

第四，数字生态能够更好地满足消费者需求。数字生态的构建和发展始终是以消费者需求为中心的，它通过向消费者提供一揽子服务，实现消费者的“一站式”消费，降低消费者在市场交易中的各种成本，并通过精准的个人化营销来改善消费者的消费体验，提高消费端协整效应和消费者效用。

(2) 数字产业化生态体系。

数字产业化生态体系可以分为两个层次：一是以头部平台为核心的数字商业化价值实

现生态，即核心层，其主要功能是通过数字生态实现数字商业价值最大化；二是多元主体协同参与的数字产业化发展环境生态，即外围层，其主要功能是为数字产业化发展提供激励相容的外部环境，是一个技术—经济—社会的生态系统。

层次 1：以头部平台为核心的数字商业化价值实现生态。

数字产业化本质上是基于数字技术的数据价值释放。由于数据开发利用具有显著的规模经济效应、范围经济效应和网络效应，因此以头部平台为核心的数字商业化价值实现生态是综合实现上述三种经济效应最大化的最佳模式。在数字生态中，平台负责提供基础性支持并促进不同企业之间的相互作用，因此也被称为“协调者”。头部平台是生态体系建构者、数据信息提供者、数字创新引领者和生态运行规制者，在数字产业化生态中居于核心地位。以头部平台为核心的数字商业化价值实现生态能很好地实现数字技术创新和数字商业创新的结合，并不断深化数字产业化的价值挖掘与商业实现，推动数字产业化发展。

阿里的发展过程实际就是以电子商务核心业务为原生动力的数字产业化生态系统的演化发展过程。阿里商业生态系统的核心业务是电子商务（淘宝网）。为更好地促进电子商务业务的发展，阿里开发了第三方支付业务（支付宝），并通过与顺丰、“三通一达”（中通快递、申通快递、圆通快递和韵达快递）等物流企业合作实现了高效的物流配送。此后，阿里以淘宝业务为核心陆续推出了天猫、聚划算等 B2C 模式的电子商务次生平台和线下零售（银泰、盒马鲜生等）次生业务。在此基础上，阿里利用其用户基础优势不断地向消费者提供多元化服务，发展出大量的衍生业务和外围业务，实现了跨界发展。在此过程中，阿里始终重视数字技术基础设施和生态治理体系建设，阿里云和阿里生态治理体系为平台生态发展提供了重要的技术底座与治理制度保障（见图 11－2）。阿里商业生态系统的发展路径可以概括为“核心原生业务—次生附属业务—衍生跨界业务—扩展外围业务”。在数字产业化生态系统发展过程中，数字价值创造也逐步从围绕核心原生业务的平台内单一市场的价值创造转向多市场、多业务的跨界生态价值创造。

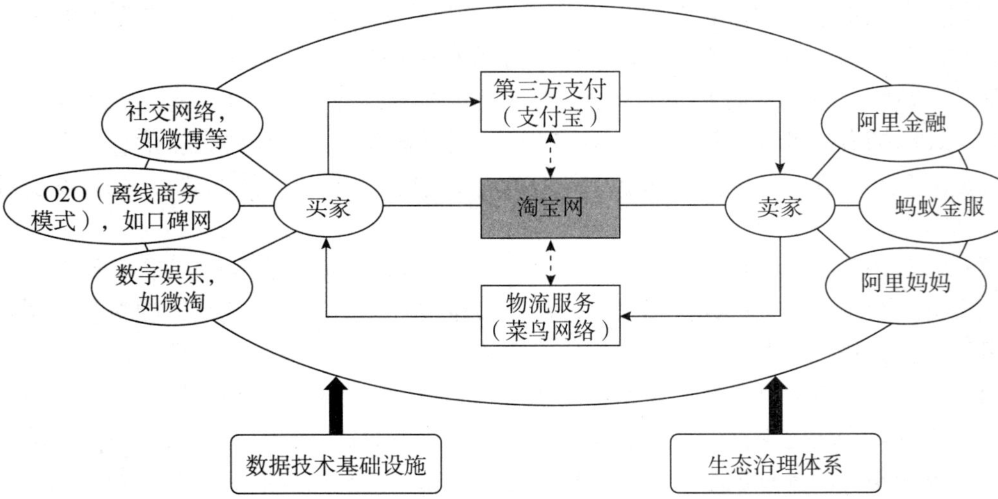

图 11－2　阿里的商业生态系统

注：O2O，Online to Offline，即线上到线下的交易模式。

层次 2：多元主体协同参与的数字产业化发展环境生态。

数字产业化发展是多元主体共同参与和协同共进的技术—经济—社会生态系统，不同的主体扮演不同的角色，并基于共同的价值目标实现有效的分工协作和协同演化。总体来说，数字产业化发展环境生态主要由以下几部分构成：一是核心主体，主要包括企业家与创业企业、数字技术创新者、平台。二是外围主体，主要包括各类中介、互补服务提供商，平台与它们之间是互补关系，通过合作来共同创造价值。三是支撑条件和要素供给体系，主要包括数字基础设施、数字人才供给、数据资源供给、应用场景和终端用户、投资者和风险资本、研发机构。四是数字治理体系，主要包括政府监管者、治理制度（产权、安全、竞争、税收、跨境流动等）、创新发展政策。

11.2.4 中国大数据产业发展

大数据产业是以数据及数据所蕴含的信息价值为核心生产要素，通过数据技术、数据产品、数据服务等形式，使数据与信息价值在各行业经济活动中得到充分释放的赋能型产业。大数据产业主要是指以数据生产、采集、存储、加工、分析、服务为主的相关经济活动，主要包括数据资源建设，大数据软硬件产品的开发、销售和租赁活动，以及相关信息技术服务。

大数据产业链的上游是基础支撑层，包括网络设备、存储设备、计算设备等硬件设施，以及云计算资源管理平台、大数据平台等基础设施；中游是大数据服务层，主要包括数据采集、数据预处理、数据加工分析、数据存储、数据可视化、数据资产管理、数据交易以及基于数据的 IT 运维等数据服务；下游是大数据融合应用层，主要包括大数据在政务、工业、交通、金融、电信和空间地理等领域的应用（见图 11－3）。

图 11－3 大数据产业生态

大数据产业囊括五大核心领域：数据存储与计算、数据管理、数据流通、数据应用、数据安全。在大数据产业中，首先通过数据存储与计算实现数据的压缩和初步加工，然后通过数据管理提升数据质量，并通过数据流通将数据配置给其他相关主体，通过数据应用直接释放数据价值。数据安全治理全程提供数据安全保障。这五大领域可以完成数据存储、处理、应用和保护，使大数据产业形成体系并创造价值。

近年来，中国大数据产业规模迅速扩大，企业数量增多，国际竞争力进一步增强。从产业规模来看，截至2021年，中国大数据产业规模增加到1.3万亿元，年均复合增长率超过30%，市场主体总量超过18万个。[①] 在创新能力上，2021年中国发表的大数据领域论文占到全球的31%，相关专利受理总数占比超过50%。以华为、腾讯、阿里、中兴通讯、小米、百度等为代表的中国大数据公司在国际市场上已经具有一定的影响力，它们为世界各国的用户提供先进的大数据分析解决方案，提升了中国大数据产业的国际竞争力。从具体行业应用来看，互联网、政府、金融三大领域引领大数据产业融合发展。其中，2021年占比最大的行业仍然是互联网行业，其占比达48.8%。随着中国大数据产业的发展，我国产业结构也在不断升级，从最初的以数据收集和存储为主，逐渐演变为以高级数据分析和人工智能应用为主。

11.3 产业数字化发展

11.3.1 产业数字化的基础理论：创造性破坏理论

产业数字化转型是利用数字技术来重构产业生产经营的组织制度体系，通过创造性破坏来实现产业的高质量发展。因此，创造性破坏理论是产业数字化的基础理论。

通过创造性破坏实现经济增长的理论又被称为“熊彼特增长范式”。创造性破坏理论由约瑟夫·熊彼特（Joseph Alois Schumpeter）在《经济发展理论》中提出，也是《经济周期》和《资本主义、社会主义和民主主义》中被用来解释经济增长的重要理论。经济学家菲利普·阿吉翁（Philippe Aghion）等进一步发展了创造性破坏理论，并用发展了的创造性破坏理论解释了各国的经济增长差距。总体来说，创造性破坏理论有以下四个核心观点：

第一，创新与知识传播是增长过程的核心。技术创新是经济长期持续增长的必要条件。经济长期持续增长是一个累计的创新过程，需要持续的创新积累。只有通过知识的传播，创新才能不断出现并积累。在创新的过程中，企业家精神扮演了至关重要的角色。

第二，创新就是构建新的生产函数。熊彼特认为，所谓创新就是要“建立一种新的生产函数”，即实现“生产要素的重新组合”，是要把一种从来没有的关于生产要素和生产条件的“新组合”引进到生产体系中，以实现对生产要素或生产条件的“新组合”。据此，创新可以分为五种类型，分别为引入新产品、采用新的生产方法、开辟新的市场、获得新的原料或半成品供给来源、建立新的企业组织形式。

第三，基于创新的经济长期可持续增长本质上是动态的创造性破坏过程。熊彼特认为，新兴技术是通过破坏传统市场和商业模式建立新的产业模式的。创造性破坏理论表明，改变社会面貌的经济创新是长期的、痛苦的创造性破坏过程，它将摧毁旧的产业，并迎来新产业的崛起和发展。

---

① 中国信息通信研究院. 大数据白皮书（2022年），2023.

第四，创新和创造性破坏促进经济发展需要有效的制度匹配来保障。创新具有显著的正外部性，且需要持续的资本投入。因此，稳定可预期的高创新收益是企业创新的重要激励。为此，需要建立有效的知识产权保护制度和企业家、投资人的财产权保护制度，以激励创新。同时，由于在创造性破坏过程中，创新技术成果的应用会挤压传统产业利益集团的租金，因此会招致激烈的反对。为此，需要进行重大的制度和社会变革，从而释放创造性破坏对经济增长的促进作用，并让社会分享发展成果。

产业数字化本质上是一个创造性破坏的过程。首先，产业数字化的根本驱动力是数字技术创新。数字技术的不断创新为产业数字化提供了重要的技术基础和工具支撑。其次，产业数字化就是用数字技术全面改造传统产业，经过产业数字化全面重构后的产业形成了新的生产要素组合并建立了全新的生产函数，与熊彼特提出的创新概念完全吻合。再次，数字技术会对传统产业产生破坏性影响，会替代传统技术或产业，导致一些旧的产品、服务、商业模式和产业退出市场，并通过数字技术与传统产业的融合，对传统的产品、过程、市场、原材料供给和组织管理制度等进行全面的重构。最后，产业数字化需要建立与之相适应的微观组织体系和宏观治理制度体系，切实保护企业家精神和创新者、投资者的财产安全，营造有利于产业数字化发展的生态。

11.3.2　产业数字化的要件

成功的产业数字化需要具备如下四个要件：数字化数据、智能化生产、泛在化互联、虚拟化营销（见图 11-4）。

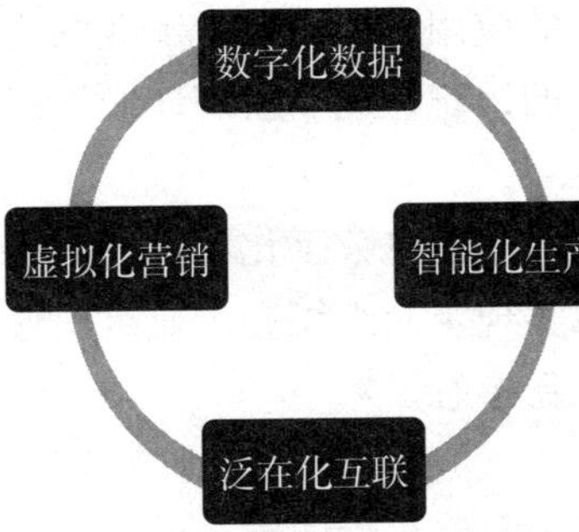

图 11-4　产业数字化的要件

（1）数字化数据。

数字化数据是产业数字化发展的基础条件，它要求企业及时采集用户数据和基于传感器产生的数据，并对数据进行加工整理，然后将数据作为要素投入到生产经营系统中，实现生产经营活动信息的数字化，并及时根据通过数据挖掘得到的洞见，制定更为科学的生产经营决策。

（2）智能化生产。

智能化生产即利用以人工智能为代表的数字技术对传统产业的生产技术进行改造提升，构建智能化生产系统和智能化组织系统，建设一大批智能化工厂，实现生产的自动化和流程的智能化。

（3）泛在化互联。

泛在化互联即通过互联网实现整个产业链和价值链的互联，实现核心企业与上下游互补性企业的动态协同，实现实时的产业链资源共享和生产协同，缩短生产周期和创新周期，提高产业链的安全性和掌控力，并实现整个产业生态的协同生产和协同创新，进而实现价值共创。

（4）虚拟化营销。

企业基于互联网等新的数字技术手段，可以实现与消费者用户的直接互动，向消费者提供精准的营销和个性化服务，更好地满足消费者的需求，提高消费者的消费体验，进而产生更高的商业价值。

11.3.3 产业数字化的三个阶段

产业数字化是一个动态的、深刻的产业数字化发展演进过程，产业数字化一般要经历三个阶段：提升—转型—创新（见图 11－5）。

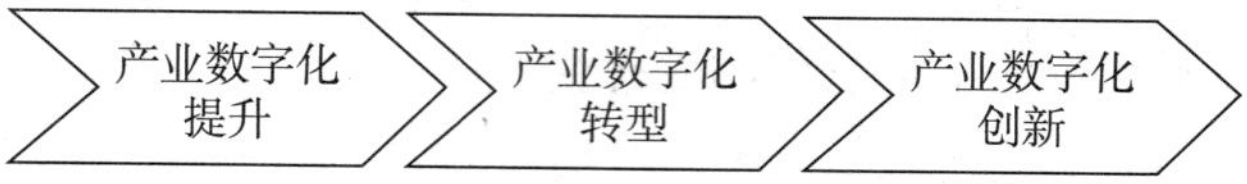

图 11－5 产业数字化的三个阶段

（1）产业数字化提升阶段。

产业数字化提升阶段主要采用数字技术来改造和提升现有的生产经营活动，实现现有产业的数字化，并通过数字技术的应用来提高现有产业的运营效率。此阶段的产业数字化主要体现在技术手段层面，企业的组织体制、管理体制和产业组织形态依然是传统的。

（2）产业数字化转型阶段。

产业数字化转型阶段主要在数据信息数字化和生产活动数字化的基础上，基于现有产业与数字技术的深度融合，重点实现企业组织和产业组织形态的重构，建立与数字经济发展相适应的企业组织和产业组织新形态。

（3）产业数字化创新阶段。

产业数字化创新阶段主要基于数字技术应用和数据要素，开发全新的产品或服务，开拓新的业务市场，并创造新的产业运营和组织模式。

11.3.4 产业数字化的不平衡发展路径

产业数字化发展受到多种因素的影响，由于不同产业的技术经济属性和市场需求特点不同，因此不同产业的数字化进程必然遵循不平衡的演进路径。产业数字化基本遵循“服务业—制造业—农业”的演进路径。2020 年，全球产业数字化规模占数字经济规模的比重达 84.4％，占 GDP 的比重达 43.7％，产业数字化占比不断上升，传统行业数字化转型速度加快。分行业类型来看，数字经济在服务业中渗透率最高，占比为 43.9％；其次为工业，占比为 24.1％。[①] 2019 年，发达国家农业、工业、服务业数字经济渗透率分别为

① 中银研究．全球数字经济格局变革前景与应对．宏观观察，2022（14）．

13.3%、33.0%和46.7%。不同收入水平国家三次产业的数字化渗透率也呈现出相似的差异（见图11-6）。因此，产业数字化应该采取不平衡发展战略，政府应避免不顾经济现实，强力推行不同产业平衡推进的产业数字化转型政策。

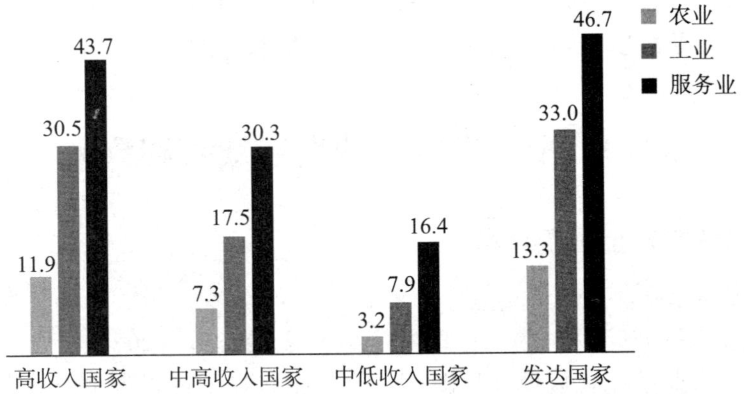

图11-6　全球不同收入水平国家三次产业的数字化渗透率（%）

资料来源：中国信息通信研究院．全球数字经济新图景（2020年），2020.

11.3.5　数字产业化：德国工业4.0

工业4.0的概念最早是在2013年德国汉诺威工业博览会上被正式推出的，其核心目的为提高德国工业竞争力，使德国在新一轮工业革命中占领先机。德国工业4.0是指利用物联信息系统对生产中与供应、制造和销售相关的信息进行数据化和智慧化，最后实现快速化、有效化和个人化的产品供应。简言之，工业4.0代表了智能制造，旨在提升制造业的智能化水平，建立具有适应性、资源效率及基因工程学的智慧工厂，在商业流程及价值流程中整合客户及商业伙伴。

工业4.0主要涉及的技术包括工业互联网、工业云计算、工业大数据分析、工业机器人、3D打印、工业自动化、工业网络安全、虚拟现实、人工智能等。具体来说：（1）工业互联网可以让企业实现设备与设备、设备与人、人与人之间的互联互通，并通过数据采集、处理和分析，实现生产过程的自动化、智能化和优化。（2）工业云计算可以将数据存储在工业互联网上，从而实现数据的异地共享及对大量数据的实时处理，解决了工业数据的存储和处理问题。（3）工业大数据分析主要通过对生产中的数据进行分析，提高生产效率、优化供应链管理和预测未来需求等。（4）工业机器人主要用于完成重复、危险或烦琐的任务，从而提高生产效率和生产过程的安全性。（5）3D打印可以帮助企业快速、灵活地生产原型和零部件，自由地进行个性化定制，匹配大量不同类型的生产需求，还可以缩短企业的生产周期，降低企业的生产成本。（6）工业自动化可以通过传感器、控制器和执行器等设备，形成紧密的耦合控制信息环，从而进行无须人工干预的自动化生产操作。（7）工业网络安全包括物理安全、网络安全、数据安全和应用安全等方面，可以确保工业控制系统及其网络免受攻击和破坏，是实现工业4.0的必要条件之一。（8）虚拟现实可以为工人提供更直观、更具操作性的界面，从而提高生产效率。（9）人工智能可以通过模式识别和深度学习等实现机器自主决策、自动调整，从而优化生产过程，提高生产效率。这些技术都是实现工业自动化的关键技术，可以帮助工业企业实现更高效、更灵活和更智能的生产方式。

德国工业 4.0 是产业数字化在第二产业即工业中的重要应用案例，它充分利用产业数字化技术，从生产流程的智能化、个性化生产、实时数据分析、预测性维护等方面全面提高产业运行效率，使制造业的生产经营活动更加智能和高效。

11.4 中国数字产业发展绩效和政策

11.4.1 中国数字产业发展绩效

(1) 总体发展水平。

中国信息通信研究院发布的《中国数字经济发展报告（2022 年）》测算了中国数字产业化规模和产业数字化规模（见图 11－7），报告显示近年来中国数字产业化规模和产业数字化规模呈现持续上涨趋势。2021 年，我国数字产业化规模已经从 2016 年的 5.2 万亿元上升到 8.4 万亿元，占 GDP 的比重为 7.3%，其中 ICT 服务占主导地位。2021 年，中国产业数字化规模达到 37.2 万亿元，同比名义增长 17.4%，占 GDP 的比重为 32.5%。总体来说，中国数字产业发展呈现出数字产业化规模持续增长、产业数字化规模加速推进的态势。

图 11－7 2016—2021 年中国数字产业化规模与产业数字化规模

资料来源：中国信息通信研究院. 中国数字经济发展报告（2022 年），2022.

(2) 产业发展结构。

目前，中国数字经济产业发展结构呈现出以下几个特征：第一，从数字产业化规模和产业数字化规模占数字经济规模的比重来看，产业数字化的占比已经由 2007 年的 52.9% 提升至 2022 年的 81.7%，说明产业数字化产业已成为目前中国数字经济领域的主导产业。第二，从数字产业化产业的内部结构来看，目前数字产业化产业的主导产业为软件和信息技术服务业，其占数字产业化产业的比重由 2017 年的 53.3%逐年递增至 2022 年的 64.8%。第三，从产业数字化产业的内部结构来看，中国产业数字化产业已经由迅速扩张阶段（2018 年之前）迈入了成熟发展阶段（2018 年之后）。产业数字化产业中占主导地位的第三产业数字化产业的占比由 2002 年的 58.5%波动上升至 2022 年的 69.4%。同时，中国的数字产业结构已经不再单一，即不再依赖于某一特定领域或行业，而是包含了多个领域和行业。数字产业化产业和产业数字化产业均有占主导地位的行业，技术的进一步发展会使其应用范围更广、涉及产业更多。

(3) 区域发展结构。

在产业布局方面，中国数字产业总体呈现出中心城市领先、沿线城市协同、区域极核发展模式的特点。首先，由于具有特殊的区位及经济发展和政策方面的优势，中心城市在数字产业发展中占据了领先地位，集聚了各种数字经济资源要素，具有较强的影响力和辐射效应。其次，一些沿线城市在数字经济发展中呈现出协同发展的特点。例如，京津冀城市群、长三角地区、粤港澳大湾区、成渝经济圈等，都在数字基础设施、数字产业协同发展等方面呈现出了较大的发展潜力。最后，数字产业发展的区域极核发展模式较为明显：数字产业化产业发展呈现华东地区遥遥领先，华南、华北、华中、西南地区持续追赶，西北和东北地区稳步发展的态势；产业数字化产业发展呈现区域点轴发展模式，整体受经济基础影响明显，呈现华东地区持续引领、华南地区稳步追赶、西南地区加速崛起的发展态势。

11.4.2　中国数字产业发展政策

2003年，工业和信息化部发布《信息化和工业化深度融合专项行动计划（2013—2018年）》，2015年国务院印发《关于积极推进“互联网+”行动的指导意见》，推进新一代信息技术与制造业的融合发展。2017年，国务院发布《关于深化“互联网+先进制造业”发展工业互联网的指导意见》将工业互联网作为支撑制造业数字化转型的基础。2022年，国务院发布的《“十四五”数字经济发展规划》系统地规划了数字经济产业发展战略，明确了产业数字化和数字产业化的重点任务和基本路径。同年，工业和信息化部发布的《关于印发“十四五”大数据产业发展规划的通知》《“十四五”信息化和工业化深度融合发展规划》明确了“十四五”期间大数据产业的发展目标和主要任务，以及产业数字化的目标和任务。2022年，党的二十大报告在关于建设现代化产业体系的论述中提出：坚持把发展经济的着力点放在实体经济上，推进新型工业化，加快建设制造强国、质量强国、航天强国、交通强国、网络强国、数字中国。加快发展数字经济，促进数字经济和实体经济深度融合，打造具有国际竞争力的数字产业集群。

(1) 数字产业化政策要点。

《“十四五”数字经济发展规划》提出，要加快推动数字产业化。数字技术自主创新能力显著提升，数字化产品和服务供给质量大幅提高，产业核心竞争力明显增强，在部分领域形成全球领先优势。为此，具体提出了四个政策要点。

第一，增强关键技术创新能力。瞄准传感器、量子信息、网络通信、集成电路、关键软件、大数据、人工智能、区块链、新材料等战略性前瞻性领域，发挥我国社会主义制度优势、新型举国体制优势、超大规模市场优势，提高数字技术基础研发能力。以数字技术与各领域融合应用为导向，推动行业企业、平台企业和数字技术服务企业跨界创新，优化创新成果快速转化机制，加快创新技术的工程化、产业化。鼓励发展新型研发机构、企业创新联合体等新型创新主体，打造多元化参与、网络化协同、市场化运作的创新生态体系。支持具有自主核心技术的开源社区、开源平台、开源项目发展，推动创新资源共建共享，促进创新模式开放化演进。

第二，提升核心产业竞争力。着力提升基础软硬件、核心电子元器件、关键基础材料和生产装备的供给水平，强化关键产品自给保障能力。实施产业链强链补链行动，加强面向多元化应用场景的技术融合和产品创新，提升产业链关键环节竞争力，完善5G、集成电路、新能源汽车、人工智能、工业互联网等重点产业供应链体系。深化新一代信息技术集成创新和融合应用，加快平台化、定制化、轻量化服务模式创新，打造新兴数字产业新优势。协同推进信息技术软硬件产品产业化、规模化应用，加快集成适配和迭代优化，推动软件产业做大做强，提升关键软硬件技术创新和供给能力。

第三，加快培育新业态新模式。推动平台经济健康发展，引导支持平台企业加强数据、产品、内容等资源整合共享，扩大协同办公、互联网医疗等在线服务覆盖面。深化共享经济在生活服务领域的应用，拓展创新、生产、供应链等资源共享新空间。发展基于数字技术的智能经济，加快优化智能化产品和服务运营，培育智慧销售、无人配送、智能制造、反向定制等新增长点。完善多元价值传递和贡献分配体系，有序引导多样化社交、短视频、知识分享等新型就业创业平台发展。

第四，营造繁荣有序的产业创新生态。发挥数字经济领军企业的引领带动作用，加强资源共享和数据开放，推动线上线下相结合的创新协同、产能共享、供应链互通。鼓励开源社区、开发者平台等新型协作平台发展，培育大中小企业和社会开发者开放协作的数字产业创新生态，带动创新型企业快速壮大。以园区、行业、区域为整体推进产业创新服务平台建设，强化技术研发、标准制修订、测试评估、应用培训、创业孵化等优势资源汇聚，提升产业创新服务支撑水平。

(2) 产业数字化政策要点。

《“十四五”数字经济发展规划》提出，要大力推进产业数字化转型。农业数字化转型快速推进，制造业数字化、网络化、智能化更加深入，生产性服务业融合发展加速普及，生活性服务业多元化拓展显著加快，产业数字化转型的支撑服务体系基本完备，在数字化转型过程中推进绿色发展。为此，具体提出了四个政策要点。

第一，加快企业数字化转型升级。引导企业强化数字化思维，提升员工数字技能和数据管理能力，全面系统推动企业研发设计、生产加工、经营管理、销售服务等业务数字化转型。支持有条件的大型企业打造一体化数字平台，全面整合企业内部信息系统，强化全流程数据贯通，加快全价值链业务协同，形成数据驱动的智能决策能力，提升企业整体运行效率和产业链上下游协同效率。实施中小企业数字化赋能专项行动，支持中小企业从数字化转型需求迫切的环节入手，加快推进线上营销、远程协作、数字化办公、智能生产线等应用，由点及面向全业务全流程数字化转型延伸拓展。鼓励和支持互联网平台、行业龙头企业等立足自身优势，开放数字化资源和能力，帮助传统企业和中小企业实现数字化转型。推行普惠性“上云用数赋智”服务，推动企业上云、上平台，降低技术和资金壁垒，加快企业数字化转型。

第二，全面深化重点产业数字化转型。立足不同产业特点和差异化需求，推动传统产业全方位、全链条数字化转型，提高全要素生产率。大力提升农业数字化水平，推进“三农”综合信息服务，创新发展智慧农业，提升农业生产、加工、销售、物流等各环节数字化水平。纵深推进工业数字化转型，加快推动研发设计、生产制造、经营管理、市场服务等全生命周期数字化转型，加快培育一批“专精特新”中小企业和制造业单项冠军企业。

深入实施智能制造工程，大力推动装备数字化，开展智能制造试点示范专项行动，完善国家智能制造标准体系。培育推广个性化定制、网络化协同等新模式。大力发展数字商务，全面加快商贸、物流、金融等服务业数字化转型，优化管理体系和服务模式，提高服务业的品质与效益。促进数字技术在全过程工程咨询领域的深度应用，引领咨询服务和工程建设模式转型升级。加快推动智慧能源建设应用，促进能源生产、运输、消费等各环节智能化升级，推动能源行业低碳转型。加快推进国土空间基础信息平台建设应用。推动产业互联网融通应用，培育供应链金融、服务型制造等融通发展模式，以数字技术促进产业融合发展。

第三，推动产业园区和产业集群数字化转型。引导产业园区加快数字基础设施建设，利用数字技术提升园区管理和服务能力。积极探索平台企业与产业园区联合运营模式，丰富技术、数据、平台、供应链等服务供给，提升线上线下相结合的资源共享水平，引导各类要素加快向园区集聚。围绕共性转型需求，推动共享制造平台在产业集群落地和规模化发展。探索发展跨越物理边界的“虚拟”产业园区和产业集群，加快产业资源虚拟化集聚、平台化运营和网络化协同，构建虚实结合的产业数字化新生态。依托京津冀、长三角、粤港澳大湾区、成渝地区双城经济圈等重点区域，统筹推进数字基础设施建设，探索建立各类产业集群跨区域、跨平台协同新机制，促进创新要素整合共享，构建创新协同、错位互补、供需联动的区域数字化发展生态，提升产业链供应链协同配套能力。

第四，培育转型支撑服务生态。建立市场化服务与公共服务双轮驱动，技术、资本、人才、数据等多要素支撑的数字化转型服务生态，解决企业“不会转”“不能转”“不敢转”的难题。面向重点行业和企业转型需求，培育推广一批数字化解决方案。聚焦转型咨询、标准制定、测试评估等方向，培育一批第三方专业化服务机构，提升数字化转型服务市场规模和活力。支持高校、龙头企业、行业协会等加强协同，建设综合测试验证环境，加强产业共性解决方案供给。建设数字化转型促进中心，衔接集聚各类资源条件，提供数字化转型公共服务，打造区域产业数字化创新综合体，带动传统产业数字化转型。

> **知识链接**
>
> 国家发改委提出“数据要素×”行动计划

本章小结

数字经济产业发展主要体现为数字产业化和产业数字化，两者是相互促进、协同发展的关系。

数字产业化的本质是在数字技术创新和数字商业创新双重动力驱动下的数据价值释放的产业化发展过程。数字产业化的核心是深度挖掘并不断释放数据要素价值，数字生态是数字产业化的基本组织模式。

产业数字化的基础理论是创造性破坏理论。产业数字化需要具备以下四个要件：数字化数据、智能化生产、泛在化互联、虚拟化营销。产业数字化转型一般要经历“提升—转型—创新”三个阶段；产业数字化发展受到多种因素的影响，不同产业的数字化进程必然是不平衡的。

近年来，中国数字产业化和产业数字化获得了快速发展，国际竞争力日益增强。国家也出台了一系列促进数字产业化和产业数字化协同发展的政策措施，明确了政策方向。

主要概念

数字产业化　产业数字化　数据价值链　创造性破坏理论　不平衡发展路径

复习题

1. 数字产业化与产业数字化之间有何区别和联系？
2. 请阐述产业数字化的基础理论。
3. 为什么说产业数字化是一个创造性破坏的过程？
4. 请阐述产业数字化的要件和发展阶段及路径。

推荐阅读文献

江小涓，靳景. 数字技术提升经济效率：服务分工、产业协同和数实孪生. 管理世界，2022，38（12）.

卢福财. 数字经济学. 北京：高等教育出版社，2022.

熊彼特. 经济发展理论. 北京：中国人民大学出版社，2019.

唐要家，唐春晖. 数字产业化的理论逻辑、国际经验与中国政策. 经济学家，2023（10）.

第十二章

数字贸易

章前导语

当前，全球科技革命和产业变革日新月异，随着数字经济的迅速发展，围绕数字经济的全球分工正在形成，数字贸易成为数字经济发展的新形式和新引擎。与传统贸易相比，数字贸易在贸易动因、贸易模式、贸易结构、贸易对象、贸易主体、贸易与分工组织形式和贸易监管要求等方面体现出新的特征。当前，数字贸易的概念尚不统一，对数字贸易的精确测度尚存在困难，同时数字贸易的发展制度环境还存在诸多难题，如数据跨境自由流动受限、隐私和消费者保护面临争议、知识产权保护乏力、国际治理规则尚未形成、国际争端解决机制不足等，这些问题严重阻碍了数字贸易发展。因此，科学认识数字贸易的内涵与特征、贸易模式新特点与理论规律新拓展，有助于制定科学的数字贸易发展战略，促进数字贸易高质量发展。

学习目标

掌握数字贸易的概念、交付方式、特征与统计；

理解数字贸易理论；

了解数字贸易发展实践；

了解数字贸易政策。

12.1 数字贸易概述

12.1.1 数字贸易的概念

数字贸易的概念最早是在2013年美国国际贸易委员会主持编写的全球首部数字贸易调研报告《美国和全球经济中的数字贸易》中提出的。根据该报告，数字贸易就是通过互联网实现的产品和服务交付活动，分为国内数字贸易和国际数字贸易。这一定义明确将商业活动中的物理产品排除在数字贸易范畴之外。2014年，美国国际贸易委员会在第二次报告中又对其内涵进行了补充和完善，认为数字贸易的内涵不仅包括线上消费品的销售和服务的供应，还包括能够使智能制造成为可能的数字服务、使全球价值链成为可能的数据流以及相关的平台及应用。

2019年，经济合作与发展组织（简称"经合组织"，OECD）、世界贸易组织（WTO）和国际货币基金组织（IMF）首次确定了数字贸易的统计定义。该定义结合了贸易的数字订购和数字交付两个标准，即"数字贸易是以数字方式订购或以数字方式交付的国际贸易"。然而，该定义仍然存在缺陷，过于强调贸易要素中的支付手段。2022年，WTO、OECD和IMF在其联合发布的研究报告中给出的数字贸易的新定义为：数字贸易是以数字技术为内在驱动力，以信息通信网络为主要交付形式，以服务和数据为主要标的的跨境交易活动。

本书将数字贸易定义为：数字贸易是针对实物商品、数据、数字产品、数字化服务等贸易对象，采用数字技术进行研发、设计、生产，并通过互联网和现代信息技术手段，向用户交付产品和服务的，以数字服务为核心、以数字交付为特征的贸易新形态。

需要强调的是，数字贸易不是电子商务，也不等同于跨境电子商务。从交付方式来看，数字贸易可以被分解为国际贸易范畴下的数字订购贸易、数字交付贸易以及数字中介平台交易，因此数字贸易不涉及国内电子商务，而跨境电子商务则被涵盖在数字订购贸易中。

12.1.2 数字贸易的交付方式

数字贸易的交付方式可分为数字订购贸易、数字交付贸易和数字中介平台交易。

（1）数字订购贸易。

数字订购贸易是通过专门为接收订单或下单而设计的计算机网络程序，交付商品或服务的国际贸易方式。在某种程度上，其等同于国际电子商务。数字订购贸易具有鲜明的特征，主要体现为：如果一笔交易被视为数字订购贸易，那么不论交易的产品是否拥有数字要素，也不论采用何种交付方式，交易的总价值都应被包含在数字贸易的计量中。其具体特征包括：商品或服务的支付和最终交付不必在线进行；涉及所有机构或部门的参与者；涵盖通过网络、外联网或电子数据交换执行的订单；包括应用程序购买和应用内在线购买；包括通过在线竞价平台进行的交易；不包括通过电话、传真或手动输入电子邮件发出的订单；不包括使用数字签名的正式线下交易；每笔交易均应单独处理。当交易通过线下订购流程达成，但后续（或后续订单）通过数字订购系统进行时，后续交易应被视为数字订购贸易。

（2）数字交付贸易。

数字交付贸易就是通过计算机网络远程交付的所有国际贸易。其特点包括：只能以数字方式提供服务；涉及所有机构部门的参与者；服务的支付和订购不必在线进行；既包括通过应用程序提供的服务，也包括通过电话、传真、视频通话或电子邮件提供的服务；每笔交易均应单独处理。当一笔交易通过线下流程支付，但后续以数字方式交付时，后续交易应被视为数字交付贸易。

（3）数字中介平台交易。

从广义来讲，数字中介平台（DIP）是提供数字中介服务或线上市场服务，以促进两个或多个不同但相互依赖的个体用户之间互动的平台。从狭义来讲，数字中介平台是提供数字中介服务，以促进买家和多个卖家之间直接互动的平台。其关键特征包括：有多个买家和多个卖家通过平台互动；平台本身不拥有商品，只提供中介服务并收取一定费用，其费用收取可采取多种形式。

12.1.3 数字贸易的特征

与传统贸易相比，数字贸易在比较优势的来源、国际贸易的模式、贸易标的的构成、国际贸易的主体等方面均具有新特征。

（1）新型贸易基础：数字技术与数据。

在数字贸易中，信息通信技术发挥着重要作用，数字化是其根本特征。一是贸易方式数字化，指数字贸易主要依托互联网信息技术来开展国际贸易，表现为数字技术对传统贸易方式的数字化赋能和升级，具体包括电子商务、数字海关、智慧物流等新模式和新业态的发展。二是贸易对象数字化，指数字贸易使数据和以数据形式存在的产品和服务得以交易，既包含传统意义上的商品与服务，也包含以数字化形式呈现的数据信息、数字软件、数字内容产品等无形商品。

（2）新型比较优势：数字贸易生态。

从国际贸易的驱动因素看，数据和数字技术是数字贸易时代的新型比较优势来源。随着数字技术对劳动力的替代性不断增强，在国际贸易中，劳动投入的作用在下降，地理距离、基础设施、政策手续等传统贸易壁垒的制约作用在下降，而与数字技术密切相关的知识、技术、资本投入与无形资产的重要性不断提升。同时，随着基于数据收集、数据存储、数据分析和建模的数据价值链的形成，与数字技术发展相关的制度环境、政策机制正在成为数字贸易新型比较优势的重要来源。因此，在数字贸易背景下，一个国家的数字贸易竞争力不再取决于单一的要素或环节，而是取决于数字贸易生态，国家之间的数字贸易竞争本质上是数字贸易生态的竞争。

（3）新型贸易中介模式：数字平台。

大数据、云计算以及移动互联网等新型信息通信技术的重大突破是数字贸易发展的必要技术支撑，数字平台成为数字经济协调和配置资源的基本经济组织。首先，在数字贸易中，数字平台代替了传统的连接供给和需求的贸易中间商，在传统商品以及服务的基础上不断升级并创造新的产品和服务形式。其次，数字平台为生产、消费、交换提供设施和服务，已成为协调和配置资源的基本经济组织。尤其是当前的大数据分析、云计算、搜索引擎、共享服务、社交媒体等数字平台，不仅成为汇聚各方数据信息的中枢，而且成为实现价值创造的核心和数字贸易发展的重要载体。最后，数字平台使商品与服务的交易成本，如沟通成本、信息搜寻成本以及合同成本大幅降低，极大地提高了贸易效率。

(4) 贸易结构新变化：服务贸易与数字产品贸易占比明显上升。

数字贸易具有明显不同于传统贸易的贸易结构，服务贸易和数字产品贸易占比明显上升。首先，数字经济的发展促进了服务贸易的快速增长，具体包括以下几个方面：一是数字技术的发展和数字基础设施的建设不断加快，提高了数字网络的效率，使可数字化服务获得了巨大发展；二是数字技术的发展降低了贸易成本，突破了地理距离的制约，使部分传统线下服务转变为线上服务，且扩大了跨境交易的服务范围；三是传统服务贸易结构因数字贸易快速发展而呈现增长跃升态势，时间敏感型商品、认证密集型商品、合同密集型商品在传统货物贸易中的比重因数字技术的发展而显著提升；四是数字技术的发展催生了很多新兴的数据服务贸易，典型的如云服务、数字藏品等贸易。其次，数字技术的发展大大降低了复制、访问和传播创造性工作的成本，有形的数字产品的国际贸易比例不断下降，无形的数字产品，如电子书、新闻应用软件、内容流媒体、数据库、软件程序等产品在国际贸易中的比例明显上升。

(5) 贸易主体新变化：多元主体参与国际贸易。

从国际贸易的主体看，数字贸易的主体由大型跨国公司向中小企业和个人消费者扩展，数字贸易的主体呈现显著的多元化特点。数字贸易削弱了市场地理距离的影响，降低了出口成本，从而有助于中小企业实现规模经济效应，使更多中小企业参与国际贸易活动。同时，互联网在线贸易大幅降低了贸易成本，数字平台为消费者提供了及时、快速、深入了解中小企业的途径，也为中小企业提供了与大型跨国公司完全相同的信息获取渠道，以及更为便捷的支付结算方式。国际贸易交易成本的下降使更多的中小企业得以通过数字平台从事国际贸易活动。

12.1.4 数字贸易的统计

由于数字贸易具有多维性质，因此需要在标准化的报告表格内汇总各种统计数据，从而为建立数字贸易账户奠定基础。表 12-1 提供了用于呈现数字贸易的报告模板。该模板包括数字贸易的两个主要组成部分，即数字订购贸易（类目 2）和数字交付贸易（类目 3）。该模板还包括用于统计数字订购服务贸易的项目（类目 2.2），该项目可以采用收集电子商务交易额的常用方法获取数据，并使用其他科目进行细分（如分为国内销售和国外销售；商品销售、数字化交付的服务和其他服务）。考虑到编制者需要从该模板中直观得出数字订购贸易或数字交付贸易的汇总数据情况，该模板还设置了重复项（类目 4），以计算按照不同口径收集的重叠信息，并在汇总时将其减去。

该模板在现有国际贸易统计框架下提供了统计各国数字贸易的可行方法。编制者可根据自身资源和具体政策需求，扩展该模板以补充其他维度信息，例如，补充有关数字贸易涵盖的机构部门、行业、公司规模等方面的数据信息。同时，该模板还设置了两个增编项目，即附录项目中的数字服务贸易和数字交付服务。

表 12-1　数字贸易报告模板

类目			出口总额	进口总额
1	数字贸易总额	数字订购贸易＋数字交付贸易－重复项		
2	数字订购贸易	商品＋服务		
2.1	商品			
2.1.1	DIP 商品			
2.2	服务			
2.2.1	DIP 服务			
3	数字交付贸易			
3.1	通过 DIP 的部分			
4	数字订购贸易和数字交付贸易的重复项			
4.1	DIP			
	附录项目			
1.1	数字服务贸易	服务＋数字交付贸易－数字订购贸易		
1.2	数字交付服务	＞数字交付贸易		

资料来源：WTO、OECD 和 IMF 于 2020 年 3 月联合发布的《数字贸易计量手册》（*Handbook on Measuring Digital Trade*）。

12.2　数字贸易理论

传统国际贸易理论经历了比较优势理论、资源禀赋理论、新贸易理论以及新新贸易理论等发展阶段，并由此形成了一套完整的理论体系，该理论体系系统阐述了国际贸易活动的成因、影响因素以及社会福利效应。其中，比较优势理论和资源禀赋理论在完全竞争市场的背景下，将贸易的产生归因于生产效率和要素禀赋的差异，并提出贸易参与国可通过比较优势领域的生产和出口改善本国福利。新贸易理论则突破了完全竞争市场假设，结合规模经济效应解释了不完全竞争市场产生产业内贸易的原因。此后，新新贸易理论基于企业异质性，从生产率差异角度强调了生产率优势是企业国际贸易的基础。然而，以上理论均未充分考虑数字贸易发展的独特性，因此应结合数字贸易特征对传统国际贸易理论进行创新。

12.2.1　比较优势的内生化

根据比较优势理论和资源禀赋理论，出口的先决条件是一国在某一领域的生产率或密集使用的要素方面具有比较优势。在数字贸易背景下，传统国际贸易理论得到了以下改进：首先，比较优势的内涵被进一步扩大。一方面，传统的比较优势因数字经济的发展而减弱。数字经济具有虚拟和无形的特性，其减少了对有形要素投入的需求，使普通资源禀赋在比较优势中的地位下降。另一方面，相对于传统贸易，数字贸易下的比较优势引入了新因素，如数字基础设施的完备程度、与数字技术相关的人力资本，以及与数字监管有关的制度和法规等。其次，数据要素成为比较优势新的重要影响因素。相对于传统贸易，数字贸易的发展受到数据要素内生化的影响。数据要素禀赋不再是静态的外部条件，而是随着生产和贸易规模的扩张而不断自我强化的动态条件。在这种内生的比较优势的作用下，相关国家的进出口结构甚至全球贸易格局都可能呈现“强者恒强”的趋势。最后，数字贸易可能不会带来共赢的结果。在数字经济中，国际贸易可能在一定条件下阻碍各国经济的收敛。传统国际贸易理论在完全竞争市场和要素自由流动的假设下认为，国际贸易会使各国要素收益率趋同。然而，在数字贸易背景下，数据要素的零边际成本特性使要素报酬均等化的机制失效。因此，从长远看，各国贸易规模和收入差距有可能进一步扩大。

12.2.2 数字技术壁垒

数字技术是数字贸易发展的根本驱动力。数字技术发展实现了国际贸易的虚拟化，进一步打破了时空限制，显著降低了国际贸易的各种交易成本和制度成本，从而促进了国际贸易的发展。因此，数字技术成为解释数字贸易发展的重要理论基点。数字技术在促进数字贸易发展的同时，也会由于不同国家的数字技术开发利用能力和水平存在差异而产生“数字鸿沟”。一是数字贸易可能产生更大的规模壁垒。由于数字经济时代可能形成寡头垄断甚至完全垄断的竞争格局，因此，新企业进入市场并生存下来的难度高于传统经济时代。此外，数字产业是资本密集型产业，这进一步提高了企业参与贸易的资金壁垒。国家间的人力资本差距等也会提高贸易壁垒。二是数字贸易会形成更多技术和专利壁垒。数字经济依赖复杂的电子信息技术，因此硬件和软件具有技术门槛高的特点，发达国家的数字企业通过先行者优势主导了技术革新，并且通过预先申请专利制造了知识产权壁垒，加大了突破技术封锁的难度。三是数字治理制度会成为新的重要的国际贸易壁垒。各国的数据跨境流动政策、数据安全政策、个人隐私保护政策等都会成为新的贸易保护手段。

12.2.3 生产区位与贸易格局

贸易问题本质上是区位问题。在数字经济时代，数字产品的跨境成本接近零。同时，变动成本在总成本中所占比例很低，使得数字企业对中间品投入的需求大幅减少。这可能导致传统企业集聚因素失效，生产区位和贸易格局出现以下发展趋势：首先，地理距离不再是数字贸易的主要障碍，因此一些凭借地理优势成为贸易中心的国家和地区，如关键航线节点国家和沿海港口城市等，可能会逐渐失去优势。相反，一些由于地理局限而在传统贸易格局中处于劣势的国家或地区，可能凭借其他优势崛起成为新的数字贸易中心。其次，摆脱运输成本束缚的数字企业可以在第三地进行生产活动，以充分利用当地的特殊比较优势向全球提供数字产品和服务。因此，在传统经济活动中区位优势不显著的地区可能在数字贸易中更活跃。最后，数字经济彻底改变了传统的国际产业分工格局。在此背景下，产业分工不再受传统横向产品类别和纵向产业链条的限制。大型跨国企业主导下的交易平台形成了复杂的网络化分工和产业生态体系。这提高了产品生产的复杂程度和国际化程度，使任何国家都难以脱离全球分工体系而得到发展。同时，数字贸易产品的“国界”概念模糊，难以明确其“原产地”或“民族属性”。

12.2.4 新“里昂惕夫悖论”

传统的要素禀赋理论认为，在充分开放的经济体系中，发达国家应出口资本密集型产品和技术密集型产品，进口劳动密集型产品。然而，美国经济学家里昂惕夫（Leontief）发现，美国作为发达工业国，却大量进口资本密集型产品，出口劳动密集型产品，即出现了“里昂惕夫悖论”。后来的研究者纷纷尝试从生产率差异、消费偏向、贸易壁垒和人力资本等方面解释这一现象，并由此形成了要素密集度逆转假说，即同一产品在不同国家和技术条件下的要素密集度可能不同。虽然要素密集度逆转假说可以解释部分贸易现象，但在传统制造业中，国家间的技术差异不大。数字技术的广泛应用，尤其是自动化和人工智能技术的广泛应用，正在影响劳动密集型企业的生产。传统的劳动密集型产业和环节，特别是标准化产品的生产和加工组装，可能会被人工智能取代，从而从劳动密集型产品转变为资本密集型产品，这可能进一步增加“里昂惕夫悖论”出现的可能性。在传统贸易模式下，发展中国家即使缺乏技术优势，也仍能依靠劳动力资源参与国际分工和贸易。然而，随着人工智能和自动化技术的发展，发达国家可能不仅在高端制成品领域具有比较优势，还在传统低端劳动密集型产品方面获得比较优势，这将对发展中国家的技术和成本造成双重压力。因此，数字经济条件下传统国际贸易理论中的贸易“普适性”和“普惠性”特征是否仍然成立，是一个值得讨论的问题。

12.3 数字贸易发展实践

12.3.1 全球数字贸易发展及面临的障碍

在数字经济时代，随着网络技术在社会各领域的渗透、融合，数字贸易飞速发展，成为继制成品贸易、中间品贸易后的国际贸易主体。根据联合国贸易和发展会议的相关数据，全球数字服务贸易占全球贸易的比重由 2011 年的 48%增长至 2020 年的 63.6%。但目前数字贸易发展也面临着以下主要障碍。

（1）数字贸易壁垒普遍存在。

为争夺全球竞争优势，各国采取了一系列手段，以所谓的国家安全为名，行贸易壁垒之实，极大地抑制了数字贸易的发展。其中的典型案例是中美 2018 年在数字领域的贸易争端。2018 年 3 月，美国对华实施了“301 调查”，紧接着颁布了关于“301 调查”的行动的总统备忘录。该备忘录针对中国在技术转让制度、许可限制、境外投资、商业计算机网络等四个方面施加“不合理或歧视性”限制。此外，美国还从云计算、网络域名规则、信息拦截过滤、跨境信息数据转移、线上支付等多个角度设置了数字贸易壁垒，对中国实施全面的数字限制。各国为保护本国数字信息安全所设立的数字贸易壁垒，严重地制约了数字贸易市场的开放和发展。虽然一些举措在一定程度上能确保国家信息安全，但同时也可能形成国际贸易的紧张氛围，阻碍数字经济在全球范围内的发展。

(2) 数字贸易国际治理规则滞后。

尽管数字贸易多边治理规则为数字监管、数字贸易国际化和电子商务等相关治理规范的制定奠定了基础，然而，目前针对数字贸易的具体制度规范仍不完善。美国作为数字贸易规则制定的引领者，已初步构建了一种“美式模板”。然而，这种模板在美国与其他国家的数字贸易协议中引发了明显分歧。例如，2015 年 10 月，欧洲最高法院裁定美欧跨大西洋地区的数据传输协议——“安全港”协议无效，需要重新商讨新的数据传输协议。2017 年 1 月，美国以数字经济往来可能损害本国制造业为由，宣布退出《跨太平洋伙伴关系协定》(TPP)。随后，2018 年 4 月，美国商务部单方面宣布禁止美国企业向中兴通讯销售芯片和相关零部件，该举措涉及芯片知识产权和源代码技术等领域。总的来说，目前围绕数字贸易的国际规则尚不完善，数字贸易规则滞后于贸易实践，各国之间存在较大的分歧。

(3) 数字贸易税收监管不到位。

在数字化时代，跨境电子商务的迅猛发展给税收领域带来了新的挑战。通常情况下，为了避免重复征税，跨境贸易采用目标国征税原则，但在数字贸易领域，该征税原则面临较大的实施困难。与传统贸易相比，对数字贸易交易流向的监控更具挑战性，海关难以在进出口环节准确识别应免税或征税的交易。在这种情况下，电商交易流向的不确定性极易导致逃税问题。2016 年，美国南达科他州曾对 4 个电商企业提起诉讼，要求这些企业补缴未缴税款。2017 年，英国税务总署因税务问题封锁了超过 30 个 eBay 大卖家账户。英国税务总署还对亚马逊发起了追缴税款的行动，因为据测算，亚马逊平均每个季度会产生约 600 万美元的未缴税款。由此可以发现，在数字贸易经济下，信息不透明使得电商交易逃税问题愈发严重。

12.3.2 中国数字贸易发展成就

(1) 中国数字贸易总量快速增长。

2011—2021 年，中国可数字化交付的服务进出口额从 1 648.4 亿美元增至 3 596.9 亿美元，年均增长 8.1%。近年来，中国可数字化交付的服务进出口规模增长明显加快，2021 年同比增长 22.3%。2021 年，我国跨境电商货物进出口 1.92 万亿元，同比增长 18.6%，占进出口总额的 4.9%；其中出口 1.39 万亿元，增长 28.3%。近五年中国跨境电商进出口规模增长了近 10 倍。[①]

(2) 中国数字贸易国际竞争力稳步提升。

2021 年，中国可数字化交付的服务进出口规模位居全球第五位，通过离岸服务外包方式实现的数字交付贸易快速增长，国际竞争力稳步提升。《中国数字贸易发展报告 2021》的数据显示，2021 年，中国企业交付离岸服务外包执行额 8 600 亿元，同比增长 17.8%；其中交付发达国家或地区如美国、中国香港、欧盟的离岸服务外包执行额分别为 1 994 亿元、1 456 亿元和 1 154 亿元，合计占总执行额的 53.5%，同比分别增长 28.6%、21.5% 和 18.6%。在大数据、算法、算力技术支持下，我国搜索引擎、社交媒体平台服务的海外市场不断拓展，一批为中东、东南亚等海外市场量身定制的国产社交软件正发展为各自细分行业的领军品牌。

---

① 数据来源于商务部服务贸易和商贸服务业司发布的《中国数字贸易发展报告 2021》。

(3) **数字贸易结构持续优化。**

数字贸易结构持续优化突出表现为数字技术类服务出口占比大幅提升。根据联合国贸易和发展会议（UNCTAD）的统计口径，数字服务贸易包括保险服务、金融服务、电信计算机和信息服务、知识产权使用费、个人文化和娱乐服务、其他商业服务。其中，电信计算机和信息服务、知识产权使用费与数字技术产业最为相关，具备数字化赋能潜力，对于其他类别数字服务贸易的开展有较大的促进作用。UNCTAD 的数据显示，2011—2020 年中国电信计算机和信息服务在数字服务出口中的比重由 18.5%上升至 38.2%，同期知识产权使用费在数字服务出口中的比重也由 1.0%上升至 5.8%，中国的数字技术出口能力大幅提升。

(4) **数字贸易主体的国际化程度不断提升。**

就市场参与者而言，近年来，中国在涌现出大批领先全球的信息通信技术和平台服务领域的龙头企业（华为、腾讯、阿里等）的同时也涌现出大量“独角兽”企业，推动了数字贸易国际化。根据 Gartner 的统计数据，2020 年，阿里和华为云进入了全球前五大 IaaS 供应商名单，阿里的收入超过 60 亿美元，国际市场份额达到 9.5%，同比增长了 52.8%；而华为云的收入约为 27 亿美元，国际市场份额达到 4.2%，连续两年增长超过 200%。

(5) **数字贸易法规政策体系初步确立。**

近年来，中国先后出台了《数据安全法》《个人信息保护法》等法律，构筑起维护网络安全、数据安全、个人信息安全的基石，为激发数字产业发展潜力、确保数字贸易规范有序发展提供了有力的法律保障。《数据安全法》较为系统地明确了对数据处理、使用、流动的规制要求，要求加强数据安全保护和监管；《个人信息保护法》对个人信息处理、数据收集和使用、数据跨境传输相关活动等进行了全面规范。此外，中国还修订了《著作权法》《反垄断法》等多部涉及数字经济监管的法律，不断加大反垄断、版权保护的有效性，营造有利于数字贸易发展的治理体系。

12.3.3　中国数字贸易发展面临的问题

数字贸易既是国际经贸规则竞争的新前沿，也是中国加快贸易强国建设的新引擎、推进高水平制度型开放的新高地。近年来，中国虽在数字贸易领域取得了显著成就，但在发展过程中仍存在不少问题和挑战：在发展层面，中国虽然总体的数字贸易规模已跃居世界前五，但是仍存在核心技术受制于人、数字产业国际竞争力不强等问题；在政策层面，国内市场建设尚未完善，数字监管治理体系尚无法满足对开放环境的需求；在规则层面，中国仍存在部分核心议题缺乏明确方案等问题。

(1) **数字产业存在关键技术短板。**

长期以来，中国数字产业发展主要依赖模式创新和资本扩张，对关键技术攻关的投入相对较少，导致在一些基础性关键技术领域存在明显短板，与技术领先国家存在差距。具体而言，中国在六类细分数字服务贸易中，知识产权使用费逆差持续扩大。随着国际经贸形势日趋复杂，发达国家对于向中国的技术出口实施了更为严格的管制，核心技术受限将成为中国数字贸易发展的重要潜在隐患，数字贸易发展的产业链供应链安全风险较高。

(2) **数字服务产业国际竞争力相对不足。**

长期以来，中国信息通信领域的发展较为偏向电子信息制造业，而数字服务产业的国际竞争力相对较弱，数字服务出口规模和占比较低。2020 年，中国数字服务出口额为 1 543.8 亿美元，仅是美国的 29.0%、英国的 53.8%、爱尔兰的 63.2%，在数字服务出口排名前十的国家中垫底。与此同时，中国数字服务分工位于价值链的中低端环节，在高技术的数字服务贸易中的竞争优势不显著。此外，中国国内龙头数字平台企业的国际化程度较低。UNCTAD 发布的全球数字百强跨国企业榜单中，中国仅有 4 个企业，不足美国的十分之一。

(3) 数据要素市场体系尚不完善。

数据是数字贸易发展的关键要素，完善的数据要素市场体系会促进大数据等数字贸易新兴产业的培育和竞争力的提升，同时也会更好地促进数据要素的优化配置，整合全球数据要素资源，为中国数字产业更好地融入全球分工和参与全球竞争提供支持。然而，目前中国国内数字市场尚未形成统一、高效、有序的格局，数据要素市场发育滞后，数据市场规则体系不健全，数据治理体系不科学，严格的数据跨境流动管制严重限制了以数据为基础的数字贸易发展，使中国的大数据优势无法充分转化为数字贸易优势，严重制约了数据要素驱动数字贸易高质量发展。因此，迫切需要建立体系完备、制度完善、发展平台安全、开放充分的数据要素市场体系。

(4) 数字监管治理体系尚不能满足数字贸易发展要求。

随着数字贸易的发展，国内相关规章制度需要与高标准国际经贸规则对接。当前中国数字经济监管制度不科学、不完善问题依然存在，在数据跨境流动、新兴数字技术和服务、数字知识产权保护、跨境电子商务监管政策等方面仍然不能充分适应数字贸易的发展，数字经济监管政策如何平衡安全与发展这一问题尚未得到妥善解决。此外，目前中国与美国、欧盟等主要贸易国家和地区在数字贸易治理规则等重要议题上还存在较大的分歧，这阻碍了中国在国际数字贸易治理规则制定中的影响力的发挥。

12.4 数字贸易政策

12.4.1 区域贸易协定中有关数字贸易的条款

随着全球数字贸易规模的持续增长，双边/多边区域贸易协定中关于数字贸易的条款不断出台。从 2000 年到 2021 年 6 月，含有数字贸易条款的区域贸易协定和含有数字贸易专章的区域贸易协定的数量激增，二者占全部区域贸易协定的比例分别为 60.1%和 44.1%，全球数字贸易相关政策不断积累和完善。具体而言，区域贸易协定的数字条款主要涉及以下几个方面的内容。

(1) 信息数字化政策。

信息数字化政策成为促进数字贸易的有力工具。便捷的数据交换可为提高清关速度和改进风险管理铺平道路，例如，世界海关组织（World Customs Organization，WCO）制定的《跨境电商标准框架》规定了法律和监管框架，以促进电子商务供应链各方之间的电子数据交换，并要求海关及政府机构的其他相关部门制定便利化措施和控制措施。此外，WCO 还促进加强低价值商品跨境流动的信息交流和机构间合作，较以往增强了低价值商品的流动性，有助于推动个人和中小微企业（Micro，Small，and Medium Enterprises，MSME）直接参与贸易。

(2) 数据跨境流动政策。

数据是数字贸易发展的关键投入要素，数据要素的跨境流动是数字贸易发展的重要基础条件。因此，通过加强国家间合作来协调数据要素跨境流动，大力发展数据贸易和数据驱动的贸易，成为数字贸易发展政策的重要内容。2004年，美国主导签订了亚太地区第一份关于数据跨境流动规则的指导性文件——《APEC隐私框架》，要求各成员消除跨境数据流动障碍。2013年，美国主导通过《APEC隐私框架》下的《跨境隐私规则体系》，要求签约方保障个人数据跨境自由流动。2016年，美欧签订的《隐私盾协议》对美国和欧盟之间的数据跨境流动做出了规范，在一定程度上打通了美欧数据跨境流动的通道。

(3) 竞争政策。

大型数字平台日益突出的市场垄断化经营和全球网络化经营，会对全球数字市场竞争造成严重的影响，竞争政策成为保障数字贸易公平竞争的必要手段。谷歌、亚马逊、苹果等大型数字平台企业强大的市场势力和大量的滥用行为凸显了实施有效的反垄断政策的必要性。但由于各个国家反垄断立法和执法存在差异，因此全球竞争政策的执法标准并不统一，一些国家严格的执法政策或保护性执法都对数字贸易的发展造成了阻碍，因此需要加强竞争政策的国际协调。

(4) 税收政策。

税收政策是影响数字贸易的重要政策，它也面临很多挑战。一方面，数字化为数字贸易企业出口产品提供了更大的空间。在数字化条件下，企业无须具备实体形态，因此实体形态的征税权分配难以较好地落实到数字贸易企业。另一方面，数字化加剧了现存的利润转移问题。跨国企业（Multinational Enterprises，MNE）可以轻松地将高价值无形资产（如知识产权资产、营销资产）转移到低税收管辖区，从而减轻税收负担，大型数字平台企业可以利用数据进行商业模式创新，这些都给征税带来了严峻的挑战。

12.4.2 全球数字贸易协定与规则

国际贸易协定是指两个或两个以上的国家之间、国家与国际组织之间以及国际组织之间根据国际经济法所缔结的，以条约、公约、协定和协议等名称出现的，以调整国际贸易关系为内容的一切有法律约束力的文件。国际贸易协定的目的是实现国与国之间比较优势的互补，降低贸易成本，从而获取更多的贸易利得。与之类似，数字贸易协定是在数字贸易框架下，国与国之间根据相关法规所签署的，以调整数字贸易关系为内容的一切有法律约束力的文件。

数字贸易协定的签署为实现数字贸易市场的规范竞争、保障参与国正当的利益分配发挥着重要作用。从现行数字贸易规则来看，数字贸易协定不仅强调现有的贸易规则和承诺对数字贸易的适用性，还对数据隐私保护、知识产权保护等数字贸易发展中的关键性问题开展了诸多制度性探索。自数字贸易出现以后，涉及数字贸易与电子商务等相关议题的全球数字贸易协定接近120个，其中最具代表性的有智利、新加坡、新西兰之间达成的《数字经济伙伴关系协定》（DEPA），美国和日本之间达成的《美日数字贸易协定》（UJDTA），表12-2介绍了它们的相关情况。

表 12-2　全球代表性数字贸易协定简况

协定名称	签订方	签订时间	主要议题	主要条款
WTO 电子商务联合声明倡议（JSI）	9 个成员	2017 年	RTA（Regional Trade Agreement，区域贸易协定）数字贸易规则	建设满足各类主体对数据跨境流动的诉求的全球一体化数字市场；减少数据流动壁垒，以高效链接全球贸易供应链网络；明确独立于货物贸易和服务贸易的第三种国际贸易的规则
《美日数字贸易协定》（UJDTA）	美国、日本	2019 年	倡导数据跨境流动，保护数字知识产权	电子传输免关税；数字产品非歧视性待遇；倡导数据跨境流动；等等
《数字经济伙伴关系协定》（DEPA）	智利、新加坡、新西兰	2020 年	鼓励数据跨境流动，推动数字贸易便利化	电子传输免关税；数字产品非歧视性待遇；电子认证；电子签名；鼓励数据跨境流动

资料来源：根据各协定公开资料整理所得。

12.4.3　中国数字贸易规则与政策实践

中国对数字贸易发展的重视程度正逐渐加深。2019 年 11 月，中共中央、国务院发布的《关于推进贸易高质量发展的指导意见》正式提出“加快数字贸易发展”。在一年左右的政策实践后，国务院办公厅在《关于推进对外贸易创新发展的实施意见》中进一步提出“大力发展数字贸易”。2021 年 3 月，《中华人民共和国国民经济和社会发展第十四个五年规划和 2035 年远景目标纲要》强调“提升贸易数字化水平”。

(1) 法律规范与监管政策。

与数字贸易有关的法律法规主要包括电子商务法律法规。中国制定了《电子商务法》和其他相关法律法规，用于规范电子商务活动。这些法律法规的主要内容包括对电子商务平台运营、网络交易、电子合同、电子支付等方面的规定。同时，中国建立了电子商务纠纷解决机制，包括电子商务仲裁、在线纠纷解决平台等，为消费者和企业提供有效的纠纷解决渠道，保护各主体的合法权益。另外，数字贸易相关法律法规也涉及个人信息保护与数据安全等方面，如我国制定了《网络安全法》《个人信息保护法》等法律法规，要求企业妥善处理并保护用户的个人信息和隐私数据。

(2) 自贸区建设与“一带一路”。

近年来，中国大力推进数字贸易试验区建设，带动周边区域的数字经济协同发展，为全国数字贸易发展树立标杆和典范。与此同时，以“一带一路”推动共建国家数字贸易发展。“一带一路”共建国家是中国海外投资的重要阵地，中国大力支持共建国家的数字基建，以数字基建推动数字贸易，将为中国与“一带一路”共建国家的数字贸易发展打下坚实基础，开辟新的局面。

(3) 投融资政策。

根据国务院印发的《“十四五”数字经济发展规划》，我国将加大对数字经济薄弱环节的投入，突破制约数字经济发展的瓶颈，建立推动数字经济发展的长效机制。同时，拓宽多元投融资渠道，鼓励引导社会资本设立市场化运作的数字经济细分领域基金，支持符合条件的数字经济企业进入多层次资本市场融资，鼓励银行业金融机构创新产品和服务，加大对数字经济核心产业的支持力度，鼓励企业开展技术创新，提升投资质量和效益。

（4）金融支持政策。

《“十四五”数字经济发展规划》提出，未来中国将加快金融领域数字化转型，合力推动大数据、人工智能、区块链等技术在银行、证券、保险等领域的深化应用，发展智能支付、智慧网点、智能投顾、数字化融资等新模式，稳妥推进数字人民币的研发，有序开展可控试点工作。

12.4.4 中国数字贸易发展战略

中国数字贸易发展的战略定位是以数字经济为核心，通过稳步扩大数字贸易领域制度型开放、促进数字经济与实体经济深度融合、推动数字产业创新发展、健全完善法律法规体系和积极深化数字贸易国际合作等促进中国数字贸易发展，建设数字贸易强国。具体而言，中国数字贸易发展战略主要包括以下几个方面：

第一，稳步扩大数字贸易领域制度型开放，加快建设全球数字大市场。以制度型开放推动中国数字贸易高质量发展，合理缩减外资准入负面清单，依法保护外商投资权益，营造市场化、法治化、国际化一流营商环境。依托我国超大规模市场优势，以国内大循环吸引全球资源要素，增强国内国际两个市场两种资源联动效应，提升贸易投资合作质量和水平，将中国建设成为高效规范、公平竞争、充分开放的全球数字大市场。

第二，促进数字经济与实体经济深度融合，培育数字贸易新业态新模式。加快培育新一代信息技术、人工智能等战略性新兴产业，持续推动5G、物联网、云计算、大数据、人工智能等新一代信息技术的普及应用，同时坚持把发展经济的着力点放在实体经济上，大力推进产业数字化转型，对传统产业进行全方位、全角度、全链条的改造，提升贸易数字化水平，培育数字贸易的新业态新模式。

第三，大力推动数字产业创新发展，全面提升数字贸易国际竞争力。稳步推进数字技术贸易，提升云计算服务、通信技术服务等关键核心技术自主权和创新能力；打造培育一批具有国际竞争力的数字经济产业集群，大力推动数字贸易生态包容创新发展，推动数字贸易迈向全球产业链价值链中高端，提升数字贸易国际竞争力。

第四，健全完善法律法规体系，夯实数字贸易高质量发展的制度基础。加强发展数字贸易的制度供给和法律保障，完善政策框架体系和关键性制度安排，建立健全数据要素市场规则，统筹数据开发利用、隐私保护和公共安全，打通数据资源要素流动堵点，加快建立数据资源产权、交易流通、跨境传输和安全保护等基础制度和标准规范，为数字贸易高质量发展保驾护航。

第五，积极深化数字贸易国际合作，携手推进全球数字治理体系建设。坚定维护多边贸易体制，推动世界贸易组织、二十国集团、金砖国家、亚太经合组织等多边机制更好发挥作用，推动完善全球数字贸易治理体系建设，促进达成各方普遍接受的全球数字贸易规则。

本章小结

本书将数字贸易定义为采用数字技术进行研发、设计、生产，并通过互联网和现代信息技术手段向用户交付产品和服务，以数字服务为核心、以数字交付为特征的贸易新形态。其交付手段主要包括三种：数字订购贸易、数字交付贸易和数字中介平台交易。

数字贸易有自身的特点和独特的发展规律，需要对传统国际贸易理论进行创新，才能更好地对其做出解释。数字贸易理论创新应重点关注比较优势的内生化、数字技术壁垒、生产区位与贸易格局、新“里昂惕夫悖论”等方面。

目前全球数字贸易发展仍面临数字贸易壁垒普遍存在、数字贸易国际治理规则滞后、数字贸易税收监管不到位等挑战。近年来，中国数字贸易发展取得了显著成就，数字贸易总量快速增长，国际竞争力稳步提升，数字贸易结构持续优化，数字贸易主体的国际化程度不断提升。但在发展过程中，中国数字贸易仍面临技术短板、国际竞争力相对不足和数字市场不完善等问题，需要完善法律政策，加强科技创新、加大基础设施建设力度、推动国际合作与开放等。

主要概念

数字贸易　电子商务　电子零售商　数字生产商　数字平台　数字订购贸易　数字交付贸易　数字中介平台交易　新“里昂惕夫悖论”　数字贸易协定

复习题

1. 数字贸易的特征包括哪些？
2. 数字贸易理论在哪些方面与传统国际贸易理论有差异？
3. 在国际数字贸易规则制定中，中国应该如何发挥数字贸易大国的主导作用？
4. 中国在数字贸易发展方面的政策逐渐完善。这些政策是如何推动数字贸易发展的？

推荐阅读文献

OCED, IMF, WTO. *Handbook on Measuring Digital Trade*, 2023.

马述忠，刘健琦，贺歌. 数字贸易强国：概念理解、指标构建与潜力研判. 国际商务研究，2022，13 (1).

高凌云，樊玉. 全球数字贸易规则新进展与中国的政策选择. 国际经济评论，2020 (2).

余淼杰，郭兰滨. 数字贸易推动中国贸易高质量发展. 华南师范大学学报（社会科学版），2022 (1).

第十三章

数字经济与就业和收入分配

章前导语

纵观人类社会历次技术革命，其都对劳动力的就业数量和就业结构产生了重大的影响，并对社会收入分配公平产生了冲击。数字经济引领的新一轮技术革命在影响生产生活方式的同时，也对劳动力就业产生了巨大冲击和深远影响。近年来，以人工智能为核心的数字技术创新，极大地提高了生产率，并创造了很多新的就业岗位，同时也替代了很多传统的就业岗位和产业，从而引发了失业和收入分配不平等问题。数字经济发展是否会带来严重的就业和收入分配不平等问题，以及政府应该采取何种应对政策，是本章的研究重点。

学习目标

掌握数字技术影响就业总量和就业结构的理论；
掌握数字经济引起结构性失业的原因及主要政策应对；
理解数字技术影响收入分配的理论以及数字经济引起收入不平等的原因；
理解数字经济时代的就业与收入分配总体政策。

13.1 数字经济影响就业的相关理论

数字经济发展对就业的影响本质上属于技术进步如何影响就业这一问题的范畴，核心是探究表现出新技术特征的数字技术如何影响劳动力就业。从这个意义上来看，数字经济影响就业的相关理论需要以数字经济的技术变化为基础，并以数字技术为切入点，科学地解释数字经济发展对就业的影响。

13.1.1 数字技术对就业总量的影响

(1) 资本-劳动替代理论。

长期以来，用来解释技术革命对就业的影响的经济学理论主要是资本-劳动替代理论。资本-劳动替代理论解释了资本（如机器、自动化系统）和劳动在生产过程中相互替代的现象，因此资本-劳动替代弹性成为核心概念。

资本替代劳动的程度（即资本-劳动替代弹性）或进程不仅受到资本和劳动生产率的影响，很大程度上也受到资本和劳动相对价格的影响，劳动力成本越高，资本替代劳动的可能性就越大。根据资本和劳动力的相对价格，资本对劳动的替代可以分为两种情况：一是劳动力成本低的情况，此时劳动力的工资很低，企业采用高资本含量的机器或自动化技术来替代劳动力的激励很小，企业对劳动力的需求较大；二是劳动力成本高的情况，此时劳动力的工资上升会诱发企业采用高资本含量的机器或自动化技术来替代劳动力，这会降低企业对劳动力的需求和劳动力收入在国民收入中的比重。大量证据表明，人工智能技术通常以机器设备为载体，具有偏向资本和生产效率高的特性，对劳动力存在显著的替代优势，因此会对高劳动力成本行业的劳动力产生强替代。因此，根据资本-劳动替代理论，以人工智能技术为核心的数字技术发展和应用引起的自动化过程会降低企业对劳动力的需求，从而增加失业。

数字技术发展和应用引起的自动化过程是一种资本增强型技术进步，自动化会增加资本投资并提高资本的生产效率，从而导致资本深化，引发大规模的资本替代劳动现象，进而降低对劳动力的需求，导致失业人数增加。具体而言，一方面，自动化会提高资本生产率，削弱劳动力优势，形成资本对劳动的替代效应；另一方面，由于技术进步，市场中新增资本品的技术含量更高，机器价格更低，再加上智能化机器投资可以获得更高的报酬，因此企业通常会追加投资，这将进一步减少劳动需求。经济学家达龙·阿西莫格鲁（Daron Acemoglu）和帕斯奎尔·雷斯特雷波（Pascual Restrepo）分析机器人应用对美国就业的影响时发现，机器人渗透率每上升1%，就业总人数就将下降0.2%，员工工资收入将会下降0.42%。

(2) 以任务为基础的理论。

阿西莫格鲁和雷斯特雷波认为，数字技术带来的生产自动化会对就业产生更为广泛的影响，并提出了一个新的以任务为基础的理论框架来解释以人工智能为核心的数字技术应用对就业的影响。他们提出的理论框架将数字技术对就业的影响分解为三种效应：替代效应、生产效率效应、重置效应。

第一，替代效应。自动化是指开发和采用新技术，使资本能够在一系列任务中替代劳动力的过程。因为资本完成了以前由劳动力完成的任务，所以资本对劳动产生了替代效应，这对劳动力产生了不利影响。在数字经济中，随着数字技术与实体经济的深度融合，整个经济的生产活动正在经历一个快速自动化、智能化的过程。不仅工业机器人和其他自动化设备的应用会对生产工人产生替代，而且经营管理活动的智能化也会使企业内从事会计、销售和一些管理工作的劳动力被专业软件和人工智能取代。

第二，生产效率效应。企业应用数字技术可以更灵活地将任务分配给各个要素，从而能够更好地组织生产经营活动，提高生产效率，这一效应被称为生产效率效应。数字技术应用的生产效率效应提高了对从事非自动化工作的劳动力的需求，从而使就业总量增加。

第三，重置效应。数字技术应用不仅提高了资本和劳动的生产率，而且在很大程度上重置了生产任务内容。生产任务内容的变化会对劳动力需求和生产效率产生重大影响。数字技术应用带来的新生产任务内容不仅会提高生产效率，还会产生大量的新岗位，它使劳动力得以重新参与到更广泛的任务中，从而使生产任务内容产生有利于增加劳动力需求的积极影响。因此，重置效应直接增加了劳动力需求和劳动收入在国民收入中的比重。

依据以任务为基础的理论框架，阿西莫格鲁和雷斯特雷波认为，自动化对劳动力需求的净影响主要取决于替代效应所产生的负影响和生产效率效应与重置效应所产生的正影响的比较。当人工智能等数字技术应用引起的生产自动化带来较大幅度的生产效率提升时，生产效率效应会超过替代效应，于是生产效率上升带动的经济增长就会增加就业。他们认为，人工智能等数字技术应用通常会降低劳动力需求和劳动力工资。只有在自动化带来的生产效率提升的收益足够大时，生产效率效应才会增加劳动力需求和劳动力工资。因此，一般性的人工智能技术进步往往会降低劳动力需求，只有会产生较大生产效率效应的重大人工智能技术进步才会增加劳动力需求。

13.1.2　数字技术对劳动力就业结构的影响

数字技术应用带来的智能化，既会产生减少就业岗位的劳动力替代效应，也会产生增加就业岗位的抑制劳动力替代效应。许多研究认为，至少在近期内，智能化不会降低就业总量，但是会对就业结构产生较大影响。因此，数字技术应用对就业的影响主要体现为对就业结构的冲击。近年来，自动化和智能化生产使美国和欧洲多个国家出现了不同程度的就业两极化现象，即高技能工人和低技能工人的就业岗位和工资逐渐增加，而中等技能工人的就业岗位和工资逐渐减少。例如，美国经济学家戴维·奥特尔（David Autor，2015）的经验研究发现，计算机技术出现所引起的生产自动化使劳动力市场上的低技能和高技能的工作岗位越来越多，而中等技能的工作岗位则越来越少，即数字技术应用主要会对中等技能的工作岗位产生非常大的冲击。

(1) 技能偏向型技术进步理论。

新古典经济增长理论认为，技术是描述如何将一系列要素投入转化为产出的生产函数，并将技术进步定义为生产函数的改变。索洛（Solow）提出，衡量经济技术进步的整体贡献的方法即全要素生产率（TFP）法，该方法也被称为“索洛余值法”。假设柯布-道格拉斯生产函数为$Y=AK^{\alpha}L^{1-\alpha}$，其中$Y$是总产出，$K$和$L$分别表示资本投入和劳动投入，$\alpha$表示资本产出弹性，则经济增长率为$\Delta Y=\Delta A+\alpha\Delta K+(1-\alpha)\Delta L$，全要素生产率为$\Delta A=\Delta Y-\alpha\Delta K-(1-\alpha)\Delta L$。索洛将全要素生产率的提高定义为在要素边际转换率给定条件下的总产出增长，即生产函数假定，对于给定的资本-劳动比率，其边际产出的比率保持不变。因此，全要素生产率的变化是一种要素中性技术进步。

技能偏向型技术进步理论则指出，由于技术进步对不同投入要素边际产出的贡献程度存在差异，因此其通常会偏向特定要素。假设劳动投入并不是同质的，劳动力可以分为高技能劳动力和低技能劳动力两类，并且两类劳动力的生产率存在明显差异，高技能劳动力与低技能劳动力的生产率之比为 A_h/A_l。由于高技能劳动力与低技能劳动力的结构变化会对生产率产生重要影响，因此，在要素投入比例给定的情况下，劳动力技能结构的变化会对技术进步产生影响。在劳动力异质的假定下，如果 A_h/A_l 下降，则技术进步总体上表现为对高技能劳动力的替代，此时技术进步将有利于提升低技能劳动力的边际产出，从而呈现出非技能偏向型特征；如果 A_h/A_l 上升，则技术进步与高技能劳动力呈现互补关系，技术进步可以与高技能劳动力相互促进，更大幅度地提升高技能劳动力的边际产出，从而表现为技能偏向型技术进步。技能偏向型技术进步会增加对高技能劳动力的需求。

数字技术进步更多地体现为技能偏向型技术进步，它提高了对高技能劳动力的需求，使高技能劳动力更容易获得就业机会和高收入，低技能劳动力则面临失业和收入下降风险。技能偏向型技术进步理论较好地解释了高技能劳动力与低技能劳动力之间的就业机会和收入差距拉大问题，但是这个理论对于数字经济中人工智能技术应用所引起的高技能劳动力和低技能劳动力的就业增加而中等技能劳动力的就业减少现象的解释不足。

（2）任务偏向型技术进步理论。

任务偏向型技术进步理论将工作内容分为常规任务和非常规任务，技术进步对常规任务有替代作用，而与非常规任务相互补充。即生产任务可以划分为两种：程序化常规任务和非程序化创造性任务。程序化常规任务主要是重复性的体力任务和认知任务，只需要低技能劳动力，具有明确的流程和规则；非程序化创造性任务更灵活、更有创造性、更抽象，需要高技能劳动力。自动化会优先替代从事程序化常规任务的低技能劳动力。对于程序化常规任务，采用明确的程序指令的计算机系统可以实现对其的有效替代。而对于非程序化创造性任务，目前人工智能等数字技术尚不能完全替代。因此，以人工智能为核心的数字技术应用主要是替代程序化常规任务。

在数字技术发展初期，自动化主要是替代程序化常规任务，因此会造成相应的劳动力面临失业和转岗的风险，同时数字技术应用增加了对接受过大学教育并具有较强创造性的高层次劳动力的需求。经济学家奥特等（2003）指出，从 20 世纪 70 年代到 90 年代，计算机替代了越来越多承担程序化常规任务的劳动力，提高了承担非程序化创造性任务的劳动力的生产率。这一技术变化产生的劳动力需求有近三分之二是针对接受过大学教育的劳动力。

近年来，随着人工智能技术的进一步发展，特别是以 ChatGPT 为代表的生成式人工智能的发展，通常由低技能劳动力完成的程序化常规任务对劳动力的需求进一步减少了，即人工智能技术应用会对一些传统的白领阶层的就业岗位构成替代。但在数字技术应用过程中，一些无法实现自动化的服务行业，如美容、健康护理、心理咨询等行业，则对劳动力的需求仍然非常大，这些劳动力在总就业中的比重甚至可能上升。因此，任务偏向型技术进步理论能够解释数字技术应用引起的就业结构极化现象。

13.1.3 数字经济对总体就业的影响

数字经济对总体就业的影响可以分解为三种效应：替代效应、补偿效应和创造效应。

（1）替代效应。

在技术进步的浪潮中，自动化技术迅猛发展，人们普遍担忧自动化进程的加速可能会导致劳动力逐步被机器替代，劳动力需求将不可避免地下降，进而引发劳动力失业问题。

首先，资本与劳动之间的相互替代在生产过程中愈发显著。在诸多任务中，自动化系统逐渐代替了劳动力，大规模的自动化和智能化会产生非常强的就业替代效应，从而导致大量岗位的劳动力被替代，甚至可能会导致相关岗位消失。其次，数字技术进步不仅仅体现为生产设备自动化程度的提高，更体现为以人工智能为核心引擎的智能化。随着人工智能技术的快速发展，数字经济所带来的替代效应不再局限于低技能领域，而将逐步向中高端和脑力劳动领域扩展。

(2) 补偿效应。

补偿效应本质上是一种生产效率效应，数字技术的应用显著提高了生产效率，扩大了生产规模和有效需求，进而增加了对劳动力的需求。技术变革对劳动力的影响不仅包括资本对劳动的直接替代效应，还包括通过影响产品需求和溢出效应引致的劳动力补偿效应。自动化程度提高有利于企业提高销售额和扩大生产规模，进而增加就业岗位。数字经济的就业补偿效应的产生机制可以归纳为以下三个方面。首先是价格效应。随着数字技术的广泛应用，自动化和智能化生产降低了生产成本和产品价格，进而增加了消费者对相关产品的需求，扩大了该行业的生产规模，增加了就业岗位。其次是溢出效应。生产效率提高使得生产成本和产品价格降低，增加了消费者的实际收入，扩大了其他行业或部门产品的需求，进而扩大了相关行业或部门的生产规模并增加了就业岗位。最后是规模效应。产业数字化转型本质上提高了生产效率，降低了企业的生产经营成本，从而使企业自发地扩大生产规模，表现为所有行业对劳动力的需求增加。

(3) 创造效应。

数字经济发展在替代劳动力的同时，也创造了大量新职业和新岗位。首先，数字经济发展催生出大量的新业态新模式，如平台经济和共享经济的兴起突破了就业空间和时间的限制，使得就业形式更加灵活和多样化，创造了网约车司机、外卖骑手等新职业，吸纳了大量因数字经济的替代效应而失业的劳动力。其次，数字技术进步增加了对高端技术人才的需求，创造了人工智能工程技术人员、数据库运行管理员和工业互联网工程技术人员等诸多新职业、新岗位。目前基于美国劳动力市场的大量经验研究得出的基本结论是：数字经济的就业创造效应更强，以人工智能为核心的数字技术的应用会创造大量的新职业、新岗位，总体上就业总量是增加的。

知识链接

高盛公司的研究报告：生成式人工智能对就业的影响

13.2　数字经济与结构性失业

数字技术进步最终是否直接减少了就业取决于两个因素：技术进步对所在行业的劳动力就业份额的直接影响和技术进步对其他经济领域劳动力就业份额的间接影响。数字经济发展在增加新的就业机会的同时也替代了许多岗位，改变了组织分工和就业结构，将不可避免地造成结构性失业。目前，关于以人工智能为核心的数字技术应用对就业的影响的经验研究得出的基本结论是：人工智能技术的发展及应用会极大地提高生产效率，并创造很多新的就业岗位，因此总体上是增加就业的，但是会对就业结构产生不利的影响。分析在数字经济背景下，以人工智能技术为核心的生产自动化、智能化造成失业的原因，并明确政府政策重点非常必要。

13.2.1 数字经济结构性失业产生的原因

（1）行业替代导致的失业。

数字经济发展本身是一个创造性破坏的过程，它会摧毁旧有产业和就业岗位，从而导致这些行业的劳动力面临失业。在数字经济时代，随着新技术的涌现，许多传统行业可能会发展变慢甚至消亡，例如，自动化对传统制造业产生消极影响、电子商务对实体店产生冲击、网约车替代出租车等。这种创造性破坏可能会导致原本从事传统行业的劳动力失去工作，从而在短期内引发失业激增现象。尽管创造性破坏可能短期内会引起失业激增，但随着时间的推移，新兴产业和新就业机会的出现往往会创造出更多的就业机会。但是这种短期内失业人口的增加也会对经济发展和社会稳定产生消极影响，因此需要制定有效的政策加以应对。

（2）劳动者技能不匹配导致的失业。

随着科技的迅速发展，劳动力市场对新型技能和知识的需求也在不断变化。那些未能及时更新技能以适应新趋势的劳动者可能会面临失业风险。结构性失业是指劳动力掌握的技能与市场需求不匹配，因难以适应新的岗位而失去工作机会的一种现象。在数字经济中，技能不匹配可能表现为劳动者的技能和数字技术要求的技能之间不匹配。随着数字技术的快速发展，许多传统行业要求劳动力具备数字化技能，如数据分析、编程、数字营销、智能操控等。然而，许多劳动力缺乏这些新技能，导致其掌握的技能与工作任务不匹配，无法满足工作岗位的要求。技能不匹配导致的失业问题表明，提供动态的劳动力数字技能培训将对就业发挥积极的促进作用。

（3）人工智能和自动化技术替代特定岗位导致的失业。

数字经济的重要特征是人工智能和自动化技术的广泛应用及生产效率的不断提升。这将导致资本的不断扩张和劳动力供给的相对过剩，资本对劳动的大规模替代将不可避免地造成结构性失业问题。人工智能和自动化技术的应用可能导致部分程序化常规任务转而通过人工智能和自动化技术完成，从而使这些岗位对劳动力的需求减少，甚至由于完全被人工智能和自动化技术替代而消失；随着人工智能和自动化技术的发展，其也会对一些管理岗位形成替代并造成相关从业人员失业。例如，生成式人工智能的应用会大量替代程序化的一般管理、业务营销、文秘写作、会计等岗位的工作。

（4）数字鸿沟导致的失业。

数字技术的发展使劳动力市场日益网络化，劳动力市场的供求信息主要通过网络来发布和搜寻，这样可以减少摩擦，促进供需匹配，减轻结构性失业问题。但是，由于缺乏数字技能或公共数字基础设施供给不足，某些人无法接入和使用数字设备并高效参与在线劳动市场，从而丧失了就业机会，这种数字鸿沟会引发劳动力市场的数字排除问题。这种就业机会的隔离或被排除的影响往往在数字弱势群体中更为突出，这会使得这些群体更容易失业。数字弱势群体的失业问题还会带来社会成本，影响社会的稳定和可持续发展。因此，政府和社会应努力消除数字鸿沟，为所有人提供平等获得数字技能的机会，以便让更多人实现就业创业。

13.2.2　促进数字经济就业的公共政策

（1）促进数字经济发展以增加就业岗位。

数字经济发展总体上具有非常强的就业吸纳能力。保持数字经济稳定持续增长，是解决就业问题的根本。保持数字经济稳定持续增长，充分释放数字经济在促进就业中的巨大作用，能够有效缓解数字经济发展带来的失业问题。为此，应打造促进数字经济创新发展的政策环境，构建有利于创新创业的生态，进一步提升数字经济的创业创新活跃度，激励各创业创新主体形成“大众创业、万众创新”的局面，持续推动数字经济创新驱动战略。

（2）促进劳动力跨行业转型就业。

随着数字经济的发展，产业结构发生了迅速且深刻的变化，一些传统产业会衰退，同时一些新兴产业则会迅速兴起，因此劳动力需要从传统产业转移到新兴产业以实现就业。然而，劳动力跨行业转型会受到不同行业的技能门槛或政府政策和各种市场的限制。为此，可以采取以下政策：一是要进一步创新发展劳动力市场，扫清阻碍劳动力跨行业、跨地区流动的各种体制机制障碍，提高劳动力市场在促进劳动力跨行业流动中的作用，提高市场有效性；二是政府可以提供有针对性的培训计划，帮助劳动者获取跨行业转型所需的技能；三是政府还可以制定系统的促进劳动力跨行业流动的政策，鼓励企业为劳动力跨行业转型提供帮助。

（3）提升劳动力的数字技能。

在数字经济时代，技术和产业的变革速度加快，要求劳动力不断适应新的就业需求。持续学习成为劳动力保持自身竞争力的重要法宝，因为不断更新技能和获得新技能是适应快速变化的就业市场的关键。政府可以提供财政支持，鼓励劳动力参与继续教育和培训；企业可以制订职业发展计划，为员工提供内部培训和学习机会，帮助员工适应新的技术和变化；教育机构可以调整课程设置，关注职业技能的培养，以满足就业市场的需求。

（4）加强失业保障能力。

为了保证劳动力不会因为失业而陷入困境，应进一步完善社会保障制度，加大失业救济方面的保障力度。具体来说，应通过失业保险、失业津贴、最低收入保障等方式，为那些受数字技术发展冲击较大的中低技能劳动力群体提供生活保障，最大限度降低低技能劳动力在就业结构调整期面临的风险，确保失业劳动力平稳度过转型期。

13.3　数字经济与收入分配

13.3.1　数字技术影响收入分配的理论

以人工智能为核心的数字技术的应用会带来收入分配不平等问题。目前，解释数字经济下收入分配不平等的理论主要有资本强化理论和技能偏向型技术进步理论。

（1）资本强化理论。

根据资本强化理论，以人工智能为核心的数字技术是一种资本密集型技术，企业对其的投资具有资本偏向性。这种技术通过提高劳动生产率、节约劳动时间以及降低劳动力成本来实现增值，从而使资本获得更大的相对剩余价值。这导致了劳资关系的不平等，扩大了资本与劳动在初次分配中占比的差距，从而扩大了企业间的收入差距，这一点在高科技行业体现得尤其明显。以人工智能为核心的数字技术为数字技术发明人和投资方创造了巨额利润，但是却相对降低了普通劳动者的工资收入。经济学家布林约尔松（Brynjolfsson，2022）指出，美国以人工智能为核心的数字技术催生了大量的亿万富豪，但同时美国劳动者的平均真实工资却呈现下降的趋势。根据弗兰克（Frank）等的研究，2000 年以来，美国工资收入增长速度明显落后于劳动生产率（见图 13-1），劳动收入份额下降成为美国社会矛盾的一个重要诱因。

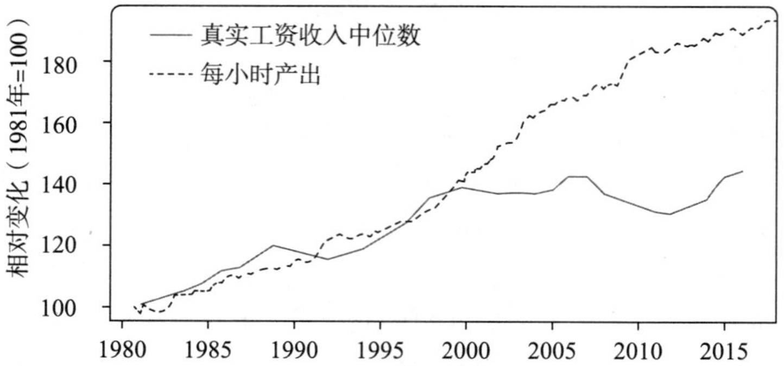

图 13-1　美国 1981 年以来真实工资收入中位数及每小时产出增长情况

资料来源：FRNK M R.，et al. “Toward Understanding the Impact of Artificial Intelligence on Labor.” *PNAS*，2019，116（14）：6531-6539.

（2）技能偏向型技术进步理论。

根据技能偏向型技术进步理论，技能偏向型技术进步会提高对高技能劳动力的需求，降低对低技能劳动力的需求，由此导致不同技能劳动力的收入差距扩大，出现劳动力收入两极分化的现象。因为以人工智能为核心的数字技术是技能偏向型技术，需要大量的人力资本投资，需要经过高水平的教育培训，加之高技能劳动力具有相对较高的生产率，所以企业在收入分配上向高技能劳动力倾斜，这提高了高技能劳动力的工资收入，相对降低了低技能劳动力的收入，从而导致高技能劳动力与低技能劳动力的工资收入差距持续扩大（见图 13-2）。曼努埃尔·弗雷拉（Manuel Ferreira，2019）对美国 1980—2020 年间的收入分配不平等问题进行经验分析后发现，技能偏向型技术进步能够解释样本期间 42%的美国收入分配不平等问题。

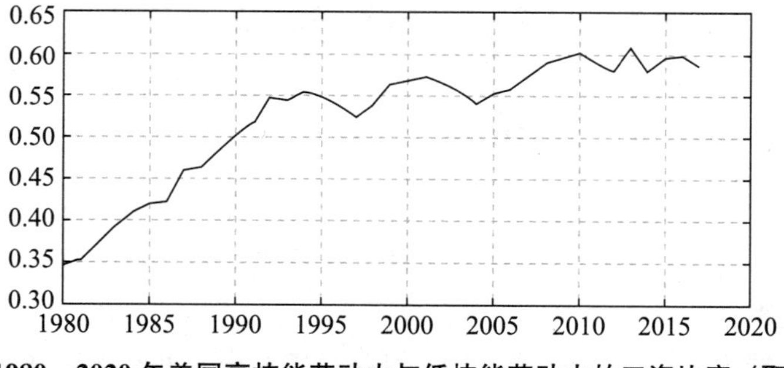

图 13-2　1980—2020 年美国高技能劳动力与低技能劳动力的工资比率（取对数）变化

资料来源：FERREIRA A. M. “Skill-Biased Technological Change and Inequality in the U. S.” MPRA Paper 93914，2019.

13.3.2 数字经济引起收入分配不平等的原因

（1）数字鸿沟。

数字鸿沟是指不同群体在接入和使用数字技术及其产品或服务中的机会与能力差异。数字鸿沟会造成数字机会在不同群体间的不均等分布，从而扩大不同群体间的收入差距，数字鸿沟造成的不平等也被称为“数字化不平等”。数字化不平等是指由于社会经济背景以及信息技术经验和能力不同，人们在使用数字和信息技术的知识及能力方面存在的差距。首先，数字基础设施建设差距是造成收入分配不平等的主要原因。完善的数字基础设施可以提高人们获取数字机会的平等性，进而提高社会的数字包容性。但数字基础设施建设是不平衡的，可能在一些地区滞后，导致该地区居民无法平等地享受数字机会，从而造成不同地区之间的收入差距。因此，加强偏远地区的数字基础设施建设有助于弥合数字鸿沟，促进收入分配平等。其次，不同人群的数字技能差异也是导致收入分配不平等的重要原因。一些受教育程度较低、年龄较大的人由于数字技能不足而无法充分利用数字机会就业和创业，从而丧失了获得收入的机会。

（2）劳动力的数字技能差距。

数字经济发展并不会给所有人带来平等的收入增长机会，以人工智能为核心的数字技术应用可能会加剧不同技能劳动者之间的收入分配不平等。由于不同劳动者掌握的数字技能存在差距，因此数字技术发展会扩大不同技能劳动者之间的收入差距。首先，数字经济的快速发展增加了对高数字技能劳动力的需求，从而导致这些高技能劳动力在劳动力市场中供不应求，收入也明显提高。其次，劳动力的技能差距会影响劳动力的边际贡献，从而造成收入分配差距。由于拥有更高数字技能的劳动力具有更高的劳动生产率，能够创造更高的价值，因此其在劳动力市场中会获得更高的工资收入。最后，近年来，人工智能技术的发展和应用不仅会导致低技能劳动力被替代，更为突出的是会导致大量中等技能劳动力被替代，造成中等技能劳动力收入下降甚至失业。总体来说，在数字技术快速变革的情况下，劳动力技能差异会导致高技能劳动力的收入增加，而中低技能劳动力的收入增长较为有限甚至降低，从而加剧了不同技能劳动力间的收入分配不平等。

（3）数字市场垄断。

市场垄断是造成社会分配不平等的重要原因。在市场垄断的情况下，垄断企业通过向消费者收取高价格来占有更多的消费者剩余，垄断企业的垄断利润是以牺牲消费者收入增长为代价的。因此，消除非法的市场垄断，维护市场自由竞争，让消费者享受物美价廉的商品会产生公平促进效应。近年来，数字经济发展日益凸显出市场垄断化趋势，少数几个大型平台在市场中占据的比重过高，对平台上中小商家收取过高的交易佣金，并在劳动力市场利用买方势力对劳动者提出苛刻的工资条件，总体上导致了劳动收入份额的下降，加剧了收入分配不平等。

（4）数字经济新业态新模式下的劳动力权益保障困境。

数字经济的发展催生了大量新业态新模式，创造了很多新的就业岗位，但同时也造成了劳动者权益受到侵害和收入分配不平等的问题。在数字经济新业态新模式中，平台与平台从业者之间独特的劳动合约关系产生了劳动者权益保护的难题。数字经济新业态新模式的涌现打破了传统的劳动雇佣关系，如网约车司机、直播人员、外卖骑手等与平台之间的劳动和收入分配关系，就不再是传统意义上的劳动雇佣关系。这些劳动者更多是以加盟、代理、外包业务承包商等身份依托平台进行劳动，可被归类为自由职业者或独立承包商。数字经济新业态新模式下的劳动关系无法被纳入传统的劳动雇佣关系，难以简单适用现行劳动法，迫切需要建立与数字经济新业态新模式相适应的新型劳动者权益保障机制，合理平衡单个劳动者与平台的收入分配关系。

（5）人工智能技术带来的对劳动者的过度监督。

在劳动者工作过程中，雇主进行一定程度的监督有助于提高劳动者的积极性，避免他们在工作中偷懒。然而，雇主对劳动者的监督能力的提高会导致过度监督，造成对劳动者权益的损害。以人工智能为核心的数字技术为雇主强化对劳动者的监督提供了更为有效的工具，很多企业采用人工智能技术对工人进行实时监督和精准考核。在算法监督下的劳动也被称为“算法劳动”。人工智能技术带来的对劳动者的过度监督显著提高了劳动者的劳动强度，恶化了劳动者的工作条件。在某种程度上，强化对劳动者的监督实际上是一种隐性的收入剥削，它是一种将租金从劳动者手中转移到雇主手中的方式，会降低劳动者收入，加剧收入分配不平等。

知识链接

数字经济的
算法劳动监督

13.3.3 数字经济时代收入分配政策的基本导向

随着数字经济的发展，数字经济收入分配不平等成为重要问题。在数字经济时代，数字技术应用所引发的经济结构重构可能导致一些劳动者因为技能不足或工作机会减少而陷入贫困，这可能引起收入分配不平等进一步加剧，进而影响整体的经济发展和社会稳定。因此，需要制定系统的收入分配政策加以应对。总体来说，数字经济下的收入分配政策应坚持以下基本导向：

第一，始终坚持发展是解决就业和收入分配问题的根本。坚持发展是硬道理，保持经济持续稳定增长是解决数字经济就业和收入分配问题的根本。要缩小数字经济发展中产生的收入分配差距，实现共同富裕的长期目标，仍然需要以促进数字经济持续稳定增长为根本。要避免通过牺牲数字经济创新发展来谋求结果分配的公平，而应通过将做大“蛋糕”和分好“蛋糕”结合起来，有效解决数字经济发展带来的收入分配不平等问题，在数字经济创新发展的基础上，让全体劳动者合理分享数字经济发展成果。

第二，完善以市场竞争机制为基础的初次分配制度。完善初次分配制度的重点是完善要素市场体系，让生产要素市场不仅在资源配置方面起到决定性作用，而且在要素回报方面也起到决定性作用。初次分配仍存在一系列问题，包括劳动力市场分割、产品市场垄断、资本市场扭曲、要素市场发育迟缓等。这些问题导致要素市场对资源配置的作用有限，市场难以保障初次分配结果的合理性和公平性。因此，应继续推进要素市场深层次改革，让市场在资源配置中发挥决定性作用，充分发挥市场机制在促进分配公平中的基础性作用。

第三，注重发挥政府再分配的保障作用。应有效发挥政府在再分配中的作用，通过有效的再分配政策来促进数字经济下的收入分配公平。再分配的主要任务是通过税收和转移支付等方式调节不同收入群体间的收入分配差距，包括初次分配形成的收入分配差距以及存量财富分配差距。

13.4　数字经济时代的就业与收入分配总体政策

13.4.1　完善劳动者教育与技能培训政策

在数字经济时代，教育与技能培训对于提升劳动者的就业能力和收入水平至关重要。

（1）完善正规教育体系。

数字经济的崛起产生了对新技能的需求，市场对劳动者的数字技能的要求不断提高。在这一背景下，劳动者教育与技能培训政策扮演着关键角色。长期以来，中国正规的教育体系始终是采取行政计划体制，专业设置、招生规模等几乎都由国家教育主管部门规定，存在偏离市场需求的问题。为了适应数字经济时代对劳动者技能的需求，避免出现大学生毕业即失业问题，需要大力改革现行的大学教育体系。首先，改革僵化的专业设计，进一步建立并完善以市场需求为导向的专业调整机制，开设数字经济发展急需的专业。其次，调整课程内容，增加数字技能培训课程，如数据分析、编程和人工智能等。最后，让大学与产业界保持密切联系，建立产学结合的数字人才培养机制。

（2）建立多元主体协同的劳动者数字技能培训体系。

在数字经济时代，市场对劳动者数字技能的需求日益增加，并且由于数字技术更新迭代的速度非常快，因此需要建立劳动者整个职业生涯的学习培训机制。在此情况下，单独依靠传统的正规教育显然无法满足数字经济对劳动者数字技能的需求。为此，需要打破封闭办学的体制，打破政府、企业、正规教育机构、社会培训机构等多元主体之间分割的体制，建立多元主体协同的劳动者数字技能培训体系，充分调动各方力量来加强对劳动者数字技能的动态培训。

13.4.2　完善劳动者权益保障政策

（1）建设均衡普惠的数字基础设施。

均衡的数字基础设施建设会为每个公民提供平等的数字机会，从而增强数字基础设施的普惠性，进而促进充分就业和收入平等。为此，要合理规划数字基础设施建设，着力加强欠发达地区的数字基础设施建设，弥合数字鸿沟，提高偏远农村地区数字基础设施服务的可及性。推进城乡层面、区域层面的数字经济协同发展，扩大东部地区优质数字资源向中西部地区的辐射覆盖范围，拉动西部地区产业链上下游有效投资，为缩小区域差距提供动力，为所有公民提供平等的接入数字基础设施和使用数字产品或服务的机会。

（2）建立数字经济发展与公平分配激励相容的收入分配制度。

要建立数字经济发展与公平分配激励相容的收入分配机制，实现“数字经济快速增长的同时，收入分配结构更优”的目标。首先，要缩小劳动要素与资本、数据等要素在数字经济初次分配中的差距，改善劳动力市场价格扭曲状况，提高劳动者的实际收入，保障劳动者充分享受数字经济红利，提高劳动者的工作积极性。其次，强化数字经济反垄断，更好地维护市场竞争，增强线上市场资源配置的公平性，营造良好的市场环境，使数字平台企业和中小商家能够共同创造价值并合理分享价值。

(3) 保护劳动者合法权益。

为应对数字经济不断涌现的新业态新模式对现有劳动法律法规的冲击，需要完善相关法律法规，以保护劳动者合法权益。首先，制定相关的法律法规，确保数字劳动者的合法权益得到保护，包括对最低工资、劳动时间、社会保障等方面做出规定。其次，加强对数字平台企业的监管。政府可以制定标准化的劳动合同文本，要求数字平台企业确保与劳动者的合同关系的合法性和透明度，加强对恶意损害劳动者权益行为的查处，鼓励数字平台企业主动完善劳动者权益保护制度，构建收益共享的新型劳动关系。最后，放开灵活就业人员在就业地参加基本养老保险、基本医疗保险的户籍限制，组织未参加职工基本养老保险、职工基本医疗保险的灵活就业人员按规定参加城乡居民基本养老保险、城乡居民基本医疗保险，做到应保尽保。引导和支持不完全符合确立劳动关系情形的新就业形态劳动者根据自身情况参加相应的社会保险，积极完善劳动者社会保险体系，构建以社会保险为基础、以商业保险系统为补充的劳动者权益保障体系。

13.4.3 优化收入再分配政策

在数字经济下，要实现收入分配公平，应充分发挥政府的作用。具体来说，政府可以通过再分配政策，如税收和转移支付更好地促进收入分配公平。

(1) 完善税收制度。

在兼顾效率和公平的原则下，政府可以通过制定灵活的税收政策，实现收入再分配，以促进收入分配公平。一是完善对垄断企业的税收征管，尤其是强化对全球化经营的大型数字平台企业的税收征管，防止其进行收入转移以规避税收征管。为此，要创新数字经济监管制度和政策手段，提高税收征管的有效性。二是完善对新型职业和高收入群体的税收征管。由于数字经济新兴行业从业人员的收入来源更加多元和灵活，个体有很多隐蔽的避税方式，因此要完善对“网红”等新兴职业的税收征管；由于数字经济中要素收入分配更偏向于数据、数字技术等要素，因此需要完善对基于数据、数字技术等要素获得高收入的群体的税收征管，合理平衡效率与公平。三是完善所得税征收制度，适当提高个人所得税征收门槛。四是研究探索对智能化技术征税，并将这部分税收通过收入再分配分给其他失业劳动者，避免出现收入极化现象。

(2) 完善社会保障制度。

完善社会保障制度，可以考虑将部分税收作为数字经济中收入再分配的基金池，以对低技能、低收入、转岗分流的弱势劳动者群体进行转移支付，或以基金的形式向部分灵活就业的低收入劳动者提供补助，以提升灵活就业劳动者的社会保障水平，探索建立分档制、差别化、多元化、合理化的社保、年金、医保、失业保险等缴纳标准，强化平台企业的保险缴纳责任。

(3) 促进数字公共服务均等化。

应围绕实现基本公共服务均等化目标，积极探索建立运用互联网、大数据、人工智能、区块链等技术手段进行行政管理的体制机制，提高政务数字智能化水平，建设数字政府，全面提升基本公共服务均等化程度；借力数字技术，将优质公共服务资源向相对落后地区延伸，加快推进数字乡村和智慧城市建设，持续提升教育、医疗、卫生、环境保护等重点民生领域的数字化水平，使不同地区、不同群体平等地分享数字化发展成果。

本章小结

数字经济影响就业总量的相关理论主要有资本-劳动替代理论和以任务为基础的理论。根据资本-劳动替代理论，数字技术是资本增强技术，会产生资本对劳动的替代，从而导致劳动力失业。以任务为基础的理论将数字技术对就业的影响分解为三种效应：替代效应、生产效率效应、重置效应。数字经济影响劳动力就业结构的理论主要有技能偏向型技术进步理论和任务偏向型技术进步理论。技能偏向型技术进步理论指出，数字技术进步更多地体现为技能偏向型技术进步，因而提高了对高技能劳动力的需求，降低了对低技能劳动力的需求。任务偏向型技术进步理论认为，以人工智能为核心的数字技术应用主要是替代程序化常规任务，而对非程序化创造性任务的替代程度较低。数字经济对总体就业的影响可以分解为三种效应：替代效应、补偿效应和创造效应。

数字经济引起失业的原因包括行业替代导致的失业、劳动者技能不匹配导致的失业、人工智能和自动化技术替代特定岗位导致的失业、数字鸿沟导致的失业。促进数字经济就业的公共政策包括促进数字经济发展以增加就业岗位、促进劳动力跨行业转型就业、提升劳动力的数字技能、加强失业保障能力。

目前解释数字经济对收入分配的影响的理论主要有资本强化理论和技能偏向型技术进步理论。数字经济引起收入分配不平等的原因主要包括数字鸿沟、劳动力的数字技能差距、数字市场垄断、数字经济新业态新模式下的劳动力权益保护困境、人工智能技术带来的对劳动者的过度监督。数字经济时代收入分配政策的基本导向是：始终坚持发展是解决就业和收入分配问题的根本；完善以市场竞争机制为基础的初次分配制度；注重发挥政府再分配的保障作用。

数字经济时代的就业与收入分配总体政策主要包括完善劳动者教育与技能培训政策、完善劳动者权益保障政策、优化收入再分配政策。

主要概念

资本-劳动替代理论　资本增强型技术进步　替代效应　生产效率效应　重置效应　技能偏向型技术进步　任务偏向型技术进步　数字技能　收入再分配

复习题

1. 解释数字技术对就业总量的影响的理论有哪些？
2. 解释数字技术对劳动力就业结构的影响的理论有哪些？
3. 数字经济引起失业的原因有哪些？
4. 数字技术影响收入分配的理论基础是什么？
5. 数字经济引起收入分配不平等的原因有哪些？
6. 数字经济时代的就业与收入分配总体政策有哪些？

推荐阅读文献

ACEMOGLU D, AUTOR D. "Skills, Tasks and Technologies Implications for Employment and Earnings." // Ashenfelter and Card. *Handbook of Labor Economics*, Amsterdam: Elsevier Science, 2011.

ACEMOGLU D, RESTREPO P. "Robots and Jobs: Evidence from US Labor Markets." *Journal of Political Economy*, 2017, 128 (6).

AUTOR D H, LEVY F, MURNANE R J. "The Skill Content of Recent Technological Change: An Empirical Exploration." *Quarterly Journal of Economics*, 2003, 118 (4).

AUTOR D H. "Why Are There Still So Many Jobs? The History and Future of Working Automation." *Journal of Economic Perspectives*, 2015, 29 (3).

BRYNJOLFSSON E, MITCHELL T, ROCK D. "What Can Machines Learn, and What Does It Mean for Occupations and the Economy?" AEA Papers and Proceedings, 2018 (108).

BRYNJOLFSSON E. "The Turing Trap: The Promise & Peril of Human-Like Artificial Intelligence." *Daedalus*, 2022, 151 (2).

FERREIRA M. "Skill-Biased Technological Change and Inequality in the U. S." MPRA Paper No. 93914, 2019.

王春超，聂雅丰. 数字经济对就业影响研究进展. 经济学动态，2023 (4).

王林辉，胡晟明，董直庆. 人工智能技术、任务属性与职业可替代风险：来自微观层面的经验证据. 管理世界，2022，38 (7).

第十四章 数字经济与高质量发展

章前导语

大力发展数字经济是把握科技革命机遇的战略抉择，是构建国家竞争新优势的关键支撑，是中国经济高质量发展的重要动能，是推动中国式现代化的重要引擎。因此，科学认识数字经济赋能高质量发展的理论逻辑、重点任务和中国实践经验，有助于深刻认识数字经济发展的重大战略意义，推进经济高质量发展，助力实现中国式现代化。

学习目标

掌握数字经济赋能高质量发展的内涵；
掌握数字经济赋能高质量发展的理论逻辑；
掌握数字经济赋能高质量发展的重点任务；
掌握中国数字经济赋能高质量发展的政策。

14.1 数字经济赋能高质量发展的内涵

14.1.1 高质量发展的内涵

党的十八届五中全会明确提出了“创新、协调、绿色、开放、共享”五大新发展理念。其中创新是引领发展的第一动力，协调是持续健康发展的内在要求，绿色是永续发展的必要条件和人民对美好生活追求的重要体现，开放是国家繁荣发展的必由之路，共享是中国特色社会主义的本质要求。新发展理念是一个系统的理论体系，回答了关于发展的目的、动力、方式、路径等一系列理论和实践问题，阐明了我们党关于发展的政治立场、价值导向、发展模式、发展道路等重大政治问题。新发展理念集中体现了中国的发展思路、发展方向和发展着力点，为中国经济长远发展提供了根本遵循。

党的十九大提出，中国经济已由高速增长阶段转向高质量发展阶段。这是党中央对中国现阶段经济发展阶段的判断，也是对我国未来经济社会发展提出的新目标和新要求。习近平总书记在党的二十大报告中强调："高质量发展是全面建设社会主义现代化国家的首要任务。"发展是党执政兴国的第一要务。没有坚实的物质技术基础，就不可能全面建成社会主义现代化强国。党的二十大报告对我国新时代新征程推动高质量发展做出了一系列战略部署——构建高水平社会主义市场经济体制，建设现代化产业体系，全面推进乡村振兴，促进区域协调发展，推进高水平对外开放。党的二十大报告重点指出，要坚持以推动高质量发展为主题，把实施扩大内需战略同深化供给侧结构性改革有机结合起来，增强国内大循环内生动力和可靠性，提升国际循环质量和水平，加快建设现代化经济体系，着力提高全要素生产率，着力提升产业链供应链韧性和安全水平，着力推进城乡融合和区域协调发展，推动经济实现质的有效提升和量的合理增长。

高质量发展是对经济社会发展方方面面的总要求，包括发展理念高质量，发展动力高质量，经济结构、供给体系高质量，社会保障支持体系高质量，以及综合效益高质量等方面。其基本要求是：生产要素投入少、资源配置效率高、资源环境成本低、经济社会效益好。高质量发展的最终目的是以经济高质量发展带动整个社会平稳和谐，更好地实现人民的利益、愿望和要求，更好地满足人民日益增长的美好生活需要，给人民带来更多获得感、幸福感、安全感，产生更大福利效应。

数字经济作为当今时代新一轮科学技术革命和产业变革的重要组成部分，代表着先进的生产力，具有成长速度快、覆盖范围广、渗透能力强等属性，以及去物质化、轻资产、跨界融合、智能共享等天然优势，与创新、协调、绿色、开放、共享五大新发展理念的内涵契合，并能更好地赋能中国经济，推动高质量发展。

14.1.2 数字经济赋能经济高质量发展的要义

（1）数字经济与创新的关系。

要注重数字经济高质量发展，应注重提升技术创新能力。创新是数字经济高质量发展的第一动力，而数字经济本身就是新技术革命的产物，它通过知识溢出、数据共享等优势营造创新氛围，推进核心技术的研发，加快创新成果转化，从创新条件、过程、结果三个维度赋能高质量发展。

从创新条件来看，数字经济可以营造浓厚的创新氛围，为激发创新活力、增强创新动力创造良好条件。在数字经济背景下，创新发展理念不断被强化，创新氛围不断被增强，创新热情不断被激发，由此产生持续创新行为，形成良性循环。在整个循环中，尊重人才、尊重知识、尊重创造的意识不断发展，倒逼人才培养机制、知识产权保护体系改革，使已有的创新条件得到改善，为高质量发展提供了前提条件。

从创新过程来看，数字经济可以推动核心技术的研发，增强自主创新能力，完善创新过程。数字经济推动数字平台建设，并以此为媒介吸引科创资源集聚。在数字技术的支持下，高端芯片、基本算法、工具软件等的开发不断深入推进，基础研究能力不断增强，为突破量子通信等关键技术奠定了基础，有利于解决“卡脖子”技术难题，增强自主创新能力，牢牢把握发展的主动权。

从创新结果来看，数字经济可以加快创新成果转化，推动构建创新共同体，为提升创新结果助力。数字经济可以加快科学研究进程，并通过产学研等平台建立政、企、校之间的桥梁，形成“科研—转化—效益—科研”闭环的科研产业链，共同推动科研成果转化，促进社会生产力发展。

(2) 数字经济与协调的关系。

数字经济高质量发展应践行协调发展理念。协调既强调发展的整体效能，又注重平衡与可持续发展。其要求数字经济业态必须有机融合发展手段与发展目标的双重属性，统筹兼顾、补齐短板，实现数字经济发展的整体平衡与动态平衡。数字经济凭借其强创新性、强渗透性、强融合性、强参与性等特性，既能提升经济发展韧性与创新能力，又能催生新业态、打造新动力、培育新动能，缓解省市、城乡发展中的不平衡问题，进而赋能经济高质量发展。

第一，数字经济可以赋能要素资源合理有效配置，促进区域协调发展。数字经济通过减少信息不对称，畅通生产、分配、流通、消费等环节，发挥资源配置与调节效应，实现包含数据在内的各类生产要素的自由流动与高效配置，对激发社会创造力、促进经济高质量发展至关重要。首先，数字经济加速了各类生产要素的自由流动。数字经济通过降低要素市场化配置成本，打破创新要素的流动壁垒，为欠发达地区的市场主体机会均等地获取生产要素创造了条件，同时也提升了欠发达地区流出要素的收益率。其次，数字经济发展引致的数据集聚终将促进区域协调发展。区域发展遵循“集聚—扩散—平衡”的客观动态演化逻辑，数据集聚会在短期内拉大区域间的发展差距。但是，随着集聚饱和度的提高，数字经济开始由发达地区逐渐向欠发达地区辐射，通过地区间的合作交流与资源共享机制，最终推动区域协调发展。

第二，数字经济可以通过助力产业结构优化升级，促进区域协调发展。实现产业结构升级是新时代经济高质量发展的必然要求。一方面，数字经济具有强创新性、强渗透性、强融合性、强参与性等特性，可以提升产品设计、生产、销售、应用等产业链各环节的效率。数字经济与三次产业的深度融合加快了产业数字化转型进度，由此衍生出新技术、新产品、新模式新业态，可以进一步优化传统产业空间布局与资源配置，利用数据资源实现全产业链的互联互通、共建共享，促进区域产业均衡发展。另一方面，产业结构优化会呈现出地区集聚的特征，新理念和新技术的广泛应用会借助市场主体的交流、模仿、集成创新等途径，在优化本地区产业结构的同时，通过对外部空间的渗透溢出效应，推动其他地区产业结构逐步优化。

第三，数字经济可以通过加速消费市场提质扩容，促进区域协调发展。首先，数字经济实现了消费端和需求端信息的精准匹配。平台经济依托互联网、大数据、云计算、人工智能等技术促使消费环节和生产环节实现高效联通，打破了地区间分散孤立的状态，为欠发达地区输出特色产品和服务提供了机会。其次，数字经济降低了交易成本，借助物流体系突破了商品生产、交易和消费的时空限制。欠发达地区可以借助数字经济发展的“东风”，创新发展思路，为区域经济发展拓展空间。最后，蓬勃发展的数字经济对居民的消费理念和消费行为产生了显著影响，激发了市场消费活力，扩大了消费市场规模。欠发达地区通过提升产品品质和性价比，最大限度地满足了各地消费者的个性化需求和多样化选择。

（3）数字经济与绿色的关系。

数字经济高质量发展应提倡绿色发展理念。绿色是数字经济高质量发展的底色，数字经济必须凭借其科技与技术含量高的特点，通过释放数据价值提高效率、通过变革技术路径减少排放、通过协同合作治理污染，推进事前、事中、事后的绿色规划，真正处理好发展与绿色的关系，契合绿色发展理念。

第一，数字经济通过提高要素效率，推动资源集约化。数字经济的网络外部性、协同性等特性能显著提高要素配置效率、要素使用效率和产出效率，从投入和产出两方面提高效率，推动资源集约化。数字经济为各要素的创造、转移和应用提供了便利条件，可以推进要素之间的自由流动，真正释放要素的价值。在此基础上，数字经济根据外部市场信息，对要素进行快速匹配与优化，以减少要素扭曲现象的发生，引导其向集约化、网络化发展，推动投入效率的提高。在产出效率上，数字经济突破常规的地理空间、硬件设备等的限制，通过技术关联效应，加快生产速度，拓宽经营范围。

第二，数字技术的推广和应用可以直接推动节能减排。数字经济通过资源的集约化使用和核心技术迭代，直接或间接变革路径，推进零排放，从根本上解决严重污染物的排放问题；通过引入新设备，改造原有工艺，在整个过程中持续关注能源节约与碳减排，推动整个社会绿色建设。

第三，数字经济发展有助于形成多元协同的治理格局。数字经济可以直接推动污染治理技术的研发，解决污染治理的技术难题；加强数据公开与资源共享，推动协同治理。数字遥感等技术能够快速确认污染源、污染分布、污染成分等，推动监测体系建设，通过构建信息平台解决污染信息掌握不全、时效性不强等难题，推进信息共享建设，构建多元协同治理污染的新格局。

（4）数字经济与开放的关系。

要实现数字经济高质量发展，应实行开放战略。开放是数字经济高质量发展的必由之路，强调内外联动问题。数字经济推进数字技术脱虚向实，提供真正的产品与服务，并不断深化国际合作，形成全方位开放的新格局。

第一，数字经济为“走出去”战略提供具有核心竞争力的数字产品与服务。在产业数字化与数字产业化进程中，数字技术具有支撑作用。数字经济在强化其支撑作用的同时，将数字技术运用到实际应用场景中，打造新业态新模式，通过数实融合更好地推动中国产品和企业“走出去”。

第二，数字经济有助于打造国际合作新模式，吸引外资，贯彻“引进来”战略。数字经济通过增强自身创新能力与国际竞争力，不断吸引国外人才、管理、资本等要素集聚到中国。在此过程中，我国不断探索有效的国际合作模式，促进信息的跨境流动，不断发展数字贸易，推动中国与世界产业链、技术链等的融合。

第三，数字经济有利于加快构建更高水平的全方位开放格局。数字经济已经成为全球经济发展的重要推动力，它通过有效促进人与人之间的信息共享和智慧交流，提高人类社会的技术竞争力和创新能力，改变了世界经济社会格局。目前，中国正积极参与构建全球数字经济多边治理机制，以及数字领域国际规则和技术标准制定，围绕数据跨境流动、市场准入、反垄断、数据隐私保护等重大问题探索建立治理规则，搭建高质量数字经济交流平台，促进中国数字经济在更大范围、更宽领域、更深层次实施高水平对外开放。

(5) 数字经济与共享的关系。

要实现数字经济高质量发展，应明确共享发展目标，强调社会公平正义。数字经济不仅提高了经济发展的稳定性与持续性，而且提高了其普惠性，可以让更多的人参与发展的过程，并推动发展成果共享，真正落实全民共享、全面共享、共建共享和渐进共享。

第一，全民共享。数字经济可以推动平台等数字基础设施的发展，促进教育等资源的合理配置与优化，改善人们的受教育状况，提高劳动者的就业竞争力，使他们获得更多的收入，真正促进教育、财富等的全民共享。

第二，全面共享。数字经济的渗透性较强，对文化、医疗、环保等领域均有涉及。技术创新可以推动生产力发展，提高人民物质生活水平；创新文化产品与服务，丰富人们的精神生活；突破传统医疗限制，创新远程医疗服务，保障医疗福利；推进绿色场景创新，变革生产生活方式，打造美丽的自然环境。因此，数字经济满足了人们对经济利益的要求，推动了精神文化、社会保障和生态环境这三个方面的发展成果共享。

第三，共建共享。数字经济使更多的人参与到社会建设中来，并根据不同的个人禀赋进行分工协作，充分利用各要素资源，真正做到人尽其才、物尽其用，同时，实时监测各要素报酬率的变化以及民众的参与程度、贡献程度等，在此基础上合理分配劳动成果。

第四，渐进共享。数字经济使共享从低级发展到高级、从不均衡发展到均衡。

14.2 数字经济赋能高质量发展的理论逻辑

传统经济增长理论、全要素生产率理论等为研究数字经济高质量发展提供了重要的理论基础，而数字经济的快速发展也赋予了其新的时代内涵。数字经济赋能高质量发展的理论逻辑是：它可以促进生产要素优化配置、促进经济效率提升、提升全要素生产率、促进绿色和普惠发展。

14.2.1 数字经济通过数据要素赋能来促进生产要素优化配置

在数字经济时代，数据成为核心生产要素，对经济增长要素理论进行了扩充。数据要素即数字化的知识和信息，它具备非竞争性、易复制性等特性。数据要素与传统生产要素的渗透融合，能够促进知识共享、深化社会分工、延展经济时空、优化现存的要素配置，进而带动其他要素效率提升，实现价值创造，使传统要素呈现边际报酬递增规律。具体表现如下：

第一，增加新的数据要素投入，改变要素组合方式。在传统经济增长理论中，生产要素主要包括资本、劳动和自然资源，但已有研究证明，自然资源并不是经济增长的必要条件。随着人工智能等技术在经济中的广泛应用，要素来源更加多元化、复杂化和高级化，以数据要素为核心的新生产要素不断形成并补充到生产函数中。尤其是数据成为新的核心生产要素后，凭借其易复制性、零边际成本等特性，克服了传统生产要素的稀缺性和排他性，突破了传统资源约束与增长极限。因此，数字经济时代的增长核算框架中应当加入数据，形成$Y=AF(D, K, L)$的生产函数，其中D为数据要素。

第二，增加数据要素，赋能传统要素配置。在数字经济中，数字技术的广泛使用使多个经济主体得以同时参与到生产流通环节中，更多信息被更多的生产厂商和消费者获悉，这提高了劳动、资本、企业家才能等传统要素的生产效率，打破了传统经济社会中供求双方的信息壁垒，减少了市场失灵所带来的生产要素浪费和错配，有利于要素供需的精准匹配，最终提高要素配置效率。因此，借助互联网、物联网，资本、劳动与土地等传统生产要素的需求与供给信息得以共享，这推动了要素向生产效率更高的地区或部门自由流动，逐渐逼近帕累托最优状态。数据成为核心生产要素，并通过赋能传统要素，带动传统要素生产效率提升。

14.2.2 数字经济通过数字技术进步促进经济效率提升

在数字经济时代，以大数据、云计算、物联网、区块链等为代表的数字技术集群不断涌现。数字技术具备强创新性，蕴含着知识、研究与开发（R&D）投资、人力资本等，能够成为驱动经济增长的新动能。数字技术极大地提升了经济效率。

（1）数字技术对市场交易效率的影响。在传统经济学理论中，较高的资源成本和经济活动成本会制约经济的高质量发展。阿维·戈德法布和凯瑟琳·塔克（Avi Goldfarb and Catherine Tucker，2019）指出，数字技术的应用显著降低了经济活动的五种成本：一是搜寻成本。数字技术的应用使得消费者在线上能以更低的成本搜寻到商品信息，扩大了消费者的搜寻范围，提高了消费者的搜寻质量。低搜寻成本可以降低价格、消除价格离散现象、实现更好的供需匹配、降低企业库存等。二是复制成本。数字产品的复制成本非常低，甚至为零，而且数字产品具有非竞争性，以接近零的成本复制并不会降低最初产品的质量。三是交通运输成本。数字产品或服务在互联网上的传输成本近乎为零，因此突破了地理时空的限制。在线上购物模式下，消费者节省了线下购物所需要支出的大量交通运输成本。因此，数字技术的发展和应用使数字产品和在线销售的实物产品的运输成本都明显降低。四是追踪成本。数字活动很容易被记录和储存，消费者在使用智能终端设备、线上购物等活动中会留下大量的个人数据。平台可以利用大数据技术对消费者以往的消费行为进行追踪，对消费者未来的购买行为进行预测，并进行个性化定价或开展个性化营销活动。五是验证成本。大量数字企业采用在线声誉机制，让消费者对商家进行评价，这为其他消费者提供了免费的验证信息，可以帮助其识别市场上低质量的产品和服务。

（2）数字技术对供给侧生产效率的影响。首先，大数据分析可以帮助企业精准跟踪和理解消费者的最新需求，从而改善产品设计和产品创新。例如，在电动汽车领域，特斯拉可以根据车主的驾驶习惯、常用行车路线等信息研判事故风险概率，进而为客户提供差异化的保险服务。其次，人工智能等数字技术的采用可以优化企业生产经营组织的全过程，提升企业的生产效率。最后，数字技术还可以进一步提升企业内部沟通效率，创新市场营销手段，提高营销能力，提升与供应链上下游企业的联动效率，实现价值共创等。

14.2.3 数字经济通过技术创新提升全要素生产率

在数字经济条件下，全要素生产率逐步提升。数字经济对全要素生产率的作用主要是通过技术创新效应和技术扩散效应实现的。

第一，数字经济通过技术创新推动经济高质量发展。提升创新发展效率是实现经济高质量发展的引擎。数字经济以技术进步为依托，将创新内化为自身发展动能，通过万物互联、数据要素、融合发展等全方位提高创新发展效率。数字经济本身涉及的领域属于高知识密度领域，如5G、大数据、云计算、人工智能等。这些领域集聚了大量研发资金和人才，具备高研发强度和强创新性，能够带来颠覆式技术创新，催生新产业新业态新模式，不断推动数字产业化发展。

第二，数字经济利用技术扩散效应推动经济高质量发展。由于数字技术具有强扩散性，所以传统产业可以利用数字技术来提高全要素生产率。数字经济发展具有很强的技术扩散效应和正外部性，数字技术与传统产业的深度融合会全面提升传统产业生产效率。在数字技术赋能下，传统产业在生产管理模式、价值创造模式、组织管理方式等诸多方面进行了数字化变革，并加强了产业链上、中、下游各个产业之间的联系，可以产生关联效应，进而推动整个产业转型升级，实现经济高质量发展。

14.2.4　数字经济促进绿色和普惠发展

中国数字经济已经进入协同创新、深化应用、绿色发展、普惠共享的快速成长阶段。数字经济主要通过两条路径促进绿色和普惠发展。

第一，数字经济通过技术创新赋能绿色发展。数字技术通过数据、算法和算力的集成创新，构建绿色制造体系和绿色低碳技术支撑体系，统筹推进产业结构高端化、能源消费低碳化、资源利用循环化、生产过程清洁化、制造流程数字化、产品供给绿色化转型，构建环保装备制造业和环保技术创新高质量发展新格局，不断提升行业绿色竞争力，培育绿色增长新动能。与此同时，数字技术深度融入人民生活的方方面面，不断改变人民的生活习惯和消费行为，帮助人们形成绿色低碳理念和生活方式，从根源上推动绿色发展成为经济发展的普遍形态。

第二，数字经济通过对要素的合理有效分配助力普惠发展。数字经济发展具有普惠属性，符合共同富裕的目标要求。数字经济发展会推动各类市场主体（尤其是弱势市场主体）通过要素协同、数据协同、业务协同等参与市场活动，有效降低成本、提高效率，实现价值共创、利益共享。因此，发展数字经济有助于弥合地区、城乡间收入差距，实现数字惠民、数字便民，提高亿万人民的获得感、幸福感、安全感。

14.3　数字经济赋能高质量发展的重点任务

数字经济本身就是高质量的经济形态，要通过数字经济推动经济高质量发展，需要立足“创新、协调、绿色、开放、共享”的新发展理念，明确数字经济高质量发展的重点任务。

14.3.1　强化数字产业的自主创新能力

科技创新是数字经济发展的根本驱动力，要加强科技创新，就需要实施创新驱动战略。

第一，加强关键数字核心技术攻关。数字核心技术包括5G、区块链、集成电路、人工智能等，是数字化发展的重要基础和核心支撑。目前中国数字核心技术存在短板，关键零部件和算法长期受制于人，核心技术“卡脖子”问题严重制约了中国数字经济高质量发展。因此，要加强数字技术基础研发，打好数字核心技术攻坚战，深入推进数字核心技术研发和标准制定，牢牢掌握数字核心技术自主权。

第二，构建自主可控的数字技术创新体系。数字技术创新能倍增国家创新能力，通过体系化结构来孕育和支撑重大科技创新，这势必会提升数字技术创新的速度、广度和深度。因此，要把握人工智能、未来网络、区块链、量子信息等前沿技术发展的重大机遇，充分利用全球创新资源构建起与高水平科技自立自强相适应的国家创新体系。与此同时，还要进一步强化企业的科技创新主体地位，优化提升国家创新效能，通过推进科技强国建设支撑数字经济高质量发展。

第三，全面推进数字技术产业化，利用数字技术促进传统产业数字化发展。数字技术创新的最终体现是数字产业的发展。中国具有超大规模市场、海量数据资源、丰富的应用场景等多重优势，数字经济发展具有广阔空间，要协同推进数字产业化和产业数字化，营造有利于创新创业的环境，积极推进数字产业化发展，大力推进数字经济与实体经济深度融合发展，壮大战略性新兴产业，积极发展未来产业，以数字技术为新动能全面构建现代产业体系，发展新质生产力。

14.3.2 推进区域数字融通与协调发展

区域数字融通与协调发展对于构建新发展格局和推进中国经济高质量发展具有重要意义，而数字经济的快速发展也为区域数字融通与协调发展带来了新的契机。

第一，数字经济赋能欠发达地区数字基础设施建设。加快数字基础设施建设是打通经济社会发展的信息“大动脉”的根基。推动欠发达地区的数字基础设施建设，能够为万物互联奠定新的基础，快速释放数字红利，进一步以信息流带动技术流、资金流、人才流、物资流，在更大范围内优化资源配置，助力欠发达地区集聚后发优势，支撑经济社会数字化转型，实现高质量发展。

第二，数字经济赋能欠发达地区产业优化升级。通过发挥数字技术的高渗透性和辐射范围广的优势，可以推动数字经济与实体经济深度融合，提升区域内产业链数字化和智能化水平，促进欠发达地区产业优化升级。同时，要充分发挥区域内新型基础设施建设的比较优势，积极参与到全国数字产业链的构建和布局中，形成具有地方区域特色的数字产业，实施数字经济区域化发展战略。

第三，数字经济赋能数字经济空间布局优化。要促进数字经济在全国范围内协同发展，给予欠发达地区必要的人才、技术和资金等支持，推动要素资源跨区域跨行业有序流动，优化配置，通过空间溢出和辐射效应带动欠发达地区数字经济发展。同时，多措并举提高欠发达地区人民的数字素养和技能，夯实数字经济促进区域协调发展的社会基础。

14.3.3 建设绿色智慧的数字生态文明

建设绿色智慧的数字生态文明，是实现经济转型升级和高质量发展的内在要求。数字技术发展对生态环境保护具有放大、叠加和倍增的效能，因此，我们要抢抓数字化和绿色化的发展机遇，创新生态文明建设模式，提升生态环境治理效能，推动形成绿色低碳的生产生活方式，进而加快推进绿色智慧的数字生态文明建设。

第一，提高生态环境数字化治理能力。首先，要依托大数据技术和数字化集成平台，全面推动生态环境保护数字化转型，构建智慧高效的生态环境监测感知体系，实现“空天地人”一体化的动态监测与调控。其次，要坚持系统观念，统筹山水林田湖草沙一体化保护和系统治理，利用区块链、人工智能等数字技术实现生态数据资源标准体系建设和清单化管理，建立健全动态管理的生态环境数据目录。最后，要持续深入推进生态环境数字化智能化建设，综合运用数据分析、风险评估等数字技术提升生态环境综合管理和决策效能，助力生态环境治理能力现代化，筑牢生态文明建设的数字化保障体系。

第二，加快数字化绿色化协同转型。数字技术是实现“双碳”目标的重要工具和有效载体，首先，要以数字技术赋能传统产业绿色低碳转型，对传统产业的制造、采购、营销、管理等各环节进行数字化、智能化改造，加强数据分析和价值挖掘，推动各环节实现绿色低碳转型发展。同时，以数字技术赋能能源行业绿色低碳转型，重点推进电力和煤炭等能源行业企业各环节数字化，提高能源互联网的智能化水平，精准检测与控制碳排放。最后，加强核心数字新兴技术供给和绿色技术创新，深入推进数字经济与绿色经济融合发展。

第三，倡导绿色智慧的数字化生活方式。要倡导数字化绿色低碳新理念，在绿色生活中融入数字智能新要素，推动数字生活与绿色生活融合共生。一方面，加快打造数字化绿色生活新场景。依托生态环境监测网络和碳排放感知、碳足迹追踪等数字化手段，开展城市重点行业、产业、园区等碳排放监测，加快低碳智慧城市建设。另一方面，积极引导公众树立数字化绿色思维方式，推动全社会养成绿色智慧的生产生活行为习惯，形成践行绿色智慧生产生活新风尚。

14.3.4 打造开放共赢的数字经济国际合作新格局

拓展数字经济国际合作符合中国对外开放的基本国策，是坚定奉行互利共赢开放战略的重要表现。在数字经济背景下，我国需努力构建开放共赢的国际合作新格局，推动建设开放型世界经济，更好惠及各国人民。

第一，营造良好的国际合作环境。要加强国际网络空间合作，倡导构建和平、安全、开放、合作、有序的网络空间命运共同体；加快研究制定符合我国国情的数字经济相关标准和治理规则，并依托双边和多边合作机制，深化政府间数字经济政策交流对话，主动参与国际组织数字经济议题谈判，加快提升我国参与数字领域国际规则制定的能力，开展数字经济标准国际协调和数字经济治理合作。

第二，高质量共建“数字丝绸之路”。我国应依托“一带一路”的发展优势，打造“数字丝绸之路”，开辟新的合作通道，形成新的合作模式，开展多层次、全方位、高效率的数字经济贸易和合作。同时，要统筹开展沿线国家新型数字基础设施合作与建设，推动数字治理双边和多边议题谈判，协助发展中国家弥合数字鸿沟，推动国际数字治理协同发展。

第三，强化数字经济国际合作能力建设。要加强我国数字领域国际合作统筹协调能力建设，充分发挥企业、社会组织、专家学者的作用，统筹谋划数字领域国际合作，建立多层面协同、多平台支撑、多主体参与的数字领域国际交流合作体系，并从技术创新、数据要素流动、信息安全等多个方面推动国内国际数字网络空间协同合作，贡献更多中国智慧和中国方案。

14.3.5 构建普惠便捷的数字社会

数字社会建设为满足人民群众美好生活需要提供了技术支撑，加快数字社会建设步伐、构建普惠便捷的数字社会，是建设数字中国的重要内容，也是实现社会主义现代化的必然要求。

第一，促进数字公共服务普惠化。要深入推动新型数字技术与教育、科技、文化、卫生、体育等公共服务资源深度融合，继续提升公共服务资源数字化水平，促进优质资源共享复用和优化配置。同时，要促进公共服务与数字平台深度融合，探索多领域跨界合作，打造国家智慧教育平台、数字健康平台、数字文化平台等，进一步助力公共服务均等化、普惠化。

第二，推进数字社会治理精准化。要深入实施数字乡村发展行动，完善乡村地区信息化服务供给，以数字化赋能乡村产业发展、乡村建设和乡村治理。同时，深化新型智慧城市建设，推动城市数据整合共享和业务协同，提升城市精准化管理服务能力。在此基础上，统筹推动城乡要素双向流动与合理配置，共建共享数字城乡融合发展新格局。

第三，普及数字生活智能化。要加快推进能源、交通、物流、环保等领域数字化改造，推动新型城市基础设施建设，提升市政公用设施和建筑智能化水平，进而构建普惠、智能协作的生活服务数字化融合设施，打造智慧便民生活圈，发展新型数字消费业态，创新面向未来的智能化沉浸式服务体验。

14.4 中国数字经济赋能高质量发展的政策

14.4.1 中国数字经济发展政策

近年来，数字经济已经成为推动中国经济高质量发展的重要引擎，并日益受到党和国家的高度重视。作为世界数字经济发展的引领者之一，我国推出了一系列与数字经济发展相关的政策。

(1)《数字经济发展战略纲要》。

2019 年中共中央办公厅、国务院办公厅发布的《数字经济发展战略纲要》提出，紧紧围绕统筹推进“五位一体”总体布局和“四个全面”战略布局，牢固树立创新、协调、绿色、开放、共享的新发展理念，坚持以人民为中心，统筹国内国际两个大局，统筹发展和安全两件大事，坚持走中国特色信息化发展道路，坚持与实现“两个一百年”奋斗目标同步推进，以信息化驱动现代化为主线，以建设网络强国为目标，着力增强国家信息化发展能力，着力提高信息化应用水平，着力优化信息化发展环境，推进国家治理体系和治理能力现代化，努力在践行新发展理念上先行一步，让信息化造福社会、造福人民，为实现中华民族伟大复兴的中国梦奠定坚实基础。

(2)《“十四五”数字经济发展规划》。

2022年1月国务院发布的《“十四五”数字经济发展规划》指出，要以习近平新时代中国特色社会主义思想为指导，全面贯彻党的十九大和十九届历次全会精神，立足新发展阶段，完整、准确、全面贯彻新发展理念，构建新发展格局，推动高质量发展，统筹发展和安全、统筹国内和国际，以数据为关键要素，以数字技术与实体经济深度融合为主线，加强数字基础设施建设，完善数字经济治理体系，协同推进数字产业化和产业数字化，赋能传统产业转型升级，培育新产业新业态新模式，不断做强做优做大我国数字经济，为构建数字中国提供有力支撑。

(3)《数字中国建设整体布局规划》。

《数字中国建设整体布局规划》强调，要坚持以习近平新时代中国特色社会主义思想特别是习近平总书记关于网络强国的重要思想为指导，深入贯彻党的二十大精神，坚持稳中求进工作总基调，完整、准确、全面贯彻新发展理念，加快构建新发展格局，着力推动高质量发展，统筹发展和安全，强化系统观念和底线思维，加强整体布局，按照夯实基础、赋能全局、强化能力、优化环境的战略路径，全面提升数字中国建设的整体性、系统性、协同性，促进数字经济和实体经济深度融合，以数字化驱动生产生活和治理方式变革，为以中国式现代化全面推进中华民族伟大复兴注入强大动力。

《数字中国建设整体布局规划》提出，数字中国建设要按照“2522”的整体框架进行布局，即夯实数字基础设施和数据资源体系“两大基础”，推进数字技术与经济、政治、文化、社会、生态文明建设“五位一体”深度融合，强化数字技术创新体系和数字安全屏障“两大能力”，优化数字化发展国内国际“两个环境”。

14.4.2　中国数字经济赋能高质量发展的政策重点

根据上述政策规划，中国已经基本形成完善的数字经济政策体系，未来中国数字经济政策发展将重点关注以下五个方面：

第一，着力夯实数字经济的发展根基。数字基础设施建设是数字经济高质量发展的先决条件。未来将重点加强5G网络、全国一体化数据中心体系、产业互联网等智能化、综合性数字信息基础设施建设，积极稳妥推进卫星通信网络等空间信息基础设施建设与升级。同时，积极推进云网协同和算网融合发展，系统优化算力基础设施布局，促进东西部算力高效互补和协同联动，引导通用数据中心、超算中心、智能计算中心、边缘数据中心等合理梯次布局，打通中国数字基础设施大动脉，为经济高质量发展提供新动能、新优势。

第二，强化数字经济对经济高质量发展的支撑作用。从政府工作报告中有关数字经济的论述来看，数字经济作为经济高质量发展的关键引擎，作用日益凸显。中国在国家战略层面也持续强化数字经济对经济高质量发展的重要支撑作用。中国数字经济从开始的重点推进到后续的全面展开，逐步深入经济社会的各个方面，成为新时代新阶段推动经济高质量发展的关键动能。与此同时，全国各省市也陆续出台了推动数字经济发展的专项政策，促使数字经济成为经济高质量发展的关键动能已经成为地区政策发力的关键点。

第三，深入推进数实融合，打造高质量发展新引擎。数字经济与实体经济深度融合是中国数字经济高质量发展的重要途径。未来我国将以制造业数字化转型为主体，切实推动制造方式创新、组织形态重构、产业模式变革等，大力发展先进制造和智能制造，重塑中国制造业核心竞争力。同时，要促进数字技术与传统制造业深度融合，催生新产业新业态新模式，让数字技术带动制造业产业链、价值链、资金链和供应链的全面升级，增强以实体经济为支撑的现代化产业体系的活力与韧性，进而为推动数字经济高质量发展蓄势赋能。

第四，持续增强数字经济治理效能。高质量发展离不开数字治理能力提升和数字安全保障。未来将坚持促进发展和规范监管两手抓，系统提升公共服务数字化水平、完善数字经济治理体系、强化数字经济安全体系等，重点突出数字政府、数字社会建设，强化协同治理和监管机制，增强数字经济安全保障，全面提升数字治理效能，力争在发展中守住安全底线，在发展中规范、在规范中发展，确保数字经济安全、有序、规范、健康发展。

第五，不断拓展数字经济开放发展空间。数字经济是全球未来的发展方向，其高质量发展依赖于世界各国开放合作、共担责任。未来中国将主动作为，推动全球数字贸易快速发展，积极开展双边和多边数字经济治理合作，维护和完善多边数字经济治理机制，高水平推进我国对外开放和新发展格局构建，努力为全球数字经济发展贡献中国智慧和中国方案，促进全人类共享数字经济发展红利。

本章小结

数字经济高质量发展践行了“创新、协调、绿色、开放、共享”的新发展理念。数字经济赋能高质量发展的理论逻辑是：它可以促进生产要素优化配置、促进经济效率提升、提升全要素生产率、促进绿色和普惠发展。

立足新发展理念，明确数字经济高质量发展的重点任务具体包括：强化数字产业的自主创新能力；推进区域数字融通与协调发展；建设绿色智慧的数字生态文明；打造开放共赢的数字经济国际合作新格局；构建普惠便捷的数字社会。

中国出台了一系列促进数字经济高质量发展的政策，未来的政策重点包括：着力夯实数字经济的发展根基；强化数字经济对经济高质量发展的支撑作用；深入推进数实融合，打造高质量发展新引擎；持续增强数字经济治理效能；不断拓展数字经济开放发展空间。

主要概念

数字经济高质量发展　五大新发展理念　数据要素市场　数实融合　资源配置效率　全要素生产率　数字中国　数字经济政策

复习题

1. 数字经济发展与新发展理念的关系是什么？
2. 数字经济赋能高质量发展的理论逻辑是什么？
3. 数字经济赋能高质量发展的重点任务包括哪些？
4. 如何促进数字经济赋能高质量发展？

推荐阅读文献

GOLDFARB A，TUCKER C. "Digital Economics." *Journal of Economic Literature*，2019，57（1）.

丁松，李若瑾. 数字经济、资源配置效率与城市高质量发展. 浙江社会科学，2022（12）.

洪银兴，任保平. 数字经济与实体经济深度融合的内涵和途径. 中国工业经济，2023（2）.

李三希，黄卓. 数字经济与高质量发展：机制与证据. 经济学（季刊），2022，22（5）.

第四篇
数字经济监管

第十五章

数字经济监管

章前导语

数字经济的发展正在重构经济社会的运行方式，它在促进消费者福利改善、企业效率提升和社会有效治理的同时，也带来了诸多新的风险，典型的如网络与数据安全风险、个人隐私泄露风险、市场垄断风险等，因此需要政府介入，对数字经济进行监管。数字经济监管是确保数字经济发展全面提高社会总福利的根本途径。数字经济监管是多元主体为实现公共利益目标而采取多种手段的系统治理活动。数字经济监管最主要的特点是：它涉及多元主体，具有多种治理机制，并不局限于政府通过行政手段实施的监管。由于政府监管是数字经济监管的核心，因此政府监管体制根本上决定了数字经济监管的定位、手段及其有效性。特别是在中国行政主导的体制下，政府行政监管始终是核心。本章的分析围绕政府监管体制来展开。由于数字经济具有独特的发展规律和市场失灵形成机制，存在更为多元的经济社会损害风险，因此数字经济监管面临更为复杂的环境和诸多新的问题，为此，需要深入分析数字经济发展中各种市场失灵的形成机制，并有针对性地制定科学的监管政策。

学习目标

掌握网络与数据安全监管；

掌握个人隐私数据保护；

掌握数字市场反垄断；

掌握网络非法有害内容监管。

15.1 网络与数据安全监管

在数字经济时代，网络是国家主权的新空间，数据主权是国家主权的新体现。维护网络与数据安全关乎国家主权和公共安全。有效的网络与数据安全监管能为数字经济发展提供重要的安全保障，实现发展与安全的协调。

15.1.1 网络安全与数据安全

网络安全是指网络系统中的硬件、软件及数据受到保护，不因偶然的或恶意的原因而遭到破坏、更改、泄露，能够连续、可靠、正常地运行，确保网络服务不中断。网络安全包括网络设备安全、网络软件安全和网络信息安全。确保网络安全的重点是防范各种网络攻击，常见的网络攻击有口令窃取、欺骗攻击、缺陷和后门攻击、认证失效、协议缺陷、信息泄露、指数攻击（病毒和蠕虫）和拒绝服务攻击等。因此，网络安全的核心是强化技术保障，有效应对各种网络攻击，确保网络系统安全、可靠和有弹性地持续运行。

数据安全是指在数据信息的整个生命周期中保护数据信息免遭未经授权的访问，并抵御损坏、失窃、泄露等风险，确保数据的可用性、完整性和保密性。数据安全包括从硬件和存储设备的物理安全到管理和访问权限控制，直至软件应用程序的逻辑安全等方方面面，以及确保数据安全的组织政策、管理程序等安全制度。我国《数据安全法》第三条指出："数据安全，是指通过采取必要措施，确保数据处于有效保护和合法利用的状态，以及具备保障持续安全状态的能力。"数据安全监管的目的是确保数据处于有效保护和合法利用的状态，防止各种未经授权的非法数据接入、数据盗取和数据破坏。

经济学研究网络与数据安全监管时，重点是采用经济学方法来分析网络与数据安全风险，并设计激励性网络与数据安全监管政策。因此，从经济学的意义上来说，网络与数据安全监管追求以有效率的方式来实现网络与数据安全的目标，即网络与数据安全监管不应以牺牲数字经济创新发展为代价，而应更好地促进数字经济创新发展。因此，网络与数据安全监管应坚持以安全促发展、以发展保安全的基本原则。

15.1.2 网络与数据安全监管的需求

（1）网络与数据安全监管是维护国家主权和发展利益的需要。

第一，网络与数据安全监管是维护国家公共安全与社会稳定的需要。网络与数据安全是数字经济发展的基石，是维护国家公共安全的重要领域。随着数字经济的发展，经济社会活动日益网络化，网络空间成为新的国家战略空间，数据资源日益成为世界各国抢占的战略要地，数据安全成为影响数字经济发展和国家安全的重大问题。因此，迫切需要加快构建网络与数据安全监管体系，提升网络与数据安全监管能力，维护国家公共安全。

第二，网络与数据安全监管是维护国家经济安全的需要。网络与数据安全是国家经济安全的重要基础。2020 年，全球因网络犯罪造成的直接货币损失约为 1 万亿美元，而在网络安全方面的支出超过 1 450 亿美元，上述两项成本共占当年全球 GDP 的 1.3%。全球网络犯罪造成的总经济成本（直接经济成本、间接经济成本、上游系统成本）在 2020 年约为 4 万亿美元，约占全球 GDP 的 4%。[1] 随着中国经济体量的日益扩大，网络与数据安全风险日益增大，这就要求国家对网络与数据安全进行监管。

第三，网络与数据安全监管是促进数字经济高质量发展的需要。网络与数据安全是数字经济高质量发展的重要基础。随着数字经济的高速发展，经济活动日益网络化和数字化，维护网络和数据安全就是维护国家经济安全，从而为数字经济高质量发展提供重要的基础保障。科学的网络与数据安全监管将极大地促进数字经济高质量发展。网络与数据安全监管可以更好地保护企业的数据资产和商业秘密，从而鼓励企业从事数据驱动的创新业务；有助于维护消费者隐私数据安全，增强消费者的消费信心，营造可信任的消费环境，促进数字商业的发展；能保障数据共享流通的安全、可控，有助于促进数据要素的市场化配置，为数字经济发展提供可靠的市场基础。

(2) 网络与数据安全供给存在市场失灵。

第一，网络与数据安全具有公共品属性。在数字经济中，网络成为经济社会运行的重要基础设施，生产、消费、社会运行等都建立在网络的基础上。维护网络与数据安全具有广泛的经济社会影响。由于网络数据安全是多个主体共同努力的结果，因此个别主体会有"搭便车"的激励。根据经济学理论，维护网络与数据安全具有广泛的社会价值，但是其需要付出非常高的成本，且这一成本主要是由数字商务企业来承担，因此企业缺乏投资的激励。

第二，网络与数据安全风险具有负外部性。网络与数据安全风险往往是系统性风险，一旦发生重大网络安全风险事故，将会给众多利益相关者和整个社会带来严重的负外部性。同时，一个企业投资于网络与数据安全也会对他人和社会产生正外部性，给众多利益相关者带来益处。在网络与数据安全风险具有外部性的情况下，维护网络与数据安全的私人成本和社会成本不一致导致微观主体无法提供社会最优的网络与数据安全。

第三，网络与数据安全不同主体间存在信息不对称。网络与数据安全风险的发生往往具有较大的不确定性，各种网络犯罪往往是国际化的、远程的和隐秘进行的，网络运营者与数据持有者往往缺乏充分的信息，"猫和老鼠的游戏"成为网络与数据安全问题的常态。而且，为了商业利益或组织声誉，网络运营者与数据持有者往往并不会及时向利益相关者、监管机构或社会发布安全风险预警或公布安全事故信息，从而导致监管者和社会公众往往并不知晓潜在的安全风险。

第四，网络与数据安全问题本质上是激励扭曲问题。在市场失灵的情况下，由于成本和收益不对称，数字企业往往缺乏提供社会最优的网络与数据安全的激励，从而产生网络与数据安全保护不足的风险。因此，网络与数据安全问题不仅仅是一个网络安全技术保障问题，也是一个相关主体的激励机制设计问题。网络安全问题产生的根本原因往往是不完善的政策设计所产生的激励机制扭曲。有效的激励机制是网络与数据安全监管的核心。网络与数据安全监管，既需要强化技术标准、组织规则、技术保障要求等强制性监管手段，也需要通过划分主体责任、制定奖惩措施等监管机制设计来实行激励性监管。

---

① McAfee and the Center for Strategic and International Studies & McAfee. *The Hidden Costs of Cybercrime*, 7 Dec 2020.

15.1.3 中国网络与数据安全监管政策

党的十八大以来，以习近平同志为核心的党中央高度重视网络安全工作，不断加强国家网络安全战略谋划和顶层设计，推动中国网络安全体系不断完善、网络安全保障能力持续提升、网络安全屏障日益巩固。

（1）确立了以国家总体安全观为统领的监管理念。

总体国家安全观是网络与数据安全监管的总指引。总体国家安全观是习近平总书记于2014年4月15日在中央国家安全委员会第一次全体会议上提出的，它是新时代国家安全工作的总体指导思想。我国《网络安全法》第一条指出："为了保障网络安全，维护网络空间主权和国家安全、社会公共利益，保护公民、法人和其他组织的合法权益，促进经济社会信息化健康发展，制定本法。"我国《数据安全法》第四条明确指出："维护数据安全，应当坚持总体国家安全观，建立健全数据安全治理体系，提高数据安全保障能力。"

（2）构建了网络与数据安全监管的基础性法律体系。

目前中国基本构建起网络与数据安全监管法规体系，形成了具有中国特色的网络与数据安全法律体系。国家颁布了《网络安全法》《数据安全法》《个人信息保护法》等基础性、综合性法律。《网络安全法》确立了网络安全支持与促进措施，规定了保障网络运行安全、网络信息安全的要求，为维护网络和信息安全制定了规则；《数据安全法》建立了数据分类分级保护制度，集中统一、高效权威的数据安全风险评估、报告、信息共享、监测预警机制，数据安全应急处置机制、数据安全审查制度等数据安全制度，明确了数据处理者的数据安全保护义务，并为政务数据安全与开放提供了规则和方向；《个人信息保护法》则进一步细化、完善了个人信息保护原则，包括明确个人信息处理规则、个人信息跨境提供的规则、个人在个人信息处理活动中的权利、个人信息处理者的义务，并确立了以国家网信部门为核心的个人信息保护机构体制。此外，相关部门和地方政府还出台了一系列行政法规、部门规章、规范性文件、地方性法规、地方政府规章、国家标准等政策法规。

（3）不断健全网络与数据安全监管体制。

要通过构建完善的数据安全制度及数据跨境流动管理制度，不断探索和健全网络与数据安全监管体制，具体内容如下：一是建立数据分类分级保护制度。根据数据在经济社会发展中的重要程度，以及一旦遭到篡改、破坏、泄露或非法获取、非法利用，对国家安全、公共利益或者个人、组织合法权益造成的危害程度，对数据实行分类分级保护。关系国家安全、国民经济命脉、重要民生、重大公共利益等的数据属于国家核心数据，应实行更加严格的管理制度。二是建立数据安全风险监测机制。国家建立集中统一、高效权威的数据安全风险评估、报告、信息共享、监测预警机制，对数据安全实行有效的全过程风险管理。三是建立数据安全应急处置机制。发生数据安全事件，有关主管部门应当依法启动应急预案，采取相应的应急处置措施，防止危害扩大，消除安全隐患，并及时向社会发布与公众有关的警示信息。四是建立数据安全审查制度。基于安全审查制度，对影响或者可能影响国家安全的数据处理活动进行国家安全审查。五是建立数据跨境流动监管制度。加强对数据跨境流动的管理，重点加强对关键数据信息跨境流动的监管，以维护国家数据主权。同时，积极参与数据跨境流动全球治理体系的构建，推进跨境数据流动国际合作。

（4）重视网络与数据安全技术保障能力建设。

党的十八大以来，习近平总书记在关于网络安全工作的“四个坚持”中强调了大力发展网络安全技术保障能力的重要性，明确指出“要坚持网络安全教育、技术、产业融合发展，形成人才培养、技术创新、产业发展的良好生态”。党的十八大以来，中国网络与数据安全技术保障工作取得了初步成效，网络与数据安全技术保障能力建设主要从以下角度展开：一是加强网络安全技术保障法律法规体系建设。修订了《网络安全审查办法》，并发布了《信息安全技术 关键信息基础设施安全保护要求》等 30 项网络安全国家标准。二是培养服务于网络与数据安全技术领域的专业人才。国家通过在有关高校开设网络安全相关专业来强化人才建设，基于人才建设提升网络与数据安全技术保障能力。三是推动网络与数据安全技术研发。国家致力于推动网络安全技术研发与产业化发展，促进监测预警、数据保护、可信体系构建等领域的基础理论创新和关键技术研发，推动大数据及人工智能安全技术、工业互联网安全技术等新兴领域研究，并通过加大产业投入、优化产业生态等手段加快与数据安全相关的高新技术的产业化，为网络与数据安全提供坚实的技术保障。

15.2　个人隐私数据保护

在数字经济中，数据是数字商务企业最重要的生产要素，大数据成为企业价值创造的最重要资产。数字经济服务提供商大量采集消费者用户的个人数据信息并对其进行加工和开发，以获取商业利益。但是，数字商务企业大量收集大数据的行为也产生了侵犯消费者个人隐私和个人隐私信息泄露的风险。因此，个人隐私数据保护成为数字经济监管的重要新课题。

15.2.1　隐私

隐私是个人重要的人格权，是公民个人的基本权益。厄尔·沃伦（Eari Warren）和路易斯·布兰代斯（Louis Brandeis）在 1890 年发表的论文《隐私权》中指出，隐私权是个人免受打扰的权利。[①] 面对信息通信技术发展对个人隐私的影响，阿兰·威斯汀（Alan Westin）在《隐私与自由》一书中指出，隐私权是“个人自己决定何时、如何以及在何种程度上向他人传递有关个人信息的权利”[②]，即控制个人信息的权利。因此，隐私保护也称个人信息保护。

在数字经济时代，数字技术使企业、政府等私人和公共组织得以大量采集用户个人数据并进行存储、加工和使用。由于这些数据直接或间接地反映了个人隐私信息，因此个人隐私主要体现为隐私数据。隐私数据被界定为“数据中直接或间接蕴含的，涉及个人或组织的，不宜公开的，需要在数据收集、数据存储、数据查询和分析、数据发布等过程中加以保护的信息”。我国《个人信息保护法》

知识链接

脸书-剑桥分析公司的数据泄露丑闻

① WARREN S D and BRANDEIS L D. “The Right to Privacy.” *Harvard Law Review*，1890，4（5）.

② WESTIN A. *Privacy and Freedom*. 5th ed. New York：Atheneum，1968.

第四条指出："个人信息是以电子或者其他方式记录的与已识别或者可识别的自然人有关的各种信息，不包括匿名化处理后的信息。"

15.2.2 隐私经济学

在数字经济中，个人数据是重要的经济资源，也是数字商务企业从事商业活动的重要投入要素，个人数据的基本功能是为市场运行提供信息。因此，隐私经济学属于信息经济学的一个分支，它将数据看作经济活动所必需的要素，其会对市场有效运行产生重要影响。消费者向商家披露个人数据信息并不总是带来坏处，它也会促使商家向消费者提供更个性化的服务，降低消费者的搜寻成本，提高消费者的消费体验，并降低市场运行成本。但是，企业过度采集和利用消费者个人数据会侵犯消费者隐私，给消费者带来财产损失和无形的心理伤害。

（1）芝加哥学派的自由市场观念。

芝加哥学派认为，个人隐私数据市场是完美的，个人隐私保护问题应该通过市场机制来解决，政府不应该干预。在市场有效的情况下，理性的个体之间通过私人之间的隐私数据交易谈判可以实现最优的个人隐私披露，从而实现个人隐私保护和个人数据开发利用的最佳组合。据此，芝加哥学派经济学家都坚持认为，市场信息越多，则资源配置效率越高，市场机制越能实现理想的隐私保护和市场信息的最优配置。由于理性的消费者和企业之间的私人谈判或市场交易可以实现最佳的个人数据信息披露，因此政府干预会降低市场效率。

芝加哥学派反对政府干预隐私问题，认为隐私保护监管会扭曲市场化的信息机制，产生三种效率损害效应：一是阻碍资源优化配置。信息自由流动是打造竞争市场和提高经济效率最重要的机制，而隐私保护监管会限制信息自由流动，提高市场信息不完全程度，增加市场运行的信息成本，阻碍市场实现有效的资源配置。二是阻碍有效率的交易的实现。隐私保护增强了信息不对称，会增加交易成本，阻碍有效率的交易的实现。三是产生分配不公平。隐私保护会削弱生产性投资激励，并带来分配不公平。

（2）个人隐私数据市场失灵理论。

目前，大多数经济学家都认为，个人隐私数据市场存在失灵，因此需要政府干预。原因主要包括以下几个方面：一是消费者的隐私决策并不是一种理性的行为。很多行为经济学的研究发现，消费者的隐私决策往往是非理性的。二是个人隐私数据市场存在信息不对称。消费者和商家之间在个人隐私数据信息上存在严重的信息不对称，即消费者通常并不知道商家如何使用自己的数据信息，因此无法实现最优的私人之间的隐私数据交易谈判解。三是私人之间的隐私数据交易谈判中各方的谈判力不对等。在私人之间的隐私数据交易谈判中，消费者和企业之间的谈判力明显不对等，这阻止了平等主体间谈判的市场均衡解的出现。四是个人隐私数据市场中存在数字平台垄断及策略性滥用行为。大规模采集和商业化消费者个人数据信息的数字平台往往具有非常强的市场支配地位，在市场竞争严重缺乏的情况下，支配平台未必具有向消费者提供较强隐私保护的激励。因此，支配平台并不必然具有促进隐私保护的激励，需要通过有效的竞争来激励支配平台保护消费者隐私。综上，个人隐私数据市场失灵理论强调政府通过实行有效的个人隐私数据保护来维护消费者权益，并促进个人隐私数据的安全采集和利用。

（3）隐私经济学研究的核心问题。

目前，隐私经济学研究的核心问题主要有以下几个：

一是消费者个人隐私支付意愿的识别。科学识别消费者个人隐私支付意愿是隐私经济学研究的重要基础性工作。制定和实施科学的个人隐私数据保护政策成为重点，而其基本前提是精准识别消费者的隐私支付意愿，即数字商务企业为了让一个消费者同意开放其个人隐私数据而支付的消费者愿意接受的货币补偿额度。由于消费者的个人隐私价值偏好受到一个国家的文化观念、特定的场景等因素的影响，并且具有较大的个体差异性和动态变化性，因此测算个人隐私支付意愿具有复杂性。对该问题，一方面需要引入行为经济学的分析方法来解释，另一方面需要进行大量的基于场景的消费者个人隐私价值偏好的经验分析。

二是大型数字平台侵犯隐私的风险及治理政策。由于大型数字平台是数字经济的重要主体，且大型数字平台都采用数据驱动的商业模式，大量采集和利用消费者个人数据，并实行个人化推荐、个人化定价等行为，因此，大型数字平台采集利用个人隐私数据会产生哪些经济社会影响，以及如何强化大型数字平台保护消费者隐私的责任成为数字经济学研究的核心问题。个人隐私数据保护会增加数字平台的合规成本，对数字平台数据驱动的商业模式和创新产生重要的影响。因此，要全面评估个人隐私数据保护政策的经济影响。

三是个人隐私数据保护成本和收益的权衡。隐私经济学主要关注如何平衡个人隐私数据保护与数据要素开发利用的关系，即合理确定个人数据披露和数据保护的边界，实现个人利益与公共利益的平衡。因此，个人隐私数据保护不是绝对禁止对个人数据的采集利用，而是在充分尊重个人隐私权的基础上合法依规采集利用数据。对于数字商务企业来说，过度采集消费者个人数据会带来基于数据开发的高收益，但是也会引起消费者对其的信任度下降，导致收益下降，所以在做决策时要权衡成本和收益。对于消费者来说，过度向数字商务企业披露数据会带来个人隐私数据泄露的损失，但是同时数据披露也会带来降低搜寻成本、享受个性化服务等收益，因此需要做出合理的权衡。

知识链接

微信用户的隐私价值

15.2.3 个人隐私数据保护需求

目前，个人隐私数据保护主要是依据两个具有互补性的理论基础：一是强调个人隐私数据是个人人权的重要组成部分，是个人人格尊严的重要体现，因此需要政府介入。二是突出个人隐私数据的经济要素功能，认为个人隐私数据是数字经济活动的重要投入品，可以通过私人主体之间的谈判和交易来实现最佳的披露，但是由于市场机制存在失灵，因此需要政府介入以促进个人隐私数据的安全、有序采集和利用。

（1）个人隐私数据是重要的人格权。

在数字经济背景下，个人隐私数据是公民个人重要的人格权，是个人人格尊严的重要体现，因此应当受到保护。我国《个人信息保护法》第二条明确指出：“自然人的个人信息受法律保护，任何组织、个人不得侵害自然人的个人信息权益。”个人隐私数据侵害主要表现为数据商务企业或政府行政机关在未获得个人同意的情况下，过度采集和使用个人隐私数据信息，以及因技术限制或安全漏洞而引发的个人隐私数据泄露，从而使当事人受到各种损害的行为。因此，隐私权强调公民个人对他人获取和使用个人数据的控制能力。各国都特别强调严格加强对个人敏感数据的保护，以充分保护个人的人格权。

我国《个人信息保护法》第二十八条和二十九条规定，敏感个人信息是一旦泄露或者非法使用，就容易导致自然人的人格尊严受到侵害或者人身、财产安全受到危害的个人信息，包括生物识别、宗教信仰、特定身份、医疗健康、金融账户、行踪轨迹等信息，以及不满十四周岁未成年人的个人信息。只有在具有特定的目的和充分的必要性，并采取严格的保护措施的情形下，个人信息处理者方可处理敏感个人信息。处理敏感个人信息应当取得个人的单独同意；法律、行政法规规定处理敏感个人信息应当取得书面同意的，从其规定。

（2）个人隐私数据保护是数字经济发展的重要基础制度。

个人隐私数据是国家数据资源重要的组成部分之一，个人隐私数据安全是影响和制约数据要素价值释放的重要因素。对于消费者来说，在在线交易的过程中，如果数字商务企业大量实施未经消费者同意的数据采集和利用行为，并由此引起个人隐私数据泄露及相关的个人权益受到损害，则会引发消费者对在线交易的担忧，从而降低消费者对在线交易的信心，并最终影响数字经济的发展。科学合理的个人隐私数据保护会促进数据要素的依法依规采集和利用，有利于激励消费者合理地披露个人隐私数据，激励企业合法规范地使用数据，构建安全、可信任的在线交易环境，促进在线交易的健康发展。因此，个人隐私数据保护能够更好地促进数据要素的采集和利用，充分释放数据要素的经济价值，促进数字经济发展。

（3）市场机制无法提供有效的个人隐私数据保护。

隐私经济学更多地将个人隐私数据看作一种经济品，认为它是一种生产要素。芝加哥学派认为，隐私数据是信息，信息是市场机制有效运行的重要条件。由于个人隐私数据披露既有成本也有收益，因此理性的个人和企业之间基于市场的个人隐私数据交易谈判可以实现最优的个人隐私数据保护和采集利用，此时政府的个人隐私数据保护政策往往会扭曲市场的有效运行，并降低社会总福利。但是，现实是：由于个人隐私数据市场失灵，市场机制并不能够实现最优的消费者个人隐私数据保护，因而需要政府适度介入，实施个人隐私数据保护政策。

第一，个人隐私数据市场存在严重的信息不对称。信息不对称主要表现为平台和消费者之间的数据信息采集和处理能力存在巨大差异，即数字平台通过多种方式采集和开发利用消费者个人数据，具有强大的数据采集和开发利用能力。但是，消费者对于数字平台在什么时候、以何种方式采集个人数据，个人数据将被运用到哪些领域和以何种方式被共享再用，以及个人数据被采集和利用会带来哪些影响等并不知情。在信息严重不对称的情况下，数字平台往往过度采集和利用消费者个人隐私数据。

第二，消费者非理性隐私决策。消费者非理性隐私决策主要是指“隐私悖论”，即大部分消费者都宣称非常在乎个人隐私数据，但在多数情况下其实际行为却与所宣称的不一致，即其往往并不会采取积极行动来保护自己的个人隐私数据。例如，为了获得折扣、促销优惠，消费者主动让渡个人隐私数据，或者忽视或根本不阅读隐私政策条款等。隐私悖论本质上是一种行为偏差，其导致消费者在隐私决策中无法做出最优的理性决策。同时，消费者在披露个人数据时存在“隐私短视”现象，即对个人隐私数据的经济价值缺乏远见，更关注眼前利益，不充分评估个人数据披露带来的长期风险。

第三，消费者隐私数据披露存在负外部性。由于个人的隐私数据之间具有关联性，一个消费者向数字商务企业披露数据后，该企业可以依据这一数据来预测同类消费者的消费行为，从而产生个人隐私数据披露的负外部性。在存在负外部性的情况下，由于其他消费者的数据披露导致单个消费者的数据价值降低，因此单个消费者付出成本来保护个人隐私数据的收益极低，这会导致特定单个消费者缺乏保护个人隐私数据的激励，从而过多披露个人隐私数据并引起个人愿意接受的个人隐私数据补偿价格下降，进而导致企业过度采集数据。在存在负外部性的情况下，即使引入市场竞争也不会改变个人隐私数据被过度采集和利用的问题，甚至可能会导致消费者的状况恶化。

第四，个人隐私数据市场存在隐私数据滥用行为。隐私数据滥用是指数字商务企业收集消费者的个人隐私数据后利用算法等信息技术对数据进行挖掘，实施严重损害消费者福利的个人化定价、误导消费者做出购买决策等滥用行为，造成对消费者个人利益的损害。由于数字经济市场存在典型的赢家通吃或赢家多吃的现象，因此少数几个大型数字平台占据了非常大的市场份额，消费者如果不接受其提出的隐私数据条款，则无法使用相应的App。由此，消费者失去了与大型数字平台进行谈判的能力，无法有效抗衡大型数字平台过度采集和利用其数据的行为。

15.2.4　中国的个人隐私数据保护政策

面对数字经济时代日益增加的个人隐私侵犯风险，目前各国（地区）都在加强对个人隐私数据的保护：欧盟在2018年颁布了《通用数据保护条例》（General Data Protection Regulation，GDPR）；美国加州2020年制定了《加州消费者隐私法》（California Consumer Privacy Act，CCPA），该法成为美国个人隐私保护立法的重要模板；中国2021年8月20日第十三届全国人民代表大会常务委员会第三十次会议通过了《中华人民共和国个人信息保护法》，确立了中国个人隐私数据保护的基本制度。

（1）完善个人隐私数据保护立法。

我国《个人信息保护法》是统一个人信息利用规范、明确相关主体责任及法律救济原则的专门法，其内容体现了以下几个要点：

第一，确立个人数据处理的基本原则。我国《个人信息保护法》主要确立了以下重要原则：一是遵循合法、正当、必要和诚信原则；二是采取对个人权益影响最小的方式，限于实现处理目的的最小范围原则；三是处理个人信息应当遵循公开、透明原则；四是处理个人信息应当保证个人信息的质量原则；五是采取必要措施保障所处理的个人信息的安全原则；六是“知情—同意”原则。采集处理个人信息应当取得个人同意，个人应在充分知情的前提下自愿、明确做出决定。

第二，明确数据主体的权利。明确规定数据主体对个人信息的处理享有知情权、决定权、查看权、可携带权、更正权、删除权、撤回同意权等基本权利。

第三，明确个人信息跨境流动的规则。明确规定个人信息处理者向境外提供个人信息需通过国家网信部门组织的安全评估、经专业机构进行个人信息保护认证、按照国家网信部门制定的标准合同与境外接收方订立合同，同时确保境外接收方处理个人信息的活动符合中国个人信息保护标准。关键信息基础设施运营者和处理个人信息数量达到国家网信部门规定数量的个人信息处理者，还须通过国家网信部门安全评估。

第四，建立隐私侵害救济机制。针对侵害个人信息的违法行为，我国制定了公益诉讼与行政规制两种救济途径，其中针对情节严重的违法行为，可责令整改，没收违法所得，并处五千万元以下或者上一年度营业额百分之五以下的罚款。

(2) 加强个人隐私数据保护执法。

近年来，我国不断加强对于个人信息保护的监管执法力度，主要通过约谈、专项治理等手段针对网络空间内的个人信息侵犯事件进行整治。例如，2018 年国家网信部门就“支付宝年度账单事件”暴露的支付宝、蚂蚁信用违规采集和利用个人信息的行为约谈支付宝，要求其进行专项整顿。2020 年，国家网信部门就圆通速递员工泄露消费者个人信息事件约谈圆通速递，并责令其建立运单数据管理系统。2022 年，国家网信部门就网约车巨头滴滴非法采集和利用个人数据的行为开出了 80.26 亿元人民币的罚单。

15.3 数字市场反垄断

反垄断政策是数字经济市场有序运行的重要政策保障，科学的反垄断政策有助于维护自由竞争的市场体制，充分发挥市场竞争机制在促进资源优化配置和激励企业创新中的决定性作用，从而提高消费者福利与社会总福利，促进国家经济高质量发展，实现持久繁荣。因此，反垄断政策是市场经济国家的基础性经济政策。从全球各国反垄断政策的规定来看，反垄断政策主要是禁止三类垄断行为：价格合谋、损害竞争的并购和滥用支配地位的行为。

15.3.1 数字经济反垄断政策的基本导向

(1) 坚守竞争政策的基础性地位。

市场竞争是促进数字经济高质量发展的重要动力，数字经济反垄断应坚守竞争政策的基础性地位，从根本上维护竞争性市场体制。尽管数字经济具有相对独特的经济规律，但竞争始终是促进经济高质量发展和消费者福利改善的基础机制，维护市场竞争机制和竞争过程始终是竞争政策的根本任务。一方面，竞争政策应积极有为。对于那些竞争损害证据明确的支配企业的滥用行为和严重损害消费者福利的不正当竞争行为，要及时采取有效的竞争政策加以纠正。另一方面，应坚守竞争政策的基础性地位。应重点消除严重扭曲市场竞争的产业政策、阻碍创新发展的政府监管政策和不作为的竞争政策。应确保竞争政策的基础性地位，营造公平竞争的市场环境，促进数字企业的创新发展。

(2) 坚持消费者福利标准并重视对非价格因素的保护。

在数字经济背景下，仍应坚持反垄断和提高消费者福利标准。长期以来，反垄断法都以提高消费者福利和防止消费者福利受到损害作为根本目标，但基于芝加哥学派的反垄断政策都是将价格作为判断是否存在垄断行为以及是否损害消费者福利的主要依据。在数字经济中，消费者福利损害不再仅仅局限于价格方面。特别是在平台向消费者免费提供服务或数字产品的情况下，企业之间的竞争已经超越了单一的价格竞争模式。在平台免费供应产品的情况下，消费者在选择时更加关注产品质量、产品多样性、隐私保护等非价格因素。数字经济反垄断仍应坚持消费者福利标准，但要对以价格为中心的消费者福利标准进行扩展，就要求反垄断政策从传统的以价格为中心转向重视对非价格因素，特别是质量、创新和隐私的保护。

(3) 将促进创新作为反垄断的优先目标。

创新是维护数字市场竞争和促进数字经济高质量发展的最重要的驱动力量。在数字经济背景下，创新带来的动态效率提升对消费者福利和社会总福利改善具有特别重要的意义。在数字经济中，创新既是维护市场竞争的动力，也是市场竞争的结果。因此，维持企业创新的激励应该成为反垄断审查的最优先目标。创新优先的反垄断执法主要体现在以下几个方面：一是对于有利于创新的企业之间的合作行为不宜适用本身违法原则。在数字经济中，企业之间的数据共享协议、联合制定技术标准、数字版权合作组织等合作行为往往是促进创新的，应实行宽松的反垄断政策。二是为维持企业创新的激励，应谨慎干预收取高额许可费、拒绝许可和拒绝数据开放等行为。只有在案件所涉及的技术或数据满足该技术或数据是其他企业参与竞争所不可或缺的条件，并且其他企业无法合理复制的情况下，反垄断执法才应介入，并谨慎采取要求企业向竞争对手开放数据、履行强制的互操作义务、强制许可专利技术等救济措施。三是实施审慎的反垄断监管，强化市场研究和程序正义，防止过度监管和错误执法对竞争造成损害，特别是防止运动式执法和“一刀切”政策对企业创新发展造成的损害。数字经济反垄断监管不能以牺牲创新为代价，而应更好地促进数字经济创新。

(4) 重点关注数据和算法等新型滥用行为。

数据垄断成为数字经济反垄断需要特别关注的问题。对数字平台数据驱动下的滥用行为的反垄断审查主要包括三个方面：一是非法的数据采集和利用行为。数字平台往往向消费者提供免费服务，但消费者同时也向平台提供了具有经济价值的数据。如果平台没有获得消费者授权同意就擅自采集消费者的个人隐私数据，或者迫使消费者接受不合理的个人数据采集使用条款，则构成一种剥削性滥用行为，这种行为是与传统垄断企业向消费者征收不合理的高价格相似的垄断行为。二是数据和算法滥用行为。某些数字平台实施的数据驱动的排他行为会影响市场竞争、阻碍创新，并影响用户隐私保护。三是数据驱动的企业并购行为。支配平台企业通过并购来获取和控制不同来源的数据可能会增强在位者的市场势力，弱化市场竞争，形成对竞争对手的封锁。

15.3.2 数字经济反垄断重点关注的垄断行为

各国反垄断法禁止的非法垄断行为主要包括价格合谋、滥用支配地位和企业并购等行为。在数字经济背景下，反垄断法重点关注一些新兴的垄断行为，主要包括算法合谋、算法个人化定价、“二选一”、拒绝接入数据，以及数字平台并购等行为。

(1) 算法合谋。

在数字经济中，数字商务企业普遍采用大数据算法决策会产生价格合谋。算法定价明显提高了价格合谋出现的可能性。针对算法合谋的反垄断政策包括：

第一，合理界定反垄断意义上的非法协议。反垄断法应对合谋的“协议”采取更宽泛的界定，不是仅仅局限于企业之间存在明确的相互沟通的证据，而是更多关注“一致行为”的事实和达成限制竞争的合谋结果的事实，并加强附加证据的获取，从而确保竞争规则的科学适用。

第二，明确当事企业的法律主体责任。对于算法合谋，反垄断的法律责任主体首先应该是当事企业，在合谋事实成立的情况下，当事企业不能以自己不知情或未主动参与来免责。因此，不管对于何种形式的算法合谋，反垄断责任主体都应该是定价算法的使用者，即当事企业。

第三，实行有效的算法事前监管。一是事前监管将算法设计放在突出的位置，坚持“基于设计来遵从法律”的原则，要求算法程序设计遵守和体现竞争原则，从源头消除算法合谋违法行为。基于算法设计来遵从法律的规则要求算法开发者和算法使用者通过算法设计来确保“竞争中立”，即算法设计应该确保其不会产生反竞争的合谋效应。二是探索建设人工智能算法认证制度和安全审计制度。政府应委托专业机构对人工智能系统进行安全认证，监管机构可以授权专业机构进行算法安全审查，同时要求系统使用者建立内部安全审查制度。

(2) 算法个人化定价。

算法个人化定价也被称为“大数据杀熟”，是指企业基于大数据算法来对消费者实行个人化定价的做法，其会严重侵害消费者利益。针对“大数据杀熟”的反垄断监管政策的重点是：

第一，依据多部法律法规进行综合治理。算法个人化定价不仅涉及消费者权益和交易公平性问题，还涉及消费者隐私保护等问题。因此，需要依据《消费者权益保护法》《反不正当竞争法》《电子商务法》《个人信息保护法》等相关法律来执法。此外，政府还可以采取反垄断执法、隐私保护监管等行政行为，同时更多地采用市场化或技术性措施。

第二，采用合理推定执法原则，谨慎适用本身违法原则。经济学分析表明，算法个人化定价作为一种价格歧视方式，其并不必然损害消费者福利和社会总福利，更多的情况是一部分消费者利益受损，一部分消费者获益，对总消费者福利和社会总福利的影响是不确定的。因此，反垄断执法应坚持个案分析。

第三，突出透明度要求。算法个人化定价对福利的损害在很大程度上取决于消费者的行为反应，特别是消费者的信息掌握程度或信息获取难度。增强消费者的知情权和信息获取能力能显著化解支配平台算法价格歧视的竞争损害。为此，商家在使用消费者个人信息数据实行个人化定价时，应明确告知消费者，针对该消费者的个人化定价必须获得消费者的同意，并且消费者拥有退出权。

(3) “二选一”。

在反垄断法中，“二选一”行为也被称为“独占交易协议”，即支配平台规定其合作商家只能与其进行交易或合作，不能与其竞争对手交易或合作。在数字经济中，支配平台实施的“二选一”行为具有独特的竞争损害效应，成为反垄断法的关注重点，国家市场监督管理总局重点查处的阿里垄断案、美团垄断案、知网垄断案都涉及“二选一”行为。

第一，封锁竞争对手。支配平台通过实施“二选一”行为实现对商家的锁定，并且通过交叉网络效应增强消费者对该平台的黏性，使竞争对手无法获得有效与其竞争的用户规模，从而达到封锁竞争对手的目的。

第二，强化对商家的剥削。“二选一”行为使平台商家失去了自由选择权和与平台讨价还价的能力，增强了平台剥削商家的能力。

第三，促进寡头合谋。寡头平台实施“二选一”行为会产生“市场分割”效应，形成一种缓解价格竞争的寡头合谋机制，最终损害消费者的利益。

(4) 拒绝接入数据。

数据是数字企业获得竞争优势的重要战略资产。为了维持市场垄断地位，支配平台有激励实施拒绝竞争对手接入其拥有的数据的行为。根据数据占有企业与数据接入需求方之间的关系，支配平台实施的拒绝接入数据的行为主要有两种类型：横向拒绝接入数据和纵向拒绝接入数据。横向拒绝接入数据主要是相互竞争的企业之间拒绝接入数据，纵向拒绝接入数据主要是数据占有企业拒绝上下游互补性企业接入数据。

第一，支配平台实施的横向拒绝接入数据行为通常并不构成非法。根据反垄断法，在竞争市场中，单个企业没有义务向竞争对手提供接入数据服务的义务。一个企业拒绝竞争对手的数据接入请求并不会对市场竞争构成损害，不应受到反垄断法的禁止。反垄断法禁止的是具有“必要设施”属性的拒绝接入数据行为。美国和欧盟的竞争执法机构都主张，在大多数情况下，反垄断法不应强制要求企业与其竞争对手分享数据，只有在支配平台的数据构成必要设施，并且拒绝其他企业接入数据行为严重损害市场竞争时，反垄断执法机构才会对拒绝接入数据行为加以禁止。在数字经济中，由于数据具有明显不同于传统自然垄断行业“必要设施”的经济特征，在很多情况下，数据往往并不满足“具有不可复制性”这一要求，因此“必要设施”原理仅适用于少数例外情况。

第二，反垄断禁止的主要是支配平台实施的纵向拒绝接入数据行为。纵向拒绝接入数据是指支配平台拒绝向平台生态系统中的第三方合作商开放数据，此时平台与第三方合作商之间是互补关系，典型的如菜鸟网络拒绝顺丰接入数据。在支配平台是“守门人”，即支配平台是第三方商家与消费者实现交易或互动的必要通道的情况下，如果其纵向拒绝接入数据，那么第三方商家将无法与消费者接触，导致其被排除在市场之外。因此，纵向拒绝接入数据行为是一种典型的滥用市场支配地位的行为，应该受到反垄断法的禁止。

(5) 数字平台并购。

并购是数字平台快速成长并实现跨界经营的重要方式，但是数字平台并购往往有较大的概率损害竞争。因此，目前各国都在重新制定数字平台的并购政策，对支配平台的并购实行更为严格的并购控制。数字平台并购带来的突出问题是会引起市场集中度的显著上升，尤其是那些旨在消除潜在竞争者的“杀手并购”，以及非横向的跨界并购。

第一，数字平台并购会削弱市场竞争。由于数字经济市场内在的高度集中化趋势，支配平台的并购往往会成为加剧市场集中和企业实现跨界经营的重要方式，从而严重影响正常的市场竞争。

第二，支配平台对初创企业的“杀手并购”会严重损害市场的潜在竞争。大型数字平台对构成潜在竞争威胁的初创企业的并购实际是一种消除潜在竞争的滥用行为，该行为不仅会损害市场的竞争性，也会严重阻碍数字市场的创新。

第三，数字平台跨界并购会造成生态垄断。例如，谷歌、亚马逊、腾讯、阿里等大型数字平台通过并购进入多个与其核心业务相关的业务领域或新的不相关的业务领域，产生了生态垄断势力。

15.3.3 数字经济反垄断新变化

(1) 强化反垄断事前监管。

为了应对大型数字平台的市场势力逐渐变大和滥用垄断行为的问题，避免出现“执法不足”的风险，欧盟和美国反垄断执法部门在强化事后执法的同时，分别制定了具有针对性的《数字市场法案》和《美国创新与选择在线法案》来强化对大型数字平台的反垄断事前监管。

欧盟和美国的反垄断事前监管主要针对大型数字平台。欧盟的《数字市场法案》对平台“守门人”地位的认定标准为：一是具有强大的经济地位，对市场具有重要的影响；二是具有强大的中介地位，运营一个核心的服务平台并且该服务平台是商业用户实现与终端用户的交易的重要通道；三是具有稳固且可持续的市场地位。《美国创新与选择在线法案》对平台“守门人”地位的认定标准主要涉及平台规模、市场影响和中介地位。

欧盟和美国的反垄断事前监管的重点是明确“守门人”平台的行为规则。欧盟《数字市场法案》第五条和第六条对“守门人”平台提出了9项本身违法禁止行为（黑名单）和10项可抗辩本身违法行为（灰名单），《美国创新与选择在线法案》对“守门人”平台提出了3项本身违法禁止行为和7项可抗辩本身违法行为（见表15－1）。总体来说，欧盟和美国事前监管严格禁止的“守门人”平台行为主要包括限制交易、强制使用平台服务、歧视性平台条款、最惠国条款、强制性服务捆绑等，基本适用本身违法原则；对于捆绑搭售、限制平台商家接入数据或互操作性、阻碍消费者用户数据携带、歧视性数据接入等行为则适用可抗辩本身违法原则，在平台企业有可信的证据显示该行为具有显著的效率效应的情况下，其不构成违法。

表15－1 欧盟《数字市场法案》与《美国创新与选择在线法案》监管的“守门人”平台行为

	欧盟《数字市场法案》	《美国创新与选择在线法案》
黑名单	未授权的个人数据利用、最惠国条款、限制交易、独占交易协议、限制举报、强制使用平台服务、强制性服务捆绑、广告信息免费接入、策略性广告信息撤回	不公平的自我优待、限制平台用户竞争、歧视性平台条款
灰名单	使用商业用户数据与商业用户竞争、强制性软件预装、独占交易协议、自我优待、限制消费者用户转移、限制商业用户互操作性、拒绝接入广告数据、阻碍消费者用户数据携带、拒绝接入商业数据、歧视性数据接入	限制平台商家接入数据或互操作性，捆绑搭售，使用平台商家的交易数据来与商家进行竞争，限制商家接入或转移其在平台上的交易数据，限制卸载预装的应用程序，搜索结果展示违背中立、公平、非歧视原则，向政府报复性举报商家

资料来源：根据欧盟《数字市场法案》和《美国创新与选择在线法案》有关条款整理。

(2) 中国数字经济反垄断实践。

第一，完善反垄断立法。为强化数字经济反垄断监管，2021年2月，《国务院反垄断委员会关于平台经济领域的反垄断指南》发布，对平台经济领域反垄断突出问题做出了立法规定。2022年6月24日，第十三届全国人民代表大会常务委员会第三十五次会议审议通过的《中华人民共和国反垄断法》（2022修正）第九条规定，“经营者不得利用数据和算法、技术、资本优势及平台规则等从事本法禁止的垄断行为”，对平台经济反垄断面临的突出问题做出了原则性规定。随后，国家市场监督管理总局修订颁布了 6 部配套规章，对有关问题做出了进一步规定，以统一执法标准，增强法律的可操作性。

第二，加大对大型数字平台并购行为的反垄断审查力度，重点查处了阿里“二选一”案、美团“二选一”案、知网垄断案等典型案件。2021 年 4 月，国家市场监督管理总局对阿里做出行政处罚，认定阿里实施的“二选一”行为严重限制了市场竞争，构成了非法滥用市场支配地位，对其处以上一年度中国境内销售额 4%（共计 182.28 亿元）的高额罚款，创下了反垄断最高罚款纪录。2021 年 10 月，国家市场监督管理总局认定美团实施的“二选一”行为构成非法滥用市场支配地位，对其处以 34.42 亿元罚款。2022 年 12 月 26 日，国家市场监督管理总局认定知网滥用市场支配地位，实施了非法的独占交易协议和不公平的高价格行为，据此责令其停止违法行为并对其处以 8 760 万元罚款。

知识链接

国家市场监督管理总局查处中国知网垄断案

第三，严格数字平台企业并购审查。在腾讯收购中国音乐集团股权案中，国家市场监督管理总局认定，并购后的腾讯在独家曲库资源市场的份额将超过 80%，在中国网络音乐播放平台市场具有或可能具有排除、限制竞争的效果，据此责令其恢复相关市场竞争状态。在虎牙与斗鱼并购案中，国家市场监督管理总局依法认定，并购会对中国游戏直播市场和网络游戏运营服务市场产生排除、限制竞争效果，并且腾讯的承诺不足以消除限制竞争损害，因此对其加以禁止。同时，加强对并购未申报行为的查处。根据《中国反垄断执法年度报告（2021）》，2021 年平台经济领域处罚的未依法申报经营者集中案件就有 98 起。为此，国家市场监督管理总局加大了对未依法申报的平台的并购处罚力度。2022 年 7 月，国家市场监督管理总局对 28 起未依法申报违法实施经营者集中案件做出行政处罚决定，这些案件均为过去应申报却未申报的并购交易，属于追溯执法。

15.4　网络非法有害内容监管

在数字经济背景下，网络成为人们获取信息、交流信息和进行文化娱乐消费的主要渠道。网络信息内容的消费具有便捷性，其供给具有低成本、生产者与消费者合一等特点。因此，网络成为生产和传播淫秽色情信息、暴恐内容、谣言传言、极端思想、带有偏见的观点、侵犯版权的内容等非法有害内容的温床。由于互联网内容传播的速度快、范围大，大量非法有害内容的出现会产生较大的社会负外部性，造成严重的社会危害。因此，强化网络信息内容监管，营造清朗的网络空间成为数字经济网络监管的重要内容。

15.4.1　非法有害内容的界定

由于各国政治、文化和价值观存在差异，目前国际上并没有关于非法有害内容的统一界定，各国都根据本国的实际情况来界定网络信息内容监管的具体内容。欧盟委员会 2018 年出台了抵制非法网络内容的措施，其中指出，非法有害内容包括涉及恐怖主义、儿童性侵、非法的仇恨演讲、侵犯版权或其他知识产权（如假冒商品、设计侵权）、非法商业行为（如诈骗、欺诈、订阅陷阱）、违反其他社会准则或服务条款等的内容。

英国政府2019年发布的《网络危害》白皮书根据有害内容的传播程度以及对个人和社会的影响，将有害内容分为三大类：第一类是“明确规定的有害内容”，包括涉及儿童剥削和性虐待、恐怖主义内容和活动、有组织的移民犯罪、现代奴隶制度、极端色情、复仇色情、骚扰或网络跟踪、仇恨犯罪、鼓励和协助自杀、煽动暴力、销售非法商品或服务、向18岁以下的人士发送不雅照等的内容；第二类是“含义不太清晰的有害内容”，包括涉及网络欺凌、极端主义、造谣、恐吓、暴力和鼓吹自残等的内容；第三类是与未成年人有关的有害内容，如色情、交友内容等。

中国将网络非法有害内容划分为非法内容和有害内容两大类。根据2019年12月国家互联网信息办公室发布的《网络信息内容生态治理规定》，其第六条规定了11种禁止的非法内容（违法信息），主要包括危害国家安全、宣扬恐怖主义、宣扬邪教、煽动民族仇恨、散布色情或暴力信息等的内容；第七条规定了9种有害内容（不良信息），主要涉及使用虚假标题、炒作绯闻、带有性暗示、煽动人群歧视、宣扬低俗等的内容。

总体来说，我们可以将网络信息内容监管的对象分为非法内容和有害内容。非法内容是指包含大量违反国家法律的内容，如影响国家政治安全、恐怖主义、盗版侵权、假冒伪劣商品、虚假广告、侵犯个人隐私、恐怖主义、色情暴力、儿童性侵等具有严重危害的违法内容。有害内容是指虽然没有严重违法但是会对其他人或社会产生一定损害的内容，包括网络霸凌、虚假新闻或信息、鼓励自残或自杀的内容，以及歧视性或侮辱性言论、网络骚扰、有违道德伦理的低俗内容等。

15.4.2 网络非法有害内容的生产机制

在数字经济中，网络信息内容的传播主要是通过大型数字内容平台来实现的，典型的如美国的YouTube，中国的抖音、微博、小红书等。数字内容平台的盈利方式是典型的广告费模式，即平台通过向消费者提供免费内容来获得用户注意力，从而获得较多的用户流量，然后通过向广告商收费来获取盈利。因此，数字内容产业本质上属于“注意力经济”，数字平台经营的重点是通过内容供给来赢得用户注意力。

数字内容平台之间的竞争实际上是用户注意力的竞争，一个平台越能吸引用户，其用户基础就越大，用户点击量就越高，此时在该平台投放广告的效果就越显著，广告商就越愿意在该平台投放广告，由此平台通过在线广告获取的利润回报也就越高。由于很多非法有害内容迎合了消费者的独特偏好，能吸引受众的眼球，有利于吸引用户注意力和增加平台流量，因此数字内容平台往往对非法有害内容采取纵容的态度。

数字内容消费的网络效应使非法有害内容可以以更快速度在更大范围内传播。数字内容消费与其他产品消费的一个非常大的不同是存在明显的信息瀑布效应，即数字内容消费者往往更关心更多人关注或讨论的话题，即一个话题越流行，讨论、阅读的人越多，就会吸引越多人的关注。在数字内容消费具有网络效应和信息瀑布效应的情况下，数字内容平台之间的商业竞争会促使企业采取更加极端的差别化战略来吸引受众的注意力。由于数字内容平台采集了大量的用户数据，因此平台借助大数据分析技术可以精准识别每个消费者的偏好，然后通过大数据算法来向用户提供个性化的内容推送，即向特定消费者用户提供其本人偏好的数字内容。这一方面降低了消费者的搜寻成本，另一方面也导致消费者用户接触到的信息内容受到了限制，从而产生“回音室”效应和“信息茧房”问题。“回音室”效应是指消费者更偏好与其价值判断或观点相近的内容，“信息茧房”则是指数字内容平台为了迎合消费者的偏好而只向其推送符合其偏好的内容，这两种效应的结合会导致消费者的认识更加狭隘或极端，对社会形成偏见。

15.4.3　网络非法有害内容本质上是一种负外部性问题

网络非法有害内容本质上属于负外部性问题。负外部性是指某个经济主体的经济行动给其他经济主体或社会带来损失，而该经济主体却不为此付出代价的现象。在存在外部性的情况下，边际社会成本要高于边际私人成本。网络非法有害内容的生产或传播存在明显的边际私人成本与边际社会成本不一致的情况。非法有害内容的生产者生产和上传非法有害内容会为自己带来较高的回报，而且在很多情况下会增加平台中介的用户流量，从而增加平台中介的收入，但非法有害内容的传播却可能会对知识产权权利人、社会特定群体乃至整个社会的公共利益造成损害。

由于数字内容平台传播非法有害内容给其他经济主体或者社会造成的巨大损害并不由其自身承担成本，因此其为了追求更高的收益往往会有较强的激励提供更多的非法有害内容以获得更多受众的注意。在图 15-1 中，数字内容平台生产或传播非法有害内容使全社会所承担的社会边际成本远高于数字内容平台的边际私人成本，数字内容生态环境中供应的非法有害内容数量（Q_1）要大于市场最优数量（Q_2）。因此，在不受监管的情况下，网络上会出现非法有害内容过度供给问题。

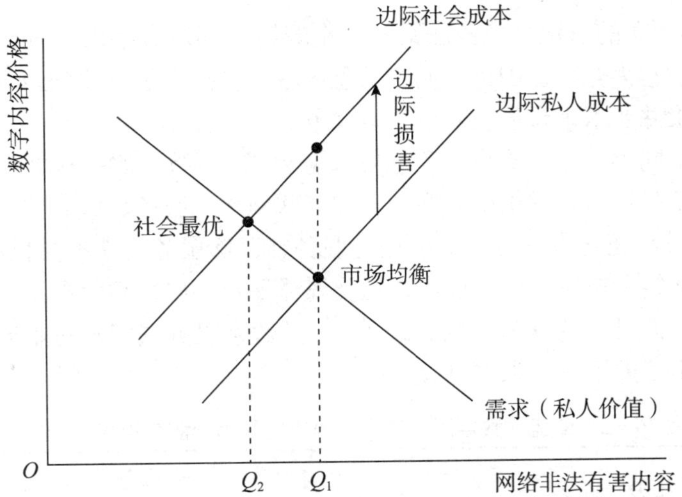

图 15-1　网络非法有害内容的负外部性

网络非法有害内容的传播不仅会污染网络生态环境，也会给社会带来严重的负外部性，主要体现为：一是影响社会稳定。如基于性别、宗教、民族、性取向等对特定群体发布歧视性或仇视言论，并在算法定向推送的助推下产生“信息茧房”效应，会进一步固化人们的偏见，引发极端言行，从而激发社会矛盾，影响社会稳定。二是形成不良的社会风气。如功利主义、金钱至上、偏执的女权主义等有害内容的大肆传播，以及网络谣言、虚假新闻、机器生产的明星流量等，都会对社会价值观产生负面影响。三是影响个人身心健康。霸凌、辱骂、骚扰、谣言、自虐自残等信息内容以及一些让青少年沉迷的网络游戏会严重影响受众的身心健康，特别是儿童色情制品、性虐待和带有性暗示等内容的有害内容会给儿童的身心健康带来严重伤害。四是催生非法灰色产业。一些不法分子通常会在境内外采用一些技术手段以较低的成本搭建网络赌博平台或色情表演平台，进行淫秽色情表演、赌博、诈骗等，以牟取非法利益。五是威胁国家公共安全与政治安全。例如，涉及极端主义、恐怖主义的内容的传播会严重威胁公共安全，境外势力利用网络散播颠覆政治体制的言论会严重威胁国家政治安全。

15.4.4 网络非法有害内容监管的核心：强化数字内容平台主动治理责任

数字内容平台是网络信息内容传播扩散的中介，其在很大程度上能够掌控数字经济社会信息内容的传播。目前，数字内容平台日益成为影响人们沟通交流、文化传播、思想观念和伦理道德的重要力量。相对于政府监管，数字内容平台在治理非法有害内容方面具有明显的信息优势和技术优势，但由于平台以私人经济利益最大化为目标，并没有充分实施能实现社会公共利益最大化的有关非法有害内容治理的激励机制，导致消极治理往往成为一种常态，因此，强化数字内容平台主动治理责任成为实现网络信息内容有效监管的重要基础，是网络信息内容事前监管体制构建的核心。为此，需要重构以内容平台责任为核心的网络信息内容监管体制，通过平台责任配置来改变非法有害内容生产和传播主体的行为激励，构建清朗的网络空间和健康的平台生态，促进数字内容创新并维护社会公共价值。

欧盟2022年颁布的《数字服务法案》是全球第一部对数字内容平台传播的信息内容进行监管的法律，它为全球各国进行网络信息内容监管提供了重要的范本。该法案主要采取了分类监管政策并要求平台积极履行注意义务。

第一，针对不同类型平台提出了不同的义务要求。《数字服务法案》将在线信息中介服务提供商分为四类：(1) 提供中介服务，如互联网接入服务、域名注册服务等的网络基础设施供应商；(2) 托管服务者，如云处理服务、存储服务和虚拟主机服务等的提供者；(3) 在线平台，如线上市场、应用商店、社交媒体平台；(4) 超大型平台，即在传播非法内容和社会危害方面具有特殊风险的在线平台。《数字服务法案》对不同类型的中介服务提供者的义务提出了差别化要求（见表15-2）。

表15-2 欧盟《数字服务法案》中确定的中介服务提供者的义务

相关义务	中介服务提供者	托管服务提供者	在线平台	超大型平台
提交透明度报告	√	√	√	√
制定考虑用户基本权利的服务条款要求	√	√	√	√
根据法律与国家执法机构合作	√	√	√	√
指定联系人与法人代表	√	√	√	√

续表

相关义务	中介服务提供者	托管服务提供者	在线平台	超大型平台
向用户提供针对其内容的通知、行动信息	—	√	√	√
提供投诉和争端解决机制以及庭外解决机制	—	—	√	√
与可信赖的举报人合作	—	—	√	√
对滥用举报和反举报采取措施	—	—	√	√
审查第三方供应商资质	—	—	√	√
提高面向用户的在线广告的透明度	—	—	√	√
报告刑事犯罪	—	—	√	√
进行风险管理并设置风险合规官	—	—	—	√
进行外部风险审计及公共问责	—	—	—	√
保护用户信息选择权并提高系统透明度	—	—	—	√
与执法机构、研究人员分享数据	—	—	—	√
建立行为准则	—	—	—	√
进行危机应对合作	—	—	—	√

资料来源：作者根据欧盟《数字服务法案》有关条款进行整理。

第二，激励数字内容平台积极履行注意义务。设计网络信息内容监管政策时，需要建立激励性监管体制，激励数字内容平台主动履行注意义务。一是数字内容平台主动过滤并删除非法有害内容。根据用户或受害方举报以及平台的识别手段，及时删除非法有害内容，是平台履行注意义务的主要机制。平台应建立非法有害内容风险管理机制，对非法有害内容进行风险评估与识别，对严重违法的非法有害内容应该及时屏蔽并立即删除，防止其上传或扩散传播，以积极履行过滤义务。二是数字内容平台依法履行“通知—行动”程序。数字内容平台应制定简便、透明的非法内容通知规则，并应及时告知内容提供商，并保证内容提供商有机会提出异议，以避免意外删除合法内容。

本章小结

网络与数据安全监管需求主要包括：一是维护国家安全与社会稳定；二是促进数字经济高质量发展。中国网络与数据安全监管政策有以下特点：确立了以国家总体安全观为统领的监管理念；构建了网络与数据安全监管的基础性法律体系；不断健全网络与数据安全监管体制；重视网络与数据安全技术保障能力建设。

个人隐私数据保护是促进数字经济发展的重要治理制度。由于个人隐私数据是个人重要的人格权，而通过市场机制无法提供有效的个人隐私数据保护，因此需要政府介入。中国个人隐私数据保护监管政策围绕完善个人隐私数据保护立法及加强隐私保护执法两方面进行。

数字经济反垄断政策的基本导向为：坚守竞争政策的基础性地位、坚持消费者福利标准并扩展对非价格因素的保护、将促进创新作为反垄断优先目标、重点关注数据和算法等方面的新型滥用行为。数字经济反垄断政策的重点为算法合谋、算法个人化定价、“二选一”行为、拒绝接入数据、数字平台并购。

强化网络信息内容监管、营造清朗的网络空间成为数字经济监管的重要内容。网络非法有害内容本质上属于负外部性问题。强化数字内容平台的治理责任是网络信息内容监管的核心，重点是建立分类配置的平台主体责任体系，并重点激励平台积极履行注意义务。

主要概念

网络安全　数据安全　个人隐私数据　“隐私悖论”　算法合谋　“大数据杀熟”　拒绝接入数据　数字平台并购　网络非法有害内容

复习题

1. 网络及数据安全监管的需求是什么？我国网络与数据安全监管政策有哪些特征？
2. 个人隐私数据保护的需求是什么？我国个人隐私数据保护政策围绕哪些方面展开？
3. 数字经济反垄断政策的基本导向是什么？
4. 网络非法有害内容监管中应如何确立数字内容平台的主体责任？

推荐阅读文献

ACQUISTI A，TAYLOR C，WAGMAN L. “The Economics of Privacy.” *Journal of Economic Literature*，2016（54）.

ACEMOGLU D，MAKHDOUMI A，MALEKIAN A，et al. “Too Much Data：Prices and Inefficiencies in Data Markets.” NBER Working Paper No. 26296，2019.

ANDERSON R，MOORE T. “The Economics of Information Security.” *Science*，2006，314（27）.

BAUER J M，EETEN M J G V. “Cybersecurity：Stakeholder Incentives，Externalities，and Policy Options.” *Telecommunications Policy*，2009（33）.

唐要家，汪露娜. 隐私数据保护理论研究综述. 产业经济评论，2020（5）.

唐要家. 数字平台反垄断的基本导向与体系创新. 经济学家，2021（5）.

唐要家. 反垄断经济学：理论与政策，大连：东北财经大学出版社，2022.

唐要家. 数字经济监管研究，北京：中国财政经济出版社，2023.

唐要家，唐春晖. 网络信息内容治理的平台责任配置研究. 财经问题研究，2023（6）.

图书在版编目（CIP）数据

数字经济学/唐要家主编. -- 北京：中国人民大学出版社，2024.10. --（高等学校新文科教材）.
ISBN 978-7-300-33127-0

Ⅰ. F062.5

中国国家版本馆 CIP 数据核字第 2024DT3581 号

浙江省普通本科高校“十四五”重点立项建设教材

高等学校新文科教材·数字经济系列

数字经济学

主编　唐要家

Shuzi Jingjixue

出版发行	中国人民大学出版社		
社　　址	北京中关村大街 31 号	**邮政编码**	100080
电　　话	010－62511242（总编室）		010－62511770（质管部）
	010－82501766（邮购部）		010－62514148（门市部）
	010－62511173（发行公司）		010－62515275（盗版举报）
网　　址	http://www.crup.com.cn		
经　　销	新华书店		
印　　刷	北京密兴印刷有限公司		
开　　本	787 mm×1092 mm　1/16	**版　　次**	2024 年 10 月第 1 版
印　　张	16 插页 1	**印　　次**	2025 年 8 月第 2 次印刷
字　　数	382 000	**定　　价**	46.00 元

教学支持说明

1. 教辅资源获取方式

为秉承中国人民大学出版社对教材类产品一贯的教学支持，我们将向采纳本书作为教材的教师免费提供丰富的教辅资源。您可直接到中国人民大学出版社官网的教师服务中心注册下载——http://www.crup.com.cn/Teacher。

如遇到注册、搜索等技术问题，可咨询网页右下角在线 QQ 客服，周一到周五工作时间有专人负责处理。

注册成为我社教师会员后，您可长期根据您所属的课程类别申请纸质样书、电子样书和教辅资源，自行完成免费下载。您也可登录我社官网的“教师服务中心”，我们经常举办赠送纸质样书、赠送电子样书、线上直播、资源下载、全国各专业培训及会议信息共享等网上教材进校园活动，期待您的积极参与！

2. 高校教师可加入下述学科教师 QQ 交流群，获取更多教学服务

经济类教师交流群：809471792

财政金融教师交流群：766895628

国际贸易教师交流群：162921240

税收教师交流群：119667851

3. 购书联系方式

网上书店咨询电话：010－82501766

邮购咨询电话：010－62515351

团购咨询电话：010－62513136

中国人民大学出版社经济分社

地址：北京市海淀区中关村大街甲 59 号文化大厦 1506 室　100872

电话：010－62515803　010－62516948

传真：010－62514775

E-mail：jjfs@crup.com.cn